U0022136

羅馬人的故事XIV

基督的勝利

塩野七生　著
鄭維欣　譯

三民書局

作者介紹

塩野七生

一九三七年七月生於東京，畢業於學習院大學文學部哲學系，一九六三～一九六八年間遊學義大利。一九六八年開始寫作，於《中央公論》發表〈文藝復興的女性〉。一九七〇年，首部長篇作品《凱撒波吉耳抑或優雅的冷酷》獲頒每日出版文化賞，之後長住義大利。一九八二年以《海都物語》得到三多利學藝賞。一九八三年，獲頒菊池寬賞。自一九九二年起，以羅馬帝國千年興亡為題，著手寫作《羅馬人的故事》系列，並以每年一部作品的速度發表。一九九三年《羅馬人的故事I》獲頒新潮學藝賞。一九九九年再獲司馬遼太郎賞。二〇〇一年發行《塩野七生文藝復興著作集》共七冊。二〇〇二年榮獲義大利政府頒授國家功勞勳章。二〇〇五年獲日本政府頒贈紫綬褒章，二〇〇七年再獲文部科學省評選為文化功勞者。

三十周年經典紀念版序

《羅馬人的故事》新版發售之際，作者送給臺灣讀者的話

這部既不算是研究歷史的專業書籍，也不是歷史小說，在歐洲稱之為「歷史散文」的作品，我持續執筆了半世紀多，最在意的其中一件事情就是，為什麼這個國家能在完全認同個人思想與表現的同時，維持歷時長久的獨立與繁榮。

因而執筆了《羅馬人的故事》與《海都物語》兩部作品。《羅馬人的故事》是為了想知道大國發生過什麼事。另一部《海都物語》則是因為想了解，為何即使是小國，在確保個人思想與自由表達下，同時也能達成國家的獨立與繁榮。

其次，舉例古羅馬帝國與中世紀文藝復興時期的威尼斯共和國作為代表大國與小國的典範，也是有原因的。因為這兩國即使國家規模大小有所不同，卻都有能享逾千年長壽的共同點。有些國家在鎖國的情況下也維持了長治久安。像是古希臘的斯巴達或江戶時期的日本。然而，持續開國方針而能長命百歲的國家卻很少。羅馬與威尼斯在這部分也有相同點。

我同樣建議目前居住在臺灣的各位讀者也務必閱讀《海都物語》。因為日本也是小國，而

臺灣也是小國之一。小國自有小國的生存之道，只要正視這個事實，也有付諸實行的強烈意志，就會讓國家邁向獨立與繁榮。

還有，如果可以的話，再推薦各位閱讀我的另一部「文藝復興小說」（暫譯，原名「小説イタリア・ルネサンス」）全四集，我會感到十分榮幸。在這部作品中我創造了兩位虛構的主角穿插在這段真實的歷史中。希望能讓讀者領會，個人的思想與表達的自由如何能成為創新的泉源。幾乎也可以換句話說，在那種無法保證絕對自由的社會下不會產生創新。因為正是這種自由，誕生了達文西與米開朗基羅為首的義大利文藝復興。而佛羅倫斯、威尼斯，無論在地理、人口規模上都只能算是小國。

儘管如此，大國的磨難也並未比小國少。羅馬與威尼斯相比的話，無論「磨難」的種類或數量，都令人感到十分類似吧。我覺得這才是閱讀歷史真正的樂趣。因為畢竟可以說「歷史總是一再重演，只是表現的型態不同」。

二〇二二年春天，於羅馬

塩野七生

修訂二版說明

《羅馬人的故事》不是一部正統的羅馬史。

塩野七生說：

我以「羅馬人的故事」為題，如果將日文的書名譯為拉丁文，故事與歷史的意義幾乎是相通的。……使用“Gestae”這個字，所謂“RES GESTAE POPULI ROMANI”，可直接翻譯為「羅馬人的各種行徑」。

換句話說，這是一部詳盡蒐羅史籍與資料，進而細膩描繪人物的經典作品。當我們隨著作者富有文學性的筆調，逐冊閱讀《羅馬人的故事》時，便會發現比起事實的陳述討論，塩野七生在這部作品裡更著重於「人」的故事。羅馬人在面對各種挑戰時如何解決？在面對強敵的進逼時，羅馬人是如何逆轉取勝？平息內憂與外患後，又如何迎向和平？羅馬著名的公共建設，其目的是「使人過得像人」？偉大的建築背後，隱含怎樣的思考邏輯？

無論思想或倫理道德如何演變，人類的行徑都在追求無常的宿命。

隨著作者的引導，我們得以像羅馬人一樣思考、行動，了解身為羅馬人，言行背後的思想與動機。羅馬從義大利半島上的一個小部族發跡，歷經崛起壯大，終致破滅衰亡的過程，不僅是歷史上一個橫跨歐亞非三洲的輝煌帝國史，或許也可在其中發現「羅馬人」的群體生活史。

在《羅馬人的故事XIV——基督的勝利》，我們看見基督教在君士坦丁的推波助瀾之下，在帝國中快速擴張勢力，即使在君士坦丁死後出現過朱利亞努斯這樣奮力抵抗的異教徒皇帝，卻也只是曇花一現。在這場無形的戰爭中，不管是行省的軍人、永恆之城中的元老院議員、或是高高在上的皇帝，都不能置身度外。最終在四世紀末，基督教正式在法律上成為羅馬帝國的國教，曾經的傳統宗教信仰被斥為邪教，曾經的諸神被定為非法。無形的信仰之戰於焉落幕，無論是對於傳統宗教，或是對於羅馬皇帝，結果都是基督的勝利。

希盼本系列能與您一同思考：羅馬何以成為羅馬？羅馬的千年興衰，對世界有何影響？更重要的是，羅馬人留給現代哪些珍貴的遺產？期待在讀完本書之後，能帶給您跨越時空的餘韻。

編輯部謹識

致讀者

從羅馬市區驅車往郊外走三十分鐘，就能看到許多古羅馬時代的別墅遺蹟。在諸多遺蹟之中，像是「哈德良別墅」這等在名勝古蹟中名列前茅的知名遺蹟，已經經過徹底研究，轉為觀光用途。不過除了著名的遺蹟之外，尚有許多因為曾經由羅馬歷史名人擁有，或者因為別墅規模廣大、地板的鑲嵌畫美觀、圓柱所使用的大理石材料珍貴等因素，被列入考古學重要古跡的地方。這些地方由義大利及歐美各國的大學考古調查團隊負責進行挖掘研究，外人不可能在其中四處閒逛，或者坐在石牆上緬懷故往。

不過，郊區還是有許多不受重視的遺蹟存在。古羅馬人認為「別墅」(villa) 與都市內的房屋同等，甚至更加重要。別墅本身就是周遭有自然環境圍繞的生產基地，這個名詞同時也帶有「田園之家」的涵義在內。

總而言之，由於數量眾多，即便動員全歐美的大學考古學人員都無法挖掘每一個遺蹟。有不少遺蹟可能是交給鄉鎮市公所的觀光課代為管理，除了例行的灌木修剪與掃除灰塵的工作以外，完全處於閒置狀態。這種地方往往一片寂靜、人煙罕至。到最近幾年，筆者也有了參觀這種無名遺蹟，不做調查工作，而是坐在遺蹟中獨自冥想的習慣。

直到開始執筆「羅馬人的故事」第XII冊為止，筆者的眼光與步履一直集中在廣闊的羅馬帝國疆域上。古代的羅馬帝國疆域，包括了歐洲、中東、北非等廣大區域。可是在現代，如果從羅馬搭乘飛機的話，可在一小時內到達絕大多數的帝國領地，就連邊境地區，也頂多只要兩個小時。每當在帝國各地旅行時，筆者總會心想，為何羅馬的菁英份子能夠無怨無悔地，在這種生活環境萬萬比不上首都的地方執行防衛與統治的任務。好比說當筆者前往隆冬的多瑙河畔時，俗稱匈牙利落山風的寒風便冷得幾乎讓全身凍結。而當前往能瞭望撒哈拉沙漠的要塞遺蹟參觀時，當地炎熱得讓人無心去遙想羅馬帝國的防線，滿腦子只想著要如何才能模仿以往的羅馬人製作水果冰沙。

而到如今，筆者一邊在距離帝國首都羅馬不遠處的別墅遺蹟中逍遙散步，一邊想像著西元四世紀時，這間別墅的主人心中在想些什麼。就彷彿筆者隨著羅馬人共同思考、行動了一千年，如今眼見結局將要來臨。

別墅的主人年約四十五、六歲，出生於元老院階層的世家之中，擁有議會席位。不過他已經長期沒有出席會場位於羅馬廣場一角的元老院會議，與議員同事的往來也僅止於最起碼的底線。原本位於羅馬市區內的宅院，在因經手基督教會資產運用而發跡的暴發戶前來求售時，毫不惋惜地脫手。別墅主人單身，膝下無子女，不過這不是什麼特別的際遇。在這個對帝國未來不抱持希望的時代裡，有許多人終生維持單身。

這座郊外的別墅，如今地位幾乎不是別墅，而是長住的家室(casa)。儘管別墅稱不上廣大，還是有足夠的面積讓主人的房舍與傭人房、工作場所保持適度的距離。別墅的設計忠於傳統的羅馬別墅觀念，周圍有橄欖樹與果樹林立，還有照料得宜的果園、放牧家畜用的牧場、以及預期收穫量足堪全家使用的小麥田。別墅附近有清流穿越，後方的森林可以提供香姑採集以及打獵用途，這正好符合羅馬人好食香菇的需求。簡單來說，如果不像西元前一世紀的美食家盧加拉斯那樣追求奢侈膳食，絕大多數的事物都可在莊園中自給自足。

話說回來，即使擁有足夠的意志力與經濟能力，想要模仿早期富豪行為，從遠方採購山珍海味讓客人吃驚，在這個時代也已經是辦不到的事情了。"Pax Romana"（羅馬和平）的結束，也就代表大範圍經濟圈的結束。原本遍布帝國各地的交通網路，如今肝腸寸斷。在異族與盜匪的屢次襲擊之下，運輸費用節節高升。對於活在西元四世紀的羅馬人來說，即使不主動追求樸素的生活，生活型態也不得不走向設法以身邊事物自給自足的地步。

羅馬式的別墅，打一開始便有自給自足的能力。莊園中有小型的工廠，如果施工條件不需要太特別的高等技術的話，可以在莊園內自行施工，甚至自行製作工具。

要讓別墅發揮功能，就必須要保有僕傭。傭人雖然身份屬於奴隸，然而都是在這個家庭中長大的。其中有的甚至是延續兩、三代的家奴，地位已經有如一家人，不過奴僕並不打算過度干涉主人的生活。主人傭人之間謹守著禮儀，在這種帶有溫暖人情的氣息中，度過在別墅裡頭的歲月。

別墅的生活儘管寧靜，莊園的主人並不認為自己棄世隱居或是不願面對現勢，他認為自己只是抽身而出罷了。如今他已經不想反抗時代潮流，同時認為反抗也是白費工夫。不過他畢竟出身於世代擔綱國事、培育領導人才的家門，如今儘管站在岸邊，他依舊會注意著時代的洪流，亦即世間的動態。雖然說如今元老院議員不過是一個虛名，畢竟他自幼接受了擔綱國事時不可或缺的「教育科目」訓練。

如果莊園主生於西元前一世紀，說不定他會伴隨著朱利斯·凱撒南渡盧比孔河。如果生於西元一世紀，也許他會成為開國皇帝奧古斯都的祕書官之一。為了改革諸般措施與穩固新政策，恐怕會忙碌到無暇回到別墅中享受田園生活。又假設他生於西元二世紀的話，可能他會伴隨哈德良皇帝視察帝國邊境，重新研討廣大的羅馬帝國國防與統治體系，將壯年男子的精力全數燃燒殆盡。只不過雖然他生於羅馬帝國，卻是在四世紀的羅馬。

即使他有意願奉獻於邊境防衛工作，由於他身為元老院議員，因此沒有機會從軍報國。而且即使想在皇帝之下擔任高級官僚，這個時代的羅馬皇帝已經逐漸具有東方君主色彩了。對於這些出身西方的羅馬元老院階層、受過良好教育的人來說，仕途之前彷彿豎立了一道無形的牆壁。這就是西元四世紀的羅馬社會局勢。不過即使在四世紀，像莊園主人這樣具有知識與行動能力的男子，其實還有一個能發揮才幹的管道。

那就是成為基督教會的神職人員。之前有無接受過洗禮，並非什麼大問題。在當時，有不少人是在成為神職人員之後才接受洗禮的。而且像他這般出身上流社會又充滿知性的人，甚至可能不經過低階神職人員階段，直接從主教開始做起。

只不過，莊園主人並不打算向時代妥協到這個地步。這不代表他對於傳統的羅馬諸神信仰深厚，只是他不打算投入基督教信仰罷了。在當時像他這種想法的男子，多半熱衷於希臘哲學的某一個神祕派系。然而從莊園主人的眼中看來，這個派系並沒有足以說服觀點不同的人的力量，只是一種知性上的自我滿足。就連與這個哲學派系的門徒在同一張餐桌用餐，都令人覺得痛苦。

莊園主人認為，如果這就是自己所屬階層的現實局面的話，那大可在基督教徒藐視的「異教徒」身份下結束一生。無論世間如何變化，只要在這個別墅中還能維生就好。

生於時代轉換期間的人，其實還有辦法選擇自己的人生走向。

是隨波逐流。

或者中流砥柱。

抑或從潮流中抽身而出。

接下來要動筆的第XIV冊，寫的也就是這三大類型男子的故事。而當筆者在動筆寫下這些故事的同時，立場會比較偏向第三種，亦即莊園主人的觀點。這不是因為筆者覺得：「這個觀點可以用於訴說結局已經近在眼前的羅馬帝國故事」，只是因為筆者長年訴說羅馬人的故事下來，覺得第三種觀點比另外兩種觀點要來得親近一些。

最後，要告訴各位讀者一件事情。

至今為止的各冊，筆者都設法在封面或內文中多加介紹羅馬人的「面容」，這是因為筆者希望讀者能夠先看看故人的長相。（編按：此處所述封面，指的是日文版的封面設計。）在第XIV冊封面所介紹的，與其他幾冊同樣是「羅馬人的長相」。不過讀者在第一眼看到的同時，恐怕會懷疑這真的是「羅馬人的長相」嗎？因為這一冊所挑選的人物，是米蘭主教，名列天主教聖人之中的安布洛修斯。在四世紀的歷史名人之中，這個人是少數出身於首都羅馬的羅馬人。就好像第I冊的朱利斯·布魯圖斯、第II冊的西比奧·亞非利加努斯，以及第IV、V冊封面介紹的朱利斯·凱撒。如果各位讀者對於為何有這般變化感到疑惑，那麼請想想下列事實。

在表達人的面容時，尤其在表達領袖的面容時，往往作品中呈現的不光是當事人的長相，還會反映出作者對其抱持的觀感。無論作品表現的是權貴或是皇帝，其中往往顯現的不僅是當事人原有的長相，而是顯現出作者希望代表自己的領袖是什麼樣的長相。就連原本應當反映現實的照片，其中一定都參雜了攝影師對拍攝對象的看法在內。由人類親手製作的雕像與鑲嵌畫，自然要比照片更強烈反映出作者的觀感。

而筆者在這些年來介紹給讀者，希望讀者觀看的「面容」，也都是當時的時代領導人的面容。也就是說，作品中顯現了活在同一個時代的人對於自己領袖所抱持的形象。而製作這些作品的人，在製作當時也背負著眾人對於領袖的觀感。也因此，筆者歷年來介紹的「羅馬人的面容」，包含了下列兩項要素。

一、當事人實際的長相。

二、同一個時代的人認為符合領導資質的長相。

這些因素，使得同樣身為首都出身羅馬公民的西比奧、凱撒的外表與安布洛修斯的「面容」造成不同的形象。而同樣身為羅馬公民，行省出身的圖拉真與哈德良，也與西元四世紀出生在首都的聖人「面容」產生差異。這正是因為領袖的面容，勢必會反映出其生存的時代特色。

目次

第二章　皇帝朱利亞努斯 125

（西元三六一～三六三年在位）

第三章　主教安布洛修斯 241

（西元三七四～三九七年在位）

第一章

皇帝君士坦提烏斯

（西元三三七～三六一年在位）

剷除異己

第一個承認基督教存在，因而被後世的人追加了「大帝」(magnus) 尊稱的羅馬皇帝君士坦丁，逝世於西元三三七年五月二十二日。當年他決心推動波斯戰役，因而親自率軍離開了君士坦丁堡 (Constantinople，現今土耳其的首都伊斯坦堡)。然而在渡海到達小亞細亞的尼科米底亞之後隨即病倒，就此長眠不起。君士坦丁享壽六十五歲，如果從他參加皇位爭奪戰算起的話，在位期間長達三十年。若從他擊倒競爭對手馬克森提斯，將帝國西側掌握在手中的時間算起，則在位期間為二十五年。而如果從他擊倒最後一名對手利齊鈕斯，成為國家唯一最高權位者的年份算起，在位期間則為十三年。因此我們可說君士坦丁一生中有足夠時間把自己的野心發揮到極致。似乎坊間也不認為他是意外逝世，謠傳中沒有出現行刺、毒殺等說法。

姑且不論君士坦丁初期以軍事行動為主要任務的「凱撒」(副帝) 期間，從他成為軍事政務最高負責人「奧古斯都」(正帝) 的西元三一二年起算的話，君士坦丁掌權期間依舊長達四分之一世紀。這項在位期間記錄，甚至超越以政權穩固為特色的五賢君時代。在歷任羅馬皇帝中，君士坦丁在位年數僅次於開國皇帝奧古斯都。在位期間漫長，代表皇帝的大多數政策得以開花結果，想必君士坦丁臨終時心中沒有任何遺憾。與大國波斯之間的戰役，由於並未正式開戰，因此能夠輕易中斷。而且目前而言，中斷戰役不會造成任何失利。這是因為當時羅馬並非

君士坦丁

遭到波斯攻擊後出兵還擊。換句話說，在西元三三七年時，波斯對羅馬帝國不算什麼嚴重的威脅。因此在此時中斷戰役，只是期望開戰的羅馬方面因為最高司令官逝世而把戰役延期罷了。

君士坦丁雖然病逝在前往波斯戰役的途中，卻沒有造成「出師未捷身先死」的形象。因為他在生前成功地讓西起泰晤士河，東至幼發拉底河，北起多瑙河、萊茵河兩大河，南至撒哈拉沙漠的羅馬帝國維持統一局面。即使不是基督教徒，只要是身為羅馬公民的人，想必都不會反對頒贈「大帝」稱號給君士坦丁。按照傳統原本該頒贈的是「神君」(divus) 稱號，然而身為一神教的基督教不僅不承認其他神明存在，就連近似神明的存在都不認同，因此頒贈給君士坦丁的稱號只好改為與英文"great"同義的"magnus"。順帶一提，君士坦丁在臨終前接受洗禮成為基督教徒，因此遺體不採用羅馬傳統的火葬，而改以土葬方式入殮。

對一個最高權位者而言，任期中最後一件重要任務就是安排繼任人選，以及整頓環境，讓繼任過程能夠順利進行。君士坦丁在位時也沒有疏忽這方面的問題。在他過世前兩年，便將廣大的羅馬帝國劃分成五個區域，選定各個區域的國防與統治負責人並公諸於世。這項政策，是君士坦丁為了避免自己身故後發生繼承權爭奪戰而施行的預防措施。可能是君士坦丁體驗過將大半壯年期間花費在排除競爭者的人生，因此對於在萌芽之前便翦除內亂的重要性體會最為深刻。雖說當初點燃內亂火苗的，正是青年時期滿腹野心的君士坦丁本人。

憑藉個人實力攀上最高權位的君士坦丁，膝下有四名親生兒子。他與第一任妻子所生的長子庫里斯普斯雖然獲得「凱撒」（副帝）地位，日後卻因與君士坦丁再婚對象法烏斯塔皇后亂倫私通而被君士坦丁處死。因同一事件而死的皇后，與君士坦丁之間生有三名兒子，依照年齡順序，分別名叫君士坦丁二世、君士坦提烏斯、君士坦斯。君士坦丁逝世那年，三名兒子分別是二十歲、十九歲，以及十七歲。這三人當時已經享有「凱撒」稱號，如果大帝將帝國交給三名親生兒子接手，也不會顯得不自然。可是君士坦丁沒有這麼做。

君士坦丁的父親君士坦提・克洛魯斯在接手「副帝」職務時，與第一任妻子，酒館老闆的女兒海倫娜離婚，迎娶了當時的「正帝」馬克西米亞努的女兒堤歐鐸拉。對於海倫娜的兒子君士坦丁而言，父親與繼母堤歐鐸拉所生的兩個兒子是他的異母弟弟。異母兄長君士坦丁大帝過世那年，兩名異母弟弟還健在。這兩名弟弟膝下又各有兩名兒子。對於大帝的三個兒子來說，這四個人是堂兄弟關係。

依照年紀大小來介紹的話，這四名堂兄弟姓名分別是達爾曼堤斯、漢尼拔良努斯、加盧斯，以及朱利亞努斯。較為年長的兩名年齡不詳，只知道似乎比君士坦丁的親生兒子稍微年長一點。至於年紀比較小的兩位，加盧斯在當時十二歲，朱利亞努斯則只有六歲。

君士坦丁大帝在逝世前兩年，亦即西元三三五年時，就把「凱撒」稱號賜給達爾曼堤斯與漢尼拔良努斯兩人。也就是說，他任命的帝國國防、政務負責人不僅包括親生兒子，還包括姪子在內，一共有五個人。內亂未必會是由當事人的野心所引起的。在許多狀況下，會是反對現有勢力、對現勢不滿的人找出適當人選當成號召用的旗幟。達爾曼堤斯與漢尼拔良努斯的「皇室血統」濃度要比君士坦丁的三個兒子濃厚。想必君士坦丁大帝打算把既得權勢分給這兩人，藉此消除所有內訌的可能性。君士坦丁大帝在這些顧慮之下所規範的負責區域如下所述，而且這項分工體系已經在其逝世前兩年起步運作了。

長子君士坦丁二世
——高盧、希斯帕尼亞、不列顛
次子君士坦提烏斯
——小亞細亞、敘利亞、埃及
三子君士坦斯
——義大利、旁諾尼亞、北非
姪子達爾曼堤斯
——達其亞、色雷斯、馬其頓、希臘
姪子漢尼拔良努斯

——美索不達米亞北部與亞美尼亞王國

當時的亞美尼亞是由親羅馬派國王所統治的獨立王國。想來君士坦丁大帝遠征波斯的目的，除了擊退波斯王，強化羅馬在美索不達米亞北部的勢力以外，還打算把波斯覬覦不已，因而經常淪為羅馬與波斯開戰原因的亞美尼亞王位整個掌握在羅馬手中。一旦完全掌握了美索不達米亞北部與其背後的亞美尼亞王國，就能藉此隨時監視住東方大國的心臟地帶——豐饒的美索不達米亞地區。如果從現代的國別來看，就是由約旦、敘利亞、土耳其三個國家，從西方與北方兩個方向包圍伊拉克。而君士坦丁大帝打算在實現這項戰略之後，由姪子漢尼拔良努斯擔任這個區域的統治者。為了加深羅馬與這位未來亞美尼亞王的血緣關係，君士坦丁還特地把親生女兒嫁過去，使得未來國王不

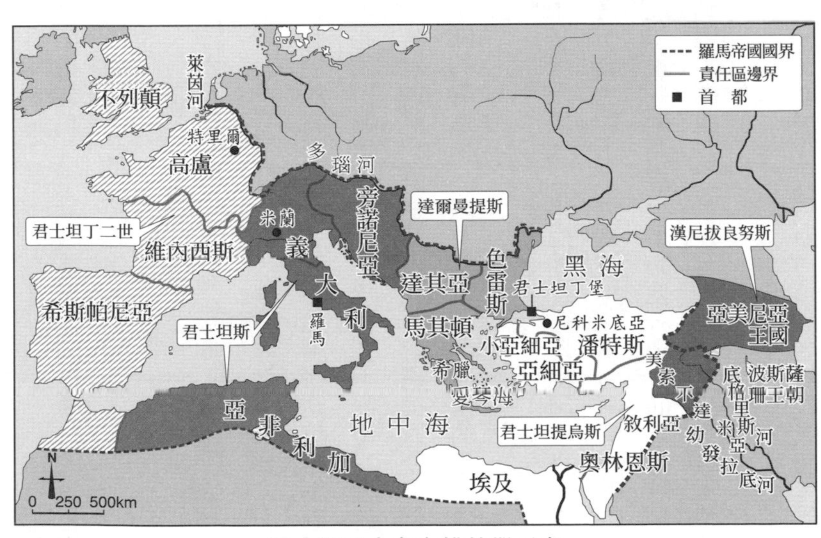

君士坦丁大帝安排的繼承者

僅是羅馬皇帝的姪子，同時還成為女婿。

以上就是君士坦丁大帝所安排的繼承者人事。如果這項人事計畫能夠穩固地執行的話，就能夠維持不流血的局面，和平穩健地執行大帝逝世後的繼承者交接工作。

根據推測，君士坦丁大帝的遺體應該是在五月底左右回到首都。大帝逝世於五月二十二日，而尼科米底亞與君士坦丁堡之間距離不到一百公里，由此可推測運送過程不需要太多時間。尼科米底亞與君士坦丁堡都是面海的港都，因此遺體有可能是利用船舶護送回航。不過皇帝即使在身故之後，依舊是公共人物。既然在生前必須帶領眾多武裝部隊行進，展現掌權者的威風，那麼身後的葬儀恐怕也必須如法炮製。這樣推論的話，護送時可能不會選擇方便但是不容易讓人看見的海路；而是選擇陸路，走在行人不斷的幹道上，以及穿越沿途城鎮的正中央。如果以牛車護送的話，過程至少要花上五天。

推測於六月初舉辦的葬禮，理所當然地是採用基督教儀式。不過除了從安提阿趕來的次子君士坦提烏斯以外，大帝的親生兒子都不在場。長子君士坦丁二世當時身在萊茵河附近的特里爾，三子君士坦斯也身在多瑙河附近的某處。可能皇室判斷距離上不方便奔喪，而且當時是夏季，葬儀能拖延的時間有限，無法等待其餘人員到場。總而言之，在君士坦丁大帝的華麗葬禮上，只有下列五位血親列席。

大帝的次子君士坦提烏斯，以及姪子達爾曼堤斯、漢尼拔良努斯。這三名年輕人擁有代表副帝或皇位繼承人涵義的「凱撒」稱號。

達爾曼堤斯與漢尼拔良努斯的親生父親，已故大帝的異母弟弗拉維斯．達爾曼堤斯。弗拉維斯的胞弟朱利斯．君士坦提烏斯。這個人是可能因年幼而無法出席葬禮的，十二歲的加盧斯與六歲的朱利亞努斯的親生父親。

在君士坦丁大帝在位期間，這兩名異母弟弟並沒有獲得能夠運用皇室成員身份的地位或重要職務。似乎大帝的兩名弟弟自幼一直維持私人身份。

按照慣例，在前任皇帝葬禮結束後，就要讓元老院決議通過凱撒的奧古斯都化，亦即從副帝升格為正帝的儀式。可是不知道為什麼，在西元三三七年六月時沒有舉行儀式，就這樣一天拖過一天。由於沒有留下任何記錄，因此詳細時間不明，不過似乎在七月的某一天，首都君士坦丁堡的皇宮內發生了血腥的屠殺慘案。

遭到殺害的，是除了君士坦提烏斯之外，大帝葬禮當天列席的所有皇室成員。在大帝的血親之中能夠僥倖逃生的，只有十二歲的加盧斯，以及六歲的朱利亞努斯兩個人。可能是兇手無意殺害兩名未成年的小孩，也可能是在背後策畫這場兇案的人，下令保住這兩名幼童的性命。這項推論是基於當時沒有人積極拯救這兩名少年，然而兩人卻能倖免於難的事實。

除了與大帝有血緣關係的人員以外，在大帝生前忠心奔走的親信也成了兇案的犧牲者。在西元四世紀的羅馬帝國，禁衛軍團長官雖然是軍職，工作卻有如首相，因而是國政的第二把交椅。當時的禁衛軍團長官阿布拉比烏斯就是在這場兇案中喪生，其麾下的許多高官也同時遇害。

以一般觀點來看，幾乎在一夜之間，這麼多地位崇高的人在皇宮內遭到殺害，可見兇案事前經過周密計畫。因為如果指揮系統不明確，事情不可能發展得如此迅速。

可是這場在帝國首都的皇宮內發生，據說死者超過五十人以上的血案之中，可以確定的被害人身份卻只有五、六人。就連案情發生在幾月幾日，直接下手的兇手是誰，都沒有明確的線索。既然案情這麼不明確，那麼也就無法查出背後到底是誰在穿針引線了。因為在這個時代，眾人即使懷疑也不能說出口，更別說要寫下來了。

儘管如此，包括兩名副帝在內，有四名大帝的血親以及許多重臣遇害。而眾所周知，案發當時君士坦提烏斯身在君士坦丁堡的皇宮內，因此在案發後他也不能裝聾作啞。這名十九歲的青年在案發後發表了簡短的聲明：

本人在案發時身在皇宮內，但是與血案沒有半點關聯。

行兇者是在自由意志下行動，認為羅馬帝國的皇位應當由已故大帝的親生兒子獨占。

打從血案發生當時，兇手是君士坦提烏斯麾下的官兵一事就已經是定論。只不過兇手的姓名沒有公開，行兇人員之中也沒有任何人遭受刑罰。倖免於難的兩名十二歲與六歲少年，被寄養在從尼科米底亞主教升遷成君士坦丁堡主教的優西比烏斯家中。收養兩名少年的優西比烏斯主教，同時也是在君士坦丁大帝臨終前為其舉行洗禮的人。這個人當時身為與三位一體教派對立的亞流教派代表人物。無疑地，優西比烏斯主教在收養這兩名王子的時候也知道，君士坦提烏斯的用意不在於給予王子適當的教育，而是要他監視著這兩個潛在的皇位競爭者。日後主教在執行監視工作時，嚴格得讓人覺得監視動機簡直不像是發自於世間臣子對於皇帝的忠誠，而是發自於他個人對於基督教神明的信仰。

儘管帝國首都發生了過半皇室成員與成群高官在一夜之間慘遭殺害的駭人事件，輿論對於這件事情的反應與其說是遲鈍，不如說是保持沉默。整個輿論局勢詭異得好像一塊巨石落入湖底之後，湖面沒有產生半點漣漪一樣。不過在血案發生之後還是要安排一段時間讓局勢冷卻一下。雙手沾了血腥的人情緒會因而亢奮，尤其當這些人以戰鬥為業時，更容易讓亢奮的情緒失控，因此有必要加以控制。對於在背後主導血案的人來說，這是不可或缺的事後處理程序。

血案的事後處理需要花費多少時間，外人不得而知。不過可以推測應該是一個多月左右。因為君士坦提烏斯在九月之前就離開了首都，前往胞弟君士坦斯所在的旁諾尼亞行省。當時身為長兄的君士坦丁二世也離開了高盧地區，來到這塊瀕臨多瑙河中游的土地。在大帝過世幾個月後，這三名親生兄弟才首度在官兵人數比首都眾多的行省軍團基地展開第一次會談。

在官方發布的聲明之中，達爾曼堤斯與漢尼拔良努斯是在官兵的獨斷之下遭到殺害。這次的會談，目的就在於分配兩名凱撒留下的責任區。達爾曼堤斯生前負責多瑙河下游地區，這裡是防衛北方蠻族入侵的重要戰略區域。如同下圖所示，多瑙河南岸的達其亞，以及達其亞南方的馬其頓和希臘，被編制到三子君士坦斯的責任區中。而多瑙河匯入黑海的地區，則被編制到次子君士坦提烏斯的責任區內。漢尼拔良努斯生前負責的美索不達米亞北部與亞美尼亞，也理所當然地讓次子君士坦提烏斯的轄區吸收。

等到三兄弟對新的帝國責任區劃分達成協議之後，皇室才派出快馬帶著公文趕往羅馬與君士坦丁堡，要求元老院承認將三位「凱撒」升格為「奧古斯都」，亦即由副帝升格為正帝。兩地的元老院也很當然地，全場一致通過這項

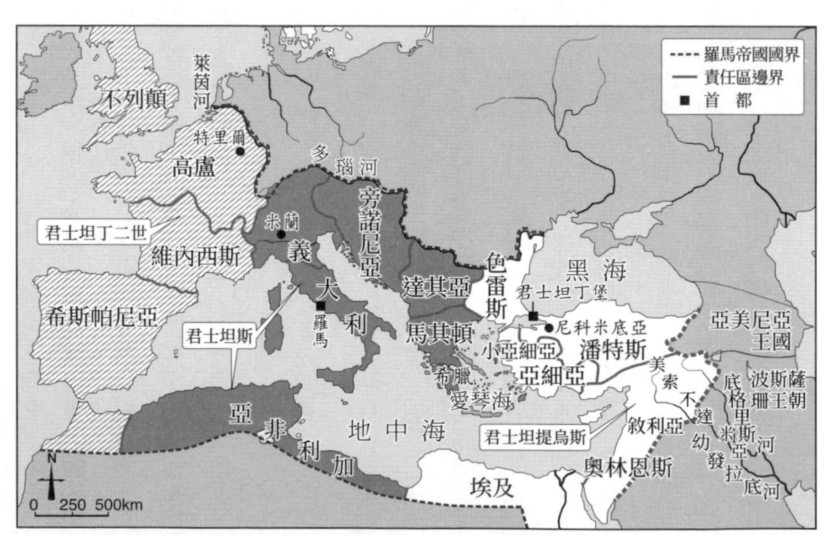

君士坦丁大帝三名嫡子主導的帝國責任區劃分

議案。

一路發展下來，副帝之中只有君士坦丁大帝的嫡子，現年二十歲、十九歲與十七歲的三兄弟能升格為「奧古斯都」（正帝）。這也是繼君士坦丁大帝之後，三名嫡子治國的起始。

帝國三分

在能力優越的君士坦丁大帝之後，繼承皇位的是現年二十歲、十九歲，以及十七歲的三名親兄弟。在歷經三十年的君士坦丁時代之後，如果民間有人對這三人的年幼感到不安，那也是很正常的事情。

從皇帝一詞的語源來自於軍事用語"Imperator"（大將軍）就可得知，羅馬皇帝的首要職責，在於保障帝國全體民眾的安全。換句話說，皇帝要負責擊退來襲的外敵，防止國土遭到入侵。這三名親生兄弟雖然成功地繼承父親的職位，享有「凱撒．奧古斯都．皇帝」稱號，然而三兄弟全都沒有上過戰場。我們可以為其辯解說，這三兄弟當時才剛滿能夠出征的年紀。也可以為其辯解說，由於做父親的大帝在生前壓制住外敵，因此三名王子的少年時期，沒有發生足以威脅帝國安全的大型戰爭。

話說回來，一個人能在戰場上贏得多大的功績，往往要看在率領部隊作戰之前能建立什麼樣的人際關係。探索一個人的青少年時期，可以有助於了解成年後的人際關係。偏偏這三兄弟

君士坦斯

君士坦提烏斯

君士坦丁二世

雖然身為最高權位者的嫡子，在父親逝世之前的私生活情況如何卻沒留下半點記錄。這甚至讓筆者認為，帝國末期的特色之一是對神明的關心程度提升，對人性卻開始不感興趣。

不過這三兄弟雖然由同一對父母所生，與親信之間的關係卻是完全不同。長子君士坦丁二世似乎對於自己與親信之間的關係如何毫不在意。次子君士坦提烏斯則是完全相反，對於親信與自己的關係過度在意。似乎他深信一旦身為皇帝，就連與親信之間都必須保持一定距離，而他的個性又是認真但陰沉。三子君士坦斯則是個標準的上流階層子弟。這名個性開朗的十七歲青年身邊的親信，就是少年時與他共同打獵、開宴會，一同遊玩的夥伴。

這三名青年的共通之處，除了沒有軍事方面的功績之外，另外還有兩點。第一點，這三個人都沒有能夠稱為摯友的朋友存在。第二點，這三個人都在由希臘文稱為"Eunuchus"的閹宦所把持的宮廷中成長。"Eunuchus"不光是用於侍候統治者的妻妾。由於這些人並非完整的男子，因此當時認為這些人不會有野心，適合放在權勢者身邊作為親信。不過原本只有東方的專制君主國家才有重用宦官的風氣。羅馬帝國在文化上屬於西方，不僅是共和時期，連在元首政治時代也沒有重用宦官的風氣。

到了皇帝形象朝向東方風格轉變的戴克里先時代，羅馬帝國的皇宮內才開始採用宦官。不過這個時代的宦官，角色上頂多只是作為官邸的管家。要到了君士坦丁大帝的時代，宦官才開始握有更加強大的權勢。由戴克里先皇帝開啟的後期羅馬帝國政府，特別注重讓身為統治者的皇帝與被統治的臣民之間保持距離。而宦官是銜接雙方關係僅有的少數管道之一，重要程度自然會漸漸提升。

不過到了這個階段，宦官依舊沒有將管家的工作轉讓給別人。這是因為在專制君主體制之下，待在掌權者身邊服侍的人能獲得更多的優勢。此外，宦官也意圖建構專屬於他們的權力架構。換句話說，原本皇宮應該是皇帝於公於私雙方面的權力中心，如今內部卻盤根錯節，遍布了宦官的人際網路。

另外，宦官網路比其他人際網路還具有強烈的排他性。這些人的共通之處，在於外在雖然沒有明顯表現出來，心中其實對健全男子有強烈的仇恨意識。如此下來也理所當然地，在宦官組織中充滿了與憎惡表裡一體的嫉妒心態，而嫉妒的心態又容易發展成陰謀迫害。再加上排他性的組織為了自保，往往又容易轉變成間諜組織。西元三世紀的皇帝如果惹起官兵反感就會喪失性命，而四世紀的羅馬皇帝，卻必須提防宦官的嫉妒。在這個時代，偏偏如果沒有宦官，日益東方化的皇宮就會失去機能。而如果過度聽信宦官的耳語，又會把對國家有益的人才送上刑場。

一人退場

西元三三七年九月，在旁諾尼亞行省由三名「奧古斯都」（正帝）成立的帝國分擔統治體系是由親兄弟間協議產生，理論上應該能長期維持穩定。這三兄弟的會談過程始終氣氛和諧，就連半點爭執都沒發生。可是有人在會場上點頭同意，不久之後卻開始懷疑自己是否吃虧了。這種凡事後悔的人在剛開始後悔時，如果身邊有人能出面提醒他，表示這只是被害妄想，那麼事情也就結束了。只可惜君士坦丁二世身邊沒有這種親信存在。當然也可能是這名年紀才二十出頭，政治上又不夠成熟的年輕人，對於宦官無中生有的造謠反應過度。

結束兄弟三人在多瑙河中游的會面，回到萊茵河畔沒有多久，長兄君士坦丁二世的腦海中就充滿了自己遭到兩名胞弟欺騙的感覺。二弟君士坦提烏斯不僅把遭到殺害的漢尼拔良努斯原有的轄區完全納入手中，還接收了原本由達爾曼堤斯管轄的色雷斯。小弟君士坦斯也接收了半數以上原由達爾曼堤斯管轄的區域，其中包括達其亞、馬其頓、希臘。君士坦丁二世不滿意的是，只有身為長兄的自己轄區與過去幾年一樣。於是，長兄向小弟提出割讓北非的要求。而小弟君士坦斯的回答是「拒絕」。這時候唯一能夠介入兄弟之間紛爭的二弟君士坦提烏斯又身在遙遠的東方。因為波斯王國趁著大帝逝世的機會派兵入侵，他實在無法抽身趕往西方。

一如上述，長兄與小弟之間展開了對北非所屬權的外交爭執。而在當時似乎小弟並沒有認真回應長兄的要求，最後做長兄的終於沉不住氣了。

君士坦丁二世率軍穿越阿爾卑斯山，攻入了義大利北部，可是這場軍事行動並未做好事前準備。雖說起兵時機選在君士坦斯前往達其亞的空檔，不過事前的預備工作實在不周詳。部隊雖然能輕鬆地橫越義大利北部，可是在正要前往君士坦斯的根據地旁諾尼亞行省時，就遭到君士坦斯麾下的官兵阻擋。這場戰鬥發生在亞奎雷亞附近，而且很快地就結束了。戰敗之後麾下的官兵四散逃逸，孤立無援的君士坦丁二世活像士兵一樣的遭到俘虜，並且隨即遭到殺害，遺體被人丟到附近的河裡。身在達其亞的君士坦斯到事情告一段落之後，才得知長兄的軍事行動與死訊。君士坦丁大帝的長子就這樣匆匆地從政治舞臺上消失，得年二十三歲。由於遺體沒有找到，因此事後沒有建立陵墓。而由於他生前沒有接受洗禮，基督教會也就當成沒發生任何事情。這年是西元三四〇年，離其父親君士坦丁大帝逝世不過三年光陰。

君士坦丁二世

事後在剩下的兩兄弟之間，沒有舉辦會談討論長兄留下的轄區要如何分配。由君士坦丁二世負責統治與防衛的不列顛、高盧、希斯帕尼亞等地，很自然地被小弟君士坦斯吸收合併。如此一來便如下圖所示，由一個年僅二十歲的青年，掌握了三分之二個羅馬帝國。不過身為兄長的君士坦提烏斯對這件事情連抗議都沒提出過。

一方面他忙於對付前來進逼的波斯王，沒有餘力插手帝國西方的事情。另一方面，他也想迴避親生兄弟之間互相爭奪的局面。整個行為也許不是純粹出自於兄弟之間的情誼，至少如果以維持父親留下的帝國為優先的話，再度引發兄弟之爭絕對不是好辦法。長兄在輕率起兵作戰之後過世，不過至少沒有將帝國西側捲入長期戰亂，而是在剛剛開始沒多久的狀況下就結束了。從維持帝國整體存續的觀點來看，

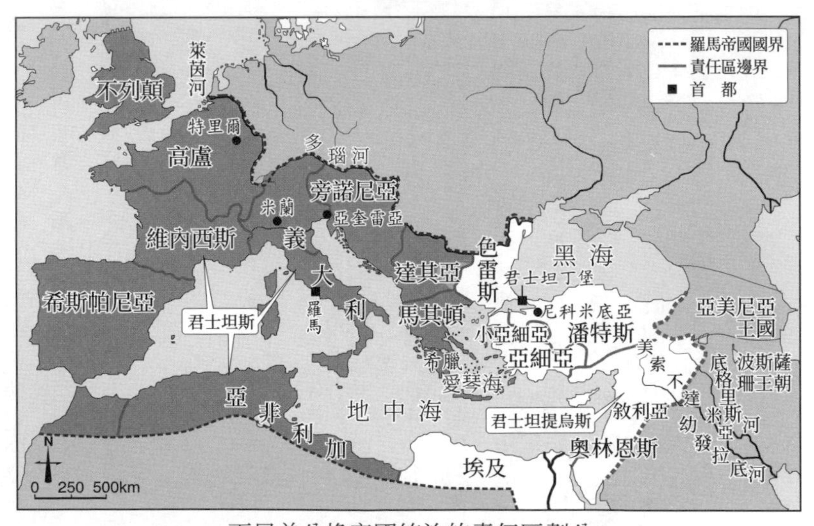

兩兄弟分擔帝國統治的責任區劃分

這甚至可以說是幸運。就在這些背景之下，失去領導人的不列顛、高盧，以及希斯帕尼亞的全體軍政人員，以順利得令人訝異的速度全部納入了君士坦斯旗下。

至此以後，羅馬帝國有三分之二由弟弟君士坦斯統治，三分之一由兄長君士坦提烏斯統治，度過了西元三四〇年到三五〇年的十年歲月。對於君士坦斯而言，這段時期正值他二十歲到三十歲的十年期間。

讓人佩服的是，這個二十多歲的年輕人，竟然能統治與防衛包括西歐、中歐、北非在內的廣大帝國領土。而且這名年輕皇帝負責的區域，還包括多瑙河、萊茵河等北方蠻族隨時會大舉入侵的地區。

君士坦斯並不具有能與古代名將並駕齊驅的軍事天分，不過在遭到蠻族入侵後展開驅逐作戰時，他能夠取得戰果的比例相當高。作父親的君士坦丁大帝是名優秀的將領，而在這方面繼承父親才能的，似乎只有君士坦斯一個人。

這段期間的羅馬帝國上有非軍事天才，年僅二十來歲的年輕皇帝，內有難以防衛的多瑙河、萊茵河防線。在這種狀況之下，還能暫時保障帝國三分之二領土平安的真正原因另有其因。那就是君士坦斯麾下的將領資質優秀，而這同樣是君士坦丁大帝留下的遺產。當初君士坦丁大帝在挑選麾下將領時，純粹以實力為挑選基準。不但在挑選時不過問當事人在羅馬社會中所屬的階級，甚至即使出身蠻族，都不影響在羅馬軍中升遷為將領的速度。

這項政策的結果，使得羅馬軍的作戰會議席上充斥著從姓名就可推斷是出身蠻族的男子。當時羅馬軍中與元首政治時代同樣地，在軍官升遷至大隊長階層時會賦予公民權。因此只要當事人學得羅馬軍中的共通語言拉丁文，就是個名副其實的羅馬將軍了。

儘管如此，這些人與西元一、二世紀羅馬軍中出身行省的高級官員還是不同。與西元一、二世紀的行省出身將領相較，四世紀的蠻族出身將領對於羅馬帝國的歸屬意識並不高。不過，這不代表他們對於出身部族有歸屬感。萊茵河、多瑙河對岸，住著與這些將領共同度過少年時代的同族。如今他們進入羅馬軍中，任務就是阻擋並擊退隨時會入侵的同胞。但是當戰事發生後，蠻族出身的將領在執行勤務時，往往要比世代帝國公民出身的同袍還要來得勇猛善戰。

如果說這種蠻族出身的官兵屬於第一類，那麼進入羅馬皇帝指揮下作戰的部族就屬於第二類了。兩種人員的差別在於，第一類的人物是獨行客官兵，相對地第二類則是由部族長率領整個部族參戰，地位比較接近與羅馬帝國簽約的傭兵團。第二類人員與皇帝之間交換契約，在羅馬軍指揮下擔負軍務。對羅馬方面來說，這種人員帶來了完整的戰力，是不可忽視的好處。相對的，第二類人員也有缺點。那就是由於他們以部族為單位集體行動，羅馬方面必須不斷地以明確的形式，向他們提示在羅馬軍陣營中作戰的好處。因為一旦讓他們投入敵方陣營，連帶地會造成羅馬軍方吃敗仗。

也許有人會反駁說，元首政治時代的羅馬軍方，同樣有接納行省出身與蠻族出身的官兵參戰。不過當時的羅馬軍能夠對於參戰人員提供許多可接受的好處。

第一點，儘管羅馬軍不是百戰百勝，至少獲勝機率相當高。也就是說，參戰人員有很高的機率在二十五年後活著結束役期安然退伍。

第二點，主要戰力是由擁有羅馬公民權的士兵擔任，出身行省或蠻族的官兵只是輔助戰力。因此就算他們大批投靠敵軍，也不會造成羅馬軍戰敗。

第三點，就是在對帝國國防具有貢獻後，能獲得羅馬公民權當獎賞。而當時羅馬公民權具有特殊的魅力。

官兵一旦升遷上以行省民編組的輔助部隊隊長時，就享有出席作戰會議的權利。可能是政府認為沒有羅馬公民權的人不適合出現在這種場合，因此在升上大隊長時就會賜予羅馬公民權。而一個人即使以士兵身份退伍，在結束二十五年的兵役時，也能獲得羅馬公民權。後來要到西元二一二年，才由卡拉卡拉皇帝改制，讓羅馬帝國境內包括奴隸在內的所有人都享有羅馬公民權。在這之前對於行省民與蠻族出身人員來說，光是可以免除占收入一成的行省稅這一點，就已經夠凸顯羅馬公民權的魅力了。

在共和政治時代，羅馬已經是「公民法」與「外國人法」並行的國家。公民權有如現代的國籍，因此一個人一旦取得羅馬公民權，就代表這個人擁有羅馬國籍，與世代相傳的羅馬公民站在同樣的立場上。其後隨個人的能力與運氣發展，就連進入元老院都不是問題。

至於第四點，可以說是羅馬政府以良好條件保障退伍官兵日後能恢復平民生活。這項保障立足於由開國皇帝奧古斯都創設，在古代僅有羅馬帝國施行的退休俸制度。即使以士兵身份退伍，當事人也能領取現金或者土地當退休俸。這項制度徹底解決了退伍士兵可能淪為社會邊緣人的人道問題，同時減輕了社會的不安要素。

在整個元首政體時期，上述一～四各項都還能發揮功能。然而在西元四世紀的羅馬帝國，局勢卻完全相反。

一、羅馬軍的獲勝機率已經大幅下跌。換句話說，戰敗收場已經不是什麼稀奇的事情。這也代表陣亡或是淪為敵軍俘虜的機率上升。

二、主要戰力已經由出身行省或蠻族的人員占據。

三、羅馬公民權已經不是資格獲得認同的人才能獲得的「取得權」，而是所有人員天生擁有的「既得權」。如今已經沒有人會為了取得羅馬公民權而特地擔任可能送命的軍務。

四、退休俸制度已經瓦解，軍中人員成天只考慮如何長期窩藏在部隊裡騙取糧餉。原本享有羅馬公民權的士兵退伍年限為二十年，如今這些規定已經成為歷史。在這個局勢下，還是有部份由軍中淘汰的退伍官兵存在。然而這些人員已經成為社會敗類、盜匪溫床。

這就是西元四世紀的羅馬軍實況。而四世紀的羅馬皇帝要率領這種部隊作戰，可見國家面臨的局勢有多艱難。因為只要行事稍有不慎，馬上會讓國家分崩離析。

第二人退場

西元三五〇年，大帝留下的帝國在長子逝世，由次子與三子分擔統治之後，進入了第十年。擔綱東方防衛的次子君士坦提烏斯這年三十二歲，而擔任西方防衛的三子君士坦斯也年滿三十歲了。對於在帝國東方承擔大任的君士坦提烏斯來說，這是在應付大國波斯的攻勢之中，匆匆過去的十年。對於在帝國西方承擔政務的君士坦斯來說，這十年也全部消耗在對付不斷入侵的北方蠻族上。而君士坦斯自認為這十年的戰果全基於他個人的軍事才華，由於過度自滿，因此沒有發現將內政委由外人承擔的錯誤。這裡所謂的外人，意指由宦官盤根錯節地，在皇宮中建立的無形網路。換句話說，徵稅者一天比一天腦滿腸肥，納稅人的生活卻是日益蕭條。這就是由君士坦斯擔任最高統治負責人的地區實況，而且這個地區範圍包括了三分之二個帝國。

出身於蠻族，但十多年來在君士坦斯麾下協助擊退蠻族的男子們也注意到了民眾的絕望。這些男子早就與出身部族斷絕關係，獨來獨往，在擔任羅馬軍務的蠻族中，屬於第一種類別。因此當他們與過往的同胞敵對作戰時心中沒有什麼負擔。只不過，他們無法忍受不把自己的貢獻看在眼裡的最高司令官。

這些人對皇帝的不滿，是在何時、如何成熟的，目前已經無法得知。可以確定的是，君士坦斯麾下的蠻族將領之一，同時也是叛變的主謀者馬格嫩提烏斯決意起兵時，已經確實掌握了官兵的支持。另外，對掌權者施展陰謀時，成功與否的關鍵在於讓誰替代遭到陰謀排除的掌權者。馬格嫩提烏斯可能認為自己出身蠻族，會對民眾造成過大的刺激。因此他找來君士坦斯皇帝旗下的高等行政官僚，義大利出身的馬爾凱流斯接替。順帶一提，據說這名高級官員出身於世傳的羅馬公民家庭。

君士坦斯

既然君士坦斯率領的部隊是以擊退蠻族為目的，那麼就無法長期駐守在一個基地中。部隊編制目的，在於一接獲蠻族入侵的消息，就立即趕往現場反擊，因此隨時都在各地轉戰。西元三五〇年那一年，部隊正在由里昂往巴黎的大道上，向北行進約三分之一路途的歐坦城裡歇腳。

這一天晚上，不知道是由誰主辦，不過軍中舉行了一場招待皇帝麾下全體將軍的宴會。開場之後，這些人的長官君士坦斯皇帝並沒有出現在宴會場上。三十歲的大帝三子特別喜好打獵，每當部隊移防後第一件做的事情，就是騎馬在營區附近的山林中尋求獵物。原本宴會有助於強化領袖與麾下將領的人際關係，可是君士坦斯卻優先滿足自己的個人慾望。可能是他過度自信，認為在父親過世之後，登上皇位的十三年來，他連大規模的蠻族入侵都有辦法應付，因此造成精神鬆懈。

據說正式決定起兵廢除君士坦斯，轉而擁立馬爾凱流斯的時刻，就是在這天晚上的宴會。

還是多虧了一名少年奴隸溜出會場通報，君士坦斯才得知起兵叛變的消息。

君士坦斯知道叛變的消息後立刻展開逃亡。在萊茵河附近的基地還有其他軍團駐紮，原本他可以往東北方求助的，不知為什麼他卻朝向西南方前進。可能是他計畫穿越庇里牛斯山進入西班牙，沿著希斯帕尼亞行省南下，通過古代稱為赫拉克斯雙柱的直布羅陀海峽在北非上岸，以豐饒的北非地區為根據地捲土重來也說不定。

可是當君士坦斯逃亡到庇里牛斯山脈的山腳下時，被一隊騎兵追上。可能騎兵隊長接獲的命令是格殺勿論吧，君士坦斯一被追上就遭到殺害。遺體就直接棄置在荒郊野外，成了山犬的食物。這就是十年來掌握帝國三分之二遼闊領土的羅馬皇帝末路。

十年前失去兄長，如今又失去小弟，大帝的親生兒子如今只剩下次子君士坦提烏斯在世。過去的羅馬帝國多半是由一名皇帝領導國家，因此這也可說是恢復正常型態。就連他們的父親，在晚年的十三年中，也是帝國中僅有的一名「奧古斯都」（正帝）。

在剛面臨這種局面時，三十二歲的君士坦提烏斯也有意願單獨承擔防衛帝國國土的重責大任。問題是，羅馬不可能同時在中東與歐洲兩方樹敵開戰。如果繼續在中東地區與波斯作戰，那麼就不可能在歐洲地區率兵殲滅篡位者。就連帝國鼎盛時期的五賢君，都會避免在距離遙遠的兩地同時展開戰鬥。更何況西元四世紀的羅馬帝國，已經沒有同時在兩地開戰的餘力了。

君士坦提烏斯決定與波斯王夏普爾協議休戰，優先解決由蠻族出身的將領馬格嫩提烏斯掌握實權的帝國西側問題。因為如果放任蠻族出身的人繼續橫行下去，帝國西半部，包括不列顛、高盧、希斯帕尼亞與義大利在內，都將遭到日耳曼民族占領。如果這個局面成真的話，由大帝留下的羅馬帝國，在兒子的這一代就要失去西半部，規模縮小成必須改稱東羅馬帝國。

筆者認為，這個時候君士坦提烏斯判斷要以打倒西方的敵人為優先，是個正確的觀念。這就好像考試寫考卷時要從容易回答的問題先著手一樣。在西元三五〇年時，君士坦提烏斯皇帝面對東西兩方的敵人，雖然同樣是敵人，內情卻有相當大的不同。

第一點差異，東方的敵人波斯帝國雖然主動展開攻擊，但是並未深入羅馬帝國境內。兩國之間的戰鬥並未以長期成為波斯與羅馬帝國國界的幼發拉底河為界，而是在東方的底格里斯河附近展開。

相反的，西方的敵人是以曾在皇帝麾下任職的蠻族將領為主，因此是在羅馬帝國境內的敵人。也因此羅馬皇帝有必要優先排除這方面的敵人。

第二點差異，在於預期戰鬥地點是在敵境內或是在國內。如果要解決與波斯之間的爭執，必須從作戰中的美索不達米亞北部，攻入波斯王國首都所在的美索不達米亞中部地區。這也就代表必須在敵境之中作戰。相對地，歐洲地區已經有完整的後勤補給系統，羅馬軍享有在境內作戰的優勢。

另外還有一點，是君士坦提烏斯皇帝個人特有的優勢。殺害正統皇帝君士坦斯篡奪皇位的人，在羅馬法中屬於叛國罪，皇帝握有懲處這些人的權力。還有，由於篡奪皇位的人是軍事將領，因此又多了一條反叛最高司令官的罪名。也就是說，這時是由帝國的司法與軍事最高負責人出面，前去懲罰在刑法、軍法兩方面犯下重罪的人。君士坦提烏斯在率軍西行時，擁有讓羅馬帝國國民能夠接受的大義名份。而且在這種情況下，民眾的同意也就等於支持。能在民眾支持之下前往討伐敵軍，也就代表作戰期間能在後勤補給等各方面占據有利條件。

羅馬與波斯王夏普爾二世之間的休戰協議，順利得讓人訝異。一方面這是因為波斯軍對羅馬帝國最東側的據點都市尼西庇斯的攻擊接連失敗，使得在現場親自指揮作戰的波斯王夏普爾威嚴掃地。羅馬時代的尼西庇斯，就是今日土耳其境內的奴塞平城，與敘利亞國界相去不遠。

夏普爾二世

波斯軍先後於西元三三八年花費了六十天、西元三四六年花費了八十天，而在西元三五〇年更是花費了一百多天，都沒有辦法攻陷這座都市。這一方面固然要歸功羅馬方面使足全力在保護這座都市，不過在十二年中三度進軍，都無法攻下邊境的據點都市尼西庇斯，使得夏普爾在波斯宮廷中的地位也受到了威脅。

而且就在這段時期，波斯王國東北部發生了外族入侵的事件。以現代國別來說，事情大約是發生在伊朗或阿富汗北部。如果邊境的多瑙河遭到蠻族大舉入侵，羅馬皇帝無論身在君士坦丁堡或是羅馬，都不得袖手旁觀讓局勢惡化。對於首都設於美索不達米亞中部，位於現代伊拉克境內的波斯王夏普爾來說，外族入侵同樣也是無法忽視的嚴重狀況。尤其在專制色彩濃厚的波斯宮廷內，臣子中的反對派往往會利用外敵入侵的機會試圖打倒國王。因此北方外族入侵國土的事件，對波斯王來說也是個頭痛問題。

由於有上述背景，對波斯王夏普爾二世來說，羅馬皇帝提出休戰協議也是求之不得的好消息。因為雙方利害關係一致，所以才能夠迅速締結休戰協定。簽署這項協定之後，羅馬皇帝可以不用擔憂東方，而將精力全部集中在處理西方事務。波斯王也能夠不在意西方的狀況，專心應付東北方的外敵。

君士坦提烏斯皇帝率軍西行的消息，同樣地也傳到了在高盧作威作福的馬格嫩提烏斯耳中。剛開始這名將領因為自己出身蠻族，因此不敢親自登上皇位，轉而擁立名叫馬爾凱流斯的羅馬高等行政官當皇帝。可是過了不久，傀儡皇帝就銷聲匿跡，由他本人開始自稱皇帝。如此一來，羅馬的政治局勢也就變得更加複雜。在得知蠻族出身的武將自稱是皇帝之後，以保衛多瑙河中游地區為任務的伊利利亞地區駐軍大感不滿，因而擁立當地的司令官維特里亞諾稱帝。君士坦斯身故後，在他生前負責的地區，就此出現了兩名「皇帝」並立。馬格嫩提烏斯在慌亂之餘，派遣使者向率軍西行的君士坦提烏斯表示，希望能夠以政治談判方式解決現狀。

馬格嫩提烏斯提出的條件是，由皇帝任命他為「凱撒」（副帝），負責高盧、不列顛、希斯帕尼亞的防衛與統治工作。相對地馬格嫩提烏斯麾下的部隊，則誓言絕對不跨越阿爾卑斯山脈往東推展。

君士坦提烏斯將帶來這項談判要求的使節團全數逮捕入獄，僅留下一名例外。留下一名例外的目的，是要有人負責把拒絕的消息帶回馬格嫩提烏斯身邊。第二天早上，君士坦提烏斯召集重臣說出了下列這段話。他表示昨天拒絕談判的理由，完全來自一場託夢。而他所敘述的夢境，讓人回想起君士坦丁大帝生前擅長使用的「伎倆」。三十二歲的皇帝是這樣說的：

「昨夜就寢後，君士坦丁大帝的身影出現在我的睡夢之中。他巨大的身影雙手抱著我慘遭殺害的弟弟君士坦斯，用我們都還熟悉的聲音向我訴說，要求向殺害他兒子的人復仇，以及不得向任何對象割讓帝國領土。之後他明確地告訴我，只要遵從父親的忠告，他便會保障身為兒子的我贏得勝利與不敗的光榮，以及身為統治者不放任奸佞橫行的榮耀。」

在場的重臣沒有人表示反對。既然這是大帝託夢降下的旨意，那臣子當然不能有任何意見。畢竟君士坦丁大帝在逝世十三年之後，對世間還具有足夠的威望。而作兒子的君士坦提烏斯也很巧妙地利用了這一點。

只不過，儘管決定毫不妥協地正面對決，卻不代表能立即展開軍事行動。如今皇帝面前有了兩名敵人。其中一名以今日稱為巴爾幹地區的多瑙河中游為根據地，這個地區在羅馬時代盛產精兵猛將，猛將之中還包括君士坦丁大帝在內。另一名敵人雖然背負著蠻族出身的包袱，但是享有足夠抵消障礙的優勢。因為馬格嫩提烏斯如今已經將高盧、不列顛、希斯帕尼亞等在羅馬帝國領土中羅馬化歷史最久的豐饒領地掌握在手中，而且有許多贊同他舉兵的將領同樣出身蠻族，這代表又多了容易向住在帝國境內的歸化蠻族，以及向國界外圍的蠻族招募士兵的優勢。換句話說，他手上已經握有強大的軍事力量，規模不輸給皇帝親自率領的部隊。

另外，因為西元四世紀的高盧地區，已經淪落到必須天天提防由東渡過萊茵河入侵，以及由北從北海海口逆流而上的蠻族襲擊，因此馬格嫩提烏斯麾下的官兵全數都是歷經實戰的老手。在君士坦提烏斯回絕之後，馬格嫩提烏斯只剩下動武一條路可走。而這些老練的精兵就在一聲令下，開始進行準備工作，要在第二年西元三五一年春季時穿越阿爾卑斯山往東進攻。

如果由高盧出發的馬格嫩提烏斯，與在伊利利亞地區稱帝的維特里亞諾兩人聯手的話，君士坦提烏斯很有可能打敗仗。因此君士坦提烏斯決心先解決其中一人。而在解決這個人的時候，他選擇走外交路線而不是軍事衝突。維特里亞諾的正確年齡不詳，只確定當時已經步入老年，因此這個人可能也是在君士坦丁大帝時代衝鋒陷陣的將領。三十二歲的現任皇帝，打算再度活用父親的威望。

君士坦提烏斯向維特里亞諾要求直接面對面談判。會談的地點選在羅馬時代稱為賽爾蒂迦的地方，也就是現代的保加利亞首都索菲亞。老將軍前往索菲亞時，身邊帶著兩萬名騎兵，以及數量比騎兵略多的步兵，總計四萬多名部隊。君士坦提烏斯皇帝同樣也率領著直屬的部隊到場。不過政治領袖之間的會談，往往真正談判的地點不在談判桌上。不知道私下談判時是否又提及大帝託夢的內容，總之老將軍很快的表示，只要能保障他引退後的生活，他就願意把所有部隊歸還給君士坦提烏斯皇帝。

第二天早上，在索菲亞郊外集結的雙方部隊前所上演的，充其量只是一場交接儀式。首先由年輕的皇帝向老將軍呼籲，要他們停止反抗皇帝的行為。緊接著由君士坦提烏斯麾下的官兵歡呼拍手表示贊同。等到維特里亞諾麾下的官兵也受到影響開始拍手時，才由幾名君士坦提烏斯麾下的官兵帶頭，並由雙方的全體官兵同聲呼口號：

「誓言打倒篡位逆賊。願大帝之子長生與光榮。我等僅願在此人之下奮勇殺敵。」

到了這時候，老將軍維特里亞諾才往前走，把戴在頭上的皇冠取下放在君士坦提烏斯的腳邊。

儀式到此告一段落，方才派駐在伊利利亞地區的四萬名官兵還擁立維特里亞諾稱帝，如今直接回歸到君士坦提烏斯麾下。老將維特里亞諾事後隱居到小亞細亞西部的小鎮普爾薩，在六年的隱居生活之後安然逝世。

第一個敵人解決了，不過另一個更難纏的敵人，也是引發目前局勢的源頭依舊存在。馬格嫩提烏斯這時似乎也打定主意要硬碰硬，他任命自己的弟弟迪根提烏斯為「凱撒」(副帝)，並開始自稱為「奧古斯都」(正帝)。再加上大帝的女兒君士坦提娜與這名蠻族出身的篡位者關係日益密切。在丈夫遭殺害之後，君士坦提娜遷居到了羅馬，因此有可能在身處巴爾幹地區的君士坦提烏斯不知情的狀況下，與高盧地區的馬格嫩提烏斯保持聯絡。

在十三年前的皇宮血案之中，君士坦提娜的丈夫，即將接任亞美尼亞王位的漢尼拔良努斯遭到殺害，其後君士坦提娜一直維持寡居。在這段期間，她一直憎惡讓她失去丈夫與亞美尼亞王妃地位的兄長。可能她認為如果與稱帝的馬格嫩提烏斯結婚的話，就能成為帝國西側統治者的妻子，獲得符合皇室子女的地位。至於通婚的對象是不是殺害她另一名兄長君士坦斯的人，對她來說恐怕已經不是問題。

馬格嫩提烏斯的反應也相當積極。這名男子儘管目前已經稱帝，畢竟出身於蠻族，因此他也知道迎娶君士坦丁大帝的親生女兒有多大的好處。從君士坦提烏斯的觀點來看，他必須在妹妹的策略成功之前打垮敵人。可是在這個時期，君士坦提烏斯又必須面臨另一項問題的決策。

沒有人能保證波斯王夏普爾會遵守休戰協定到什麼時候。從過去的例子中可以充分推測得出，一旦成功擊退了從東北部入侵的外族之後，波斯王的注意力又會集中到西方。如果局面發展成如此的話，皇帝西行之後，帝國東方駐軍的最高司令官一職空懸，恐怕難以抵擋波斯王與其麾下部隊的攻擊。這件事情是君士坦提烏斯的心頭大患。因為馬格嫩提烏斯目前氣勢正旺盛，實在難以推測要到何時才能分出勝負。

於是這時候，君士坦提烏斯決定要任命「凱撒」。獲得任命的「副帝」必須常駐於敘利亞的安提阿，一方面監視著波斯軍的動向，一方面專注於帝國東半部的統治與防衛工作。如果有副帝分擔帝國東方政務的話，正帝君士坦提烏斯就能專心掃蕩西方的敵人。

可是這項決定使得另一個問題浮出檯面，那就是帝國目前沒有適當的副帝人選。

副帝加盧斯

在西元三五一年時，君士坦丁大帝的親生兒子中僅有當時三十三歲的君士坦提烏斯存活。當筆者研究調查這名男子生涯時產生的感想，簡單來說，可用苦笑兩字來形容。君士坦提烏斯真的是個思慮不周詳的人，不過光用這句話還不足以形容他的本質。君士坦提烏斯的行為往往冒冒失失，而且會淪落到這種下場，並不是因為他莽撞、做事不經大腦，而是他深思熟慮之後的結果，所以說只能用苦笑來形容。每當他苦心積慮推動的事物，往往產生與他預期相反的結果，最後還要由他親自善後。在研究這個人的一生時，真的讓人忍不住要苦笑。

由於缺乏確實的史料，因此研究人員往往迴避這項問題。不過如果不以研究歷史的立場，而從犯罪調查的角度來看，大帝剛過世時發生的宮廷血案，很有可能是君士坦提烏斯在背後主導。當時十九歲的次子可能認為，只要殺害兩名堂兄，帝國就能由三名親兄弟掌管，因而決心下毒手吧。實際上局勢也如他所預期的發展，然而三兄弟分擔帝國的體系維持不到三年，首先是長兄兵敗逝世，十年後小弟又遭到殺害，結果兄弟之中只剩下他一個人存活。

如果在父親過世時，他沒有下手殘殺兩名堂兄的話，其中一名正是即將掌握亞美尼亞王位的漢尼拔良努斯。在君士坦提烏斯準備西行討伐馬格嫩提烏斯時，漢尼拔良努斯勢必會代替他兼任帝國東方的防衛與統治責任。因為如果問起阻擋波斯進攻之後誰獲利最大，那麼絕對不是掌管帝國東側的君士坦提烏斯，而是直接面臨波斯王國威脅的美索不達米亞北部、亞美尼亞王國地區負責人漢尼拔良努斯。

另外，蠻族出身的馬格嫩提烏斯稱帝之後引起官兵反彈，使得維特里亞諾連帶舉兵稱帝。如果當年達爾曼堤斯沒有成為血案的犧牲者的話，說不定君士坦提烏斯就不用親自去處理這項問題了。因為當年大帝委託達爾曼堤斯管理多瑙河下游地區，與維特里亞諾的根據地多瑙河中游比鄰而居。

偏偏君士坦提烏斯殺害了有充分資格，又站在肩負國政立場上的兩個人。這使得他為了能安心率軍西行，必須先與波斯王簽署休戰協定。當時羅馬與波斯的戰況對羅馬有利，想必對於奮戰許久的當地居民與駐軍來說，這場休戰會讓他們覺得可惜。

而且付出這麼大的代價取得的休戰協定，又不保證能維持到什麼時候。假使皇帝與直屬部隊一直停留在帝國西方，還有造成帝國不看重東方的形象的風險。在殺害兩名堂兄，又失去長兄與小弟之後，如今已經沒有人有資格替代君士坦提烏斯掌握大權。就連想要任命只是掛名的「凱撒」，都沒有辦法執行。因為君士坦提烏斯雖然已經三十三歲，但是膝下依舊無子。

恐怕到了這個時候，君士坦提烏斯才回想起一件事情吧。在大帝剛逝世後發生的血案中，遭到殺害的皇室人員有漢尼拔良努斯、達爾曼堤斯兩名「凱撒」，以及這兩人的父親與叔父。當時作叔父的膝下有兩名年幼的兒子倖免於難。倖存的兩名少年事後被送往小亞細亞境內接近亞美尼亞的山區城池，在基督教主教的嚴格監視下，過著實質上的軟禁生活。沒有任何史料表示君士坦提烏斯以往關心過兩名少年的生活。恐怕是到了發現沒有人能代為執掌國政之後，才想起這兩人的存在吧。局勢演變到必須錄用殺害對象的兒子，可想而知君士坦提烏斯在做出這項決斷時，心中有多複雜無奈。

西元三五一年三月，由「皇帝」君士坦提烏斯任命為「副帝」的加盧斯，在帝國東方最大的都市安提阿展開了與以往不同的生活。父親遭到殺害時他只有十二歲，而如今他已經二十六歲了。在受命擔任「凱撒」時，他同時還受命與皇帝的妹妹結婚。新娘就是漢尼拔良努斯的遺孀，與馬格嫩提烏斯關係日益密切，使得皇兄焦躁不已的君士坦提娜。可能君士坦提烏斯皇帝打算在挑選帝國東方代理人的同時，順便把專惹麻煩的妹妹一併解決吧。加盧斯有一個異母弟弟朱利亞努斯，這時二十歲。在加盧斯當上副帝的同時他也脫離了軟禁生活，獲准在小亞細亞與敘利亞地區做學術研究。

君士坦提烏斯就此能夠暫時放下帝國東方的問題，可能也因此取得能整頓局面與馬格嫩提烏斯決戰的信心吧。總司令的決心也影響到春夏兩季中維持對峙的官兵心理，使得軍中揚起接近決戰的氣息。

叛賊馬格嫩提烏斯

在西元三五一年這一年，於巴爾幹地區與君士坦提烏斯對決的馬格嫩提烏斯及其麾下部隊，套一句老話來說，正是一群身經百戰的沙場老手。馬格嫩提烏斯旗下的部隊，其實人數不到四萬。其中除了高盧人與西班牙人等羅馬帝國軍團傳統成員以外，還包括許多對四世紀羅馬人而言依舊只是國界另一頭的蠻族，例如日耳曼、法蘭克、薩克遜等。在元首政治時期，羅馬軍的主力是由羅馬公民擔綱。到如今羅馬軍的主力已經改由高盧、西班牙、法蘭克與薩克遜等民族混合編制。也就是說，原本羅馬軍團是個深褐色頭髮、深褐色眼睛的集團，如今已經混有不少金髮碧眼的人在內。而率領這支羅馬人與蠻族混編軍團的，正是蠻族出身的馬格嫩提烏斯。儘管人數不到四萬，就連君士坦提烏斯麾下的官兵都認為，這群人足以和人數據說是雙倍的君士坦提烏斯軍相抗衡。

兩軍交戰的戰場，選定於今日的匈牙利與克羅埃西亞交界處，由多拉瓦河與多瑙河沖積而成的平原上。羅馬軍會選擇這塊地方做戰場，是身為總司令的君士坦提烏斯堅持之下的結果。他秉持的理由是，這塊地正是二十七年前君士坦丁大帝擊倒最後一名競爭者利齊鈕斯的地方。這個地點有水量豐沛的多拉瓦河與水量更加豐沛的多瑙河匯流，流域內的平原正適合大軍展開對決。可見君士坦丁大帝挑選戰場的眼光也同樣優秀。

不過大帝的兒子君士坦提烏斯和擅長快攻的父親不同，是個凡事謹慎再三的人物。儘管當時君士坦提烏斯手中握有兩倍的兵力，卻遲遲無法做出開戰的決斷，使得兩軍在對峙狀況下度過了春季與夏季。然而，到了秋季之後，局勢頓時起了變化。這是由於任命加盧斯負責帝國東方，君士坦提烏斯暫時沒有其他事情需要擔憂了。有趣的是，這名三十出頭的羅馬帝國最高權位者，是個心頭只要有事情值得擔憂，就會連帶使得舉措轉慢的人。就本質上而言，他真的相當謹慎而膽怯。

幸好他的父親君士坦丁大帝逝世至今只有十四年，大帝的威望至今依舊存在。具體來說，就是軍中依舊有不少在大帝任內培養軍團經驗的官兵。其中一名是法蘭克族出身的騎兵團長錫爾瓦努斯。他率領麾下的全體騎兵拋棄長官馬格嫩提烏斯，投靠到大帝的兒子君士坦提烏斯陣營中。這使得馬格嫩提烏斯方面的人數減少到三萬六千人，而相對地君士坦提烏斯方面的兵力遠遠超過八萬。

儘管君士坦提烏斯強烈期望，但西元三五一年九月二十八日的會戰戰場並不在當年君士坦丁大帝擊敗利齊鈕斯的基帕拉葉，而是在基帕拉葉北方三十公里處的穆爾薩平原上。馬格嫩提烏斯陣營往左看可以看見多拉瓦河，而君士坦提烏斯陣營的官兵站穩陣腳後，往右看時同樣可以看見這條河。

總司令官君士坦提烏斯在布陣的官兵面前按例舉行士氣演講之後就離開戰場，在陣營後方的教堂中一邊祈禱一邊等待戰後報告。相對地馬格嫩提烏斯自始至終一直留在戰場上。

儘管太陽剛升起時雙方陣營的官兵就擺好了陣式，這天卻遲遲未能掀起戰端。雙方部隊一直維持對峙，直到太陽通過頭頂上。

一直到了這天下午雙方才正式開戰，但不知道是哪一方面主動出擊。雖然說這是一場會戰，但是不像以往的羅馬軍進行會戰時那樣，能在一貫戰略之下隨機應變、設法運用各種戰術，整個戰場充斥著互相衝突的混戰狀態。可能在進入西元四世紀之後，會戰的方式也開始偏離羅馬風格，走上蠻族的路線。也就是說，這個時代的官兵作戰時只曉得憑蠻力硬碰硬。也理所當然地，這天的穆爾薩會戰直到太陽下山後，都還沒獲得明確的戰果。不過當君士坦提烏斯旗下的騎兵打垮馬格嫩提烏斯陣營的步兵時，會戰的走向也就底定了。這天的會戰是由君士坦提烏斯方面獲勝。三十四歲的總司令官在教堂中與主教一同祈禱時，接獲了第一通戰勝報告。

不過，由於這天的戰鬥中雙方長時間正面衝突，因此造成了大量人員犧牲。馬格嫩提烏斯陣營的三萬六千名官兵中，有兩萬四千名陣亡。就連戰勝的君士坦提烏斯陣營裡，八萬五千名部隊也有三萬人橫屍沙場。雙方合計下來，一共折損了五萬四千名官兵。由於這是一場內戰，因此所有陣亡人員都是羅馬帝國的官兵。而根據僅有的記載所示，陣亡人員中有許多是身經百戰的老手。這就是為何穆爾薩會戰雖然僅是一場內戰，但讓人認為是造成羅馬帝國軍事力量衰退的決定性事件。

儘管損失了三分之二的兵力，馬格嫩提烏斯還是成功地率領剩下的三分之一人員逃亡。他們順著多拉瓦河向上游逃逸，穿越羅馬時代與現代都被稱為「朱利斯的阿爾卑斯」（拉丁文：Alpes Iuliae，義大利文：Alpi Giulie）的山脈進入義大利境內，成功逃入義大利半島東北端的重要都市亞奎雷亞。因此或許不該稱為敗逃，而是稱為撤退。如果以現代的國家來描述的話，這些人沿著匈牙利國界邊緣穿越了克羅埃西亞，又穿越了斯洛維尼亞領土，逃入義大利境內。由此可知馬格嫩提烏斯雖然出身蠻族，卻相當有身為將領的資質。他打算以義大利北部為基地，重新整頓陣營繼續作戰。

只不過，個性謹慎的君士坦提烏斯沒有展開追擊。在這個狀況下，不趁勢追擊反而是正確的。

君士坦提烏斯皇帝沒有立即攻打篡位者馬格嫩提烏斯率兵埋伏的義大利北部，而是選擇優先奪回在敵方勢力範圍下的西班牙與北非。套一句諺語來說，這叫做「射將先射馬」。結果馬格嫩提烏斯在義大利苦等一年多，卻只能眼睜睜看著皇帝麾下的部隊奪回北非，又渡過直布羅陀海峽收復西班牙。

一旦希斯帕尼亞落入敵人手中，代表敵軍已經逼近庇里牛斯山脈。即使馬格嫩提烏斯想在義大利北部迎擊君士坦提烏斯，如今作為根據地的高盧地區既然有遭受攻擊的危險，他也只好回到高盧準備防禦。這時他決定以里昂作為高盧地區的根據地。

早在四百多年前，西元前一世紀時，朱利斯・凱撒就征服了高盧地區，將其納入羅馬霸權範圍內。他推動的統治政策也充滿了羅馬風格。他准許遭到征服的高盧各部族（據說包括小部族在內的話，部族數量超過一百個族群）繼續定居在根據地上。而當繼承凱撒理念的奧古斯都登基之後，更是以銜接各部族根據地的形式，鋪設了有如高速公路的羅馬大道網路。因此羅馬時代的高盧地區，在相當於後世法國的土地上，主要都市幾乎全部起源於高盧部落的根據地，在凱撒時代之後才轉型為羅馬式的都市。不過在這些都市之中，只有里昂例外。里昂是由羅馬人從頭興建起的都市。以往在此也有小部族居住，不過規模無法與高盧地區的其他部族相較。簡單來說，里昂是羅馬人基於羅馬式的觀念，從頭開始興建的新都市。

我們只要一打開羅馬時代稱為魯哥多奴姆(Lugdunum)的里昂(Lyon)地圖，就可以了解

魯哥多奴姆復原模型

為何羅馬人要挑選這塊地方建設都市。這個都市位於塞納河與隆河的匯流處，還擁有比巴黎廣大的河中沙洲。同時滿足了防衛與發展這兩項略微矛盾的目的，正是羅馬人喜好的都市建地條件。也理所當然地，羅馬人不只把里昂當成里昂行省的首府，甚至視為整個高盧地區的首都。

在元首政治時代，由於羅馬將軍團基地串連配置在萊茵河防線上，因此高盧境內的都市居民少有機會看到羅馬軍官兵。唯獨里昂隨時派駐有一千名官兵組成的大隊。在帝國西側的都市中，只有迦太基能同樣常駐一個大隊。這是因為迦太基是北非地區的物產集散地，而里昂則是從開國皇帝的時代起，設置有由皇帝直轄的帝國金幣銀幣鑄造廠。

接下來要說明的現象，同樣發生在元首政治時期。擔任萊茵河防線勤務的總司令如果無法利用冬季自然休戰期間回到首都羅馬，至少也能回到里昂總司令官邸中過冬。例如羅馬的第四任皇帝克勞狄斯，就是在他的父親杜魯斯於里昂任職期間出生的。在西元一、二世紀時，里昂地區的重要性，要比巴黎希族的根據地——日後被人稱為巴黎——成為現代法國首都的都市更重要。對出身蠻族但熟悉高盧局勢的馬格嫩提烏斯來說，想必他心中充滿死守根據地等待決戰的意圖吧。只不過他的氣魄沒有等到發揮的機會就煙消雲散了。

儘管曾經一度投入馬格嫩提烏斯陣營，高盧的其他都市對於世局變化並非毫不關心。首先是特里爾居民在馬格嫩提烏斯立為共同皇帝的迪根提烏斯面前關起城門，其他都市也陸陸續續開始跟進。各地都市對馬格嫩提烏斯的態度也開始有了變化。回到高盧地區一年後，西元三五三年八月十一日，馬格嫩提烏斯對局勢感到絕望，因而在里昂自裁。迪根提烏斯獲知這項消息之後，第二天清晨被人發現時也已經上吊自殺。

君士坦提烏斯皇帝前後花了三年，才把小弟君士坦斯遭殺害後引發的內亂局面全部處理完畢。最後是在敵人自裁之下結束事件，而非在沙場上終結對方。無論如何，君士坦提烏斯在三十五歲這年終於與父親一樣成為唯一的皇帝，光是兩名敵人自裁還不足以滿足他。所有被視為馬格嫩提烏斯陣營的人員，後來全部成了未經審判的屠殺事件犧牲者。執行死刑的過程無情又徹底，彷彿連關進大牢的勞力都捨不得似的。即使能夠倖免一死的非軍事人員，也躲不過沒收資產與驅逐出境的處分。膽小的人反而會比一般人更加殘忍。

而在這場徹底的屠殺之下，高盧成了實質上的無防備地區。軍隊光有士兵是無法發揮戰力的，必須有率軍指揮的將領才能發揮戰鬥的功能。然而在西元三五一年的穆爾薩會戰，以及西元三五三年的血腥屠殺之後，以往抵抗從萊茵河與北海兩方向入侵外敵的羅馬軍中階、高階軍官已經幾乎全數犧牲。雖然說西元三五三年時，君士坦提烏斯皇帝能在未經戰鬥的狀況下打倒敵人，然而事後的結果卻與造成五萬四千名犧牲者的穆爾薩會戰沒有兩樣。也當然這個人接下來要煩惱的事情，就是如何防衛失去防備的高盧地區。

大自帝國，小至僅有數名工匠的手工業工廠，其共通之處在於組織沒有協力者就無法成立。對於組織的領導人來說，如何獲得良好的協力者，便是一個重要的課題。整理羅馬歷史之後，可以發現羅馬採用過下列兩種方法：

一、即使第一次失敗，也會再度給予機會。不過第二次會事先判斷當事人的資質所在，配合給予適當機會。因此第二次與第一次的機會可能同類，也可能不同。

二、一旦失敗就當場結束，沒有第二次的機會。領袖的工作也就只有單純選派遞補人員而已。尤其對羅馬帝國後期皇帝這些專制君主色彩濃厚的人來說，以死刑作為排除失敗者的手段已經成為通例。

君士坦提烏斯皇帝在位期間，從他的父親逝世的西元三三七年起算，到他過世的三六一年為止，前後一共二十四年。雖說最初的三年是兄弟三人分治，其後的十年與小弟共同治理國家，但是他一直擔任意為正帝的「奧古斯都」，因此以皇帝身份治國的期間長達四分之一世紀。他的父親，享有大帝稱號的君士坦丁在升上「奧古斯都」之後，治國期間也長達二十五年。因此這對父子掌握羅馬帝國的期間共有半個世紀。

這對父子的治國方法有相同的部份，也有不一樣的地方。差別最大的地方，恐怕就在於對待協力者的態度上了吧。因為兒子君士坦提烏斯擅長的，就是上述的第二種方法。

西元三五三年夏季，馬格嫩提烏斯自裁。對君士坦提烏斯來說，這名蠻族出身的羅馬將領有殺害胞弟君士坦斯的仇恨，如今他總算完成了報仇的使命。在馬格嫩提烏斯掌握下的帝國西方也回歸到正統的皇帝之下。即使君士坦提烏斯個性封閉，當然也會因喜悅與安心而轉為開放。雖然說前後花了三年才收拾掉篡位的逆賊，但身為皇帝不能坐視帝國西方的混亂局勢不顧。因此當初與波斯王休戰，優先處理西方事態，也是正確的選擇。

只不過君士坦提烏斯這個人雖然只有三十五歲，精神上卻不年輕。他的精神沒有足夠的彈性，讓他能在解決一項憂患之後，嘗試用別的方法來解決下一個憂患。他的想法固執，認定既然心頭大患都是一樣的，那麼處理方法也應該如出一轍。

這種個性的人，心中隨時潛藏著不安。由於是潛藏著的問題，大多數人並不會察覺到，不過隨時伺候在身邊的人還是會發現。君士坦提烏斯皇帝遵守著父親的教誨，更勝於父親生前的示範。君士坦丁大帝生前確立了與臣民保持距離的作風，而君士坦提烏斯即位後執行得比父親還要徹底。高等宦官優西比烏斯是連結君士坦提烏斯與臣民的管道。換句話說，向君士坦提烏斯送出的情報，全部要透過這名高等宦官傳達。

宦官沒有子嗣或血親等背景，因此在重視忠誠大於重視才能的專制君主宮廷中，宦官才能獲得重要地位。簡單來說，宦官頂多是掌權者的跟班。因此他們的命運受主人意志影響的程度，要比其他健全男子來得高。如此一來也很自然地，宦官有了自我防衛的需求。要成功自我防衛，就必須把主人的感情往對自己有利的方向扭轉。操控主人心情最有效的方法，就是讓主人心中隨時抱持不安。因為只要主人心頭抱持憂患，就會繼續聽從他們的意見。宦官優西比烏斯儘管腦滿腸肥，在這種纖細的技能方面倒是挺有天分的。或者該說這對他而言，是求生必需的技巧。

兄弟之間

君士坦提烏斯正帝任命加盧斯擔任「凱撒」（副帝）的時間，要回溯到兩年前。加盧斯就職日期為西元三五一年三月十五日，而這項人事命令起因於帝國東方欠缺國防領袖。不過從強制執行實質上的軟禁，然後又突然召見，立即任命為「凱撒」這件事情可以看出 些蛛絲馬跡。君士坦提烏斯任用的，是十四年前由自己除去的人的長子，而且拔擢到副帝職位，地位僅次於正帝。這是為了能專注於對抗馬格嫩提烏斯，在不得已之下推動的措施。君士坦丁大帝的血親之中，當時只剩下二十六歲的加盧斯，以及加盧斯的弟弟——二十歲的朱利亞努斯，因此這項人事命令並非基於當事人的能力。當然如果能在臨危受命之下善用到手的機會，也就能證實當事人的能力，但是加盧斯似乎欠缺在這方面的野心。

加盧斯的父親成為血腥屠殺的犧牲者至今已經十四年。母親早年過世，父親續弦後，生了他的弟弟朱利亞努斯。在大帝過世後的血腥肅清時，兄弟兩人雖然僥倖逃生，但是伯父與其下的兩位堂兄都遭到殺害。當時分別為十二歲與六歲的這對兄弟成了孤兒，新的監護人是他們的殺父仇人君士坦提烏斯。

據說在父親過世後的六、七年中，這對兄弟先是住在首都君士坦丁堡的某處，後期則是住在尼科米底亞的外祖母家中。兄弟兩人的生活並不自由，不能做出任何違反監護人君士坦提烏斯意願的事情。就連要拿什麼典籍當教科書，都不能自行決定。兄弟兩人接受基督教教育，也是因為君士坦提烏斯皇帝雖然沒有受過洗禮，但卻是個熱心的基督教徒。

雖然說局勢嚴峻，至少在尼科米底亞居住的時期裡，兄弟兩人的教師不只是嚴格的亞流教派神職人員。朱利亞努斯已故的母親自幼身邊就有一名家庭教師，名叫瑪爾德謬斯，是斯基泰出身的去勢奴隸。對兩兄弟而言，這名家庭教師比高階神職人員還要來得親近，也分擔了對這兄弟兩人的教育工作。

瑪爾德謬斯出身於古代的斯基泰，相當於現代的烏克蘭南部。至於他為何遭到去勢淪為奴隸則不得而知。而他是在何時、何等情況下學會希臘文化，目前也無從探索。我們已知的是，這名年老的奴隸不惜一切努力，向年幼的兩兄弟悉心傳授他對古典希臘哲學、文學的熱情。瑪爾德謬斯向年幼的兩兄弟朗誦古希臘哲學家的著作，並說明書中的涵義。另外也讓兩兄弟朗讀背誦荷馬、海希奧德、品達羅斯等文學家的作品。讓兩兄弟知道閱讀並背誦文學作品可以讓人投身在作品的世界中，享受悠遊其中的樂趣。兄弟中的弟弟朱利亞努斯就好像乾燥海綿碰到水一樣，努力地吸收希臘文化。對於年幼的朱利亞努斯來說，多虧這段歷程，他才能不在嚴格無瑕疵的基督教神明之前屈膝下跪，而是在充滿人性缺點的希臘諸神之間嬉鬧成長。

兄弟兩人的生活環境，大約在兄長加盧斯十八、九歲時，小弟朱利亞努斯十二、三歲時產生巨變。由於沒有確實的史料存留，因此後人只能大約推估產生變化的時期。在這個時期之後，兄弟兩人從帝國東方的一等大城尼科米底亞，被轉送到小亞細亞山中的古城居住。轉移的理由至今也無法得知。有人說這是因為受皇帝委託監視這對兄弟的主教過世。也有人說是因為直接收養這對兄弟的外祖母過世了。另外還有人表示，是宦官優西比烏斯向君士坦提烏斯皇帝進言，表示讓這對兄弟停留在人聲鼎沸的尼科米底亞會造成危險。總而言之這對兄弟的生活，從此有了巨大的變化。

兄弟兩人遷居的地方，是卡帕杜西亞境內的瑪凱露穆城。不過西元一九九七年由普林斯頓大學出版社發行的 *Barrington Atlas of the Greek and Roman World* 書中並未刊載。這座城池附近的凱撒利亞是四條羅馬大道交匯的大城，不過近郊的瑪凱露穆似乎只是狩獵時使用的城堡，四周並沒有明顯的村落存在。據說這座城堡是卡帕杜西亞王狩獵時住過的城池，那麼應該在卡帕杜西亞成為羅馬行省之前就存在，這時起碼有三百年以上的歷史。行省化之後這座城池歸皇帝擁有，但是沒有任何一名皇帝前往這座古城享受狩獵生活。當年哈德良皇帝曾經前往鄰近同盟國亞美尼亞王國的卡帕杜西亞行省巡視防線。然而就連以喜好狩獵著稱的哈德良，都沒前往佇立在荒野中的瑪凱露穆古城。因為狩獵不一定要在綠意盎然的森林中進行，在古代中東地區，狩獵通常是以獅子等猛獸為目標，正巧哈德良皇帝生前在非洲的草原上也獵過猛獸。

古城周圍固然是一片荒地，城內由於長年無人居住，想必也是一片荒涼。偏偏這對十來歲的兄弟，就是被驅趕到這麼樣的地方。負責監視他們的人選，換成了卡帕杜西亞主教葛奧爾吉歐斯。如果沒有獲得他的允許，兄弟兩人連前往附近的凱撒利亞都辦不到。

在這個孤立環境之下，能見面的人只有一隊負責警戒的士兵，以及擔任傭人工作的奴隸與其家族。原本擔任家庭教師工作的瑪爾德謬斯，在這次遷移時沒有獲得同行的許可。多年後朱利亞努斯親筆留下記錄，表示在瑪凱露穆度過的這段歲月，也是監禁、拘束與隔離的歲月。生活偏離了真正的學問，一同運動、競賽的夥伴，只有奴隸的小孩。

這就是現任皇帝的血親受到軟禁的生活情況。兄長加盧斯大約在此度過十八歲到二十五歲的七年時光，對小弟朱利亞努斯來說則是十二歲到十九歲之間的期間。兄弟兩人一生中最多愁善感的時期，就讓人消磨在這種環境之中。即使是一個精神正常的人，一旦在這種環境中長期居住，不產生精神疾病反而才顯得稀奇。

如果一個人在各方面都嚴苛的現實環境中度日，還希望能維持精神平衡的話，成敗關鍵在於當事人能否脫離嚴苛的現實，創造屬於自己的精神世界。朱利亞努斯幸運的是，他能在當初由瑪爾德謬斯啟蒙的古希臘哲學、文學世界中逍遙。即使現在沒有人能為他設身處地著想，長期背誦的結果，使得這名少年腦中的圖書室已經擺滿藏書。而且卡帕杜西亞主教雖然是個比已故的尼科米底亞主教優西比烏斯還要狂熱的亞流教派基督徒，但是他以收藏古籍為興趣，偶爾一時興起也會出借幾本古書。

這個時代的「古籍」，當然不是新興的基督教會相關書籍，而是數百年前流傳下來的希臘古典文學。朱利亞努斯因為知道如何在精神世界中遊玩，得以避免精神受傷。

不過，兄長加盧斯就沒有這麼幸運了。當初老奴隸費心教學時，加盧斯對哲理文學並不感興趣。這使得當外在環境急遽改變時，他連讓精神自由想像的空間都沒有。由於他喜好帶著士兵與奴隸在荒野中策馬奔馳，因此肉體成長得健壯美觀。不過心靈卻在每次撞上無形圍牆時受傷，看不見的傷口又不斷地流血。畢竟直到十二歲那年失去父親為止，加盧斯過的還是君士坦丁大帝親族裡的王子待遇。與到十二歲為止一直享有王子待遇的加盧斯相較，朱利亞努斯的王子生活只到六歲為止，能記得的皇宮生活並不多。因此很不幸的，加盧斯在獲派擔任副帝時，性格上已經有所偏差了。

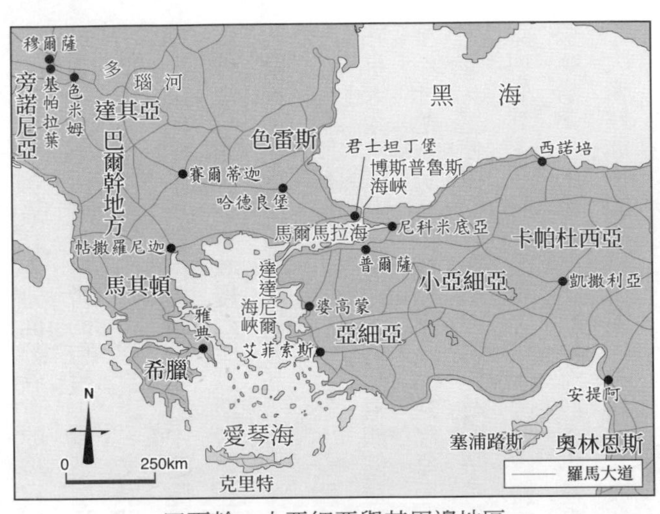

巴爾幹、小亞細亞與其周邊地區

不過，加盧斯目前才二十六歲。如果他在獲派為副帝之後，能夠在他擅長的領域中獲得成就的話會是如何呢？在此假設波斯王夏普爾二世打破休戰協定，以奪回美索不達米亞北部為目的率領大軍出動。這時必須率軍迎擊，趕往前線保護納入羅馬疆土已經半個世紀的美索不達米亞北部的人，正是剛剛接任副帝職位，握有帝國東方羅馬軍總指揮權限的加盧斯。雖說正帝君士坦提烏斯率軍西行遠走他鄉，但是大多數的將領還留在帝國東方戰場上。原本帝國缺乏夠資格指揮這些官兵的人物，如今卻有了加盧斯在場。這個年輕人對文學哲學雖然沒有興趣，在策馬滿山狩獵時卻有無比的把握。雖然說狩獵與戰鬥是兩回事，但至少同樣屬於動態的行動。

假設加盧斯就任「凱撒」之後，在戰場上開始新的生活，那麼這種生活想必挺適合不喜好思索的他。無論加盧斯是否想取回之前喪失的十四年時光，對他本人與他所占有的地位，抑或是由他負責維護的帝國東方國防安全，事情應該都會往好的方向發展。假使他擔任副帝之後，急遽改變的生活環境不是在大城安提阿裡的豪華皇宮，而是在野戰營區的帳篷裡的話，說不定能醫治好這些年來所遭受的許多無形創傷，讓產生偏差的個性重新取得平衡。如果作戰能獲得好成果的話，想必也能讓他確立自信心吧。畢竟只有對自己抱持自信的人，才能對外人也公正公平。

只不過，波斯王可能窮於應付入侵的外族，因此一直守著與羅馬之間的休戰協定。野戰營區的帳篷生活與加盧斯的距離愈來愈遙遠。

加盧斯身為「副帝」，地位僅次於「正帝」，是帝國東方國防與統治的負責人。如果他有這個意願，大可趁著波斯王偃旗息鼓時，利用現有的地位巡視位處幼發拉底與底格里斯兩大河之間的美索不達米亞北部地區前線基地，為國防提供貢獻。

然而，雖然生活的地點從卡帕杜西亞的古城轉移到安提阿的皇宮，加盧斯面前的無形圍牆還是沒有消失。君士坦提烏斯個性猜疑，偏偏加盧斯又是他所殺死的人留下的孤兒。儘管迫於情勢將其立為副帝，君士坦提烏斯同時也使出各種手段，防止副帝與副帝麾下的官兵建立親密關係。這是為了避免加盧斯取得軍事力量後舉兵造反的策略。也當然地，其中少不了皇帝身邊的宦官優西比烏斯與安提阿皇宮宦官之間的通力合作。偏偏加盧斯的精神，並未強韌到足以打破這一道無形的牆壁。

當兄長前往安提阿接任副帝不久之後，弟弟朱利亞努斯的生活環境也隨之一變。話說回來，並非這名二十歲的青年獲得了任何公共地位。小亞細亞西海岸是希臘文明的發祥地，在過去讓人稱為愛奧尼亞地方。這個地區有許多希臘古城市，例如愛菲索斯等。朱利亞努斯獲准在這個地區成為研究哲學的學徒。對於朱利亞努斯來說，這的確是很幸運的事情。加盧斯的住處雖然從卡帕杜西亞的古城遷移到了安提阿的皇宮內，實質上依舊過著軟禁生活。相對地朱利亞努斯的生活環境變化，則是名副其實的解放。這對兄弟就在上述情勢之下，在兩個地方展開了兩種生活。

處死副帝

當君士坦提烏斯皇帝為了擊倒起兵篡位的馬格嫩提烏斯而率軍西行之後，從東方的安提阿傳來的消息卻是一天比一天糟糕。

副帝加盧斯與長年派駐在安提阿宮廷的內勤高官之間關係惡劣到了極點，加盧斯與高官之間凡事都處於對立局面。這些高官可能只是向副帝提出建言，但是從加盧斯眼中看來，卻無疑地是假借正帝君士坦提烏斯的威望發出的警告。剛開始他還打算容忍下去，但是持續不了多久。副帝與高官之間不和的消息，已經不是宮廷內的雜音，而是安提阿居民中的上流階層無人不知的現況。

男人之間的爭執只要參雜一名女性進去，原本的勢力抗爭馬上就會變成大眾爭相打聽的小道消息。加盧斯在獲派為副帝的同時與君士坦提娜成婚。這名女子是君士坦丁大帝的女兒、現任正帝君士坦提烏斯的妹妹。在父親剛逝世時發生的血案之中，她失去了她的丈夫漢尼拔良努斯。後來她與蠻族出身的馬格嫩提烏斯攀交情，讓她的哥哥煩惱不已。最後是在皇兄君士坦提烏斯的決定之下，嫁給了副帝加盧斯，據說她比第二任丈夫年長許多。我們不知道她對加盧斯造成的影響有多深，不過可以肯定的是，對年輕丈夫的精神穩定沒有任何良好影響。來到安提阿就任之後，加盧斯依然是完全的孤獨。

不過，如今加盧斯已經是公共人物，並握有發號施令的資格。下令的人與執行命令的人之間關係惡劣，所推動的政策當然不會有良好的結果。由於安提阿是一座大城，隨時有糧食因某些因素從市場上消失的風險。加盧斯在副帝任內時發生的狀況特別嚴重，甚至讓民眾在絕望之下引發暴動。一方面加盧斯發出的政策命令只是隔靴搔癢；另一方面，執行政策的人也要為怠忽職務負責。話說回來，無論理由為何，一切責任最後都要由發令者來承擔。在帝國西側滯留的正帝所收到的每一封報告書，內容都暗示著副帝缺乏執政能力。

隨著皇宮生活的苦楚程度攀升，加盧斯性格中的殘忍特質也逐漸抬頭。當時羅馬帝國日益往基督教國家轉向，對於住在帝國東半部的猶太教徒來說，時代反而變得比信仰多神教的羅馬皇帝統治時更加難過。因為基督教與猶太教都是排斥其他神明的一神教，而且基督教與基督教的前身猶太教之間關係更是複雜。基督教徒仇視當年害死耶穌基督的猶太教徒，猶太教徒則因為過度不安而顯得神經過敏，偏偏加盧斯副帝不知為何又偏袒基督教徒。

事情的起始，是猶太教徒集體居住的巴勒斯坦地區某個城鎮，不知為了什麼原因引發了叛亂。副帝的任務包括維護帝國東側政局穩定，因此加盧斯立刻派兵前往鎮壓。叛亂沒多久就被軍方鎮壓了下來，問題是隨後的懲處太過嚴格。

整個城鎮的居民無論有無參加叛亂，全部遭到處決。無人倖存的城鎮裡堆滿屍首，彷彿一座巨大的墳場。

君士坦提烏斯比加盧斯還要偏袒基督教會。至於他如何繼承父親的思想提振基督教會，請容許筆者隨後詳述。問題是在西元四世紀中葉時，西元三一三年頒布的「米蘭敕令」依舊有效。也就是說，不管皇帝多優待基督教會，只要官方還承認「米蘭敕令」的存在，羅馬帝國境內居民所信仰的宗教，無論是基督教或是猶太教，甚至於其他多神教，在表面上都享有同等的立場。要到半個世紀以後，羅馬政府才將基督教立為唯一的國教，把其他宗教打成邪教。也就是說，西元四世紀中葉的這段時期內，光是信仰不同的宗教，還不足以形成抹煞信徒肉身存在的理由。而加盧斯偏偏在這種時代裡下令大規模殘殺猶太教徒。姑且不論私底下的想法如何，對官方而言這是「不該發生的事情」，因此在法律上也已經構成條件，足以使引發事件者接受處罰。在羅馬帝國後期，皇帝的敕令等於國法，而且對副帝一樣有效。加盧斯這次又讓自己的形象受損了。

安提阿的皇宮生活到了第三年之後，加盧斯心中的憎恨已經嚴重到無法克制的地步。他尤其憎恨兩名皇宮高官，其中一名還是君士坦提烏斯皇帝派來的。於是他派遣一隊士兵逮捕這兩名高官，在安提阿市中心遊街示眾之後殺害，並將遺體投入城鎮旁的奧洛登斯河裡，這件事的嚴重性已經不是區區「醜聞」二字可以形容了。而在他做出這種無法辯護的瘋狂行為時，正好君士坦提烏斯也面臨花費三年光陰之後，解決篡位者馬格嫩提烏斯的時期。這樣一來，二十九歲的加盧斯的命運也就底定了，因為加盧斯失去了存在的必要性。

雖然說已經決定要換下副帝加盧斯，君士坦提烏斯在執行政策時的審慎態度，讓人覺得真不像是三十六歲的年輕人。

首先為了緩和加盧斯的不安，君士坦提烏斯以堂兄身份向堂弟寄出充滿關懷的信件。另一方面，則是設法將加盧斯與三年副帝任內的直屬官兵隔離，而這時加盧斯只能眼睜睜地看著事態發展。到最後，加盧斯收到君士坦提烏斯的請帖，要他前往米蘭一趟。因為君士坦提烏斯好不容易收復帝國西側之後，決定把西側的根據地設置在義大利北部的米蘭。也就是說，西元三五四年這一年，羅馬帝國正帝停留在米蘭，並要求副帝到米蘭見面。

加盧斯這時也知道，君士坦提烏斯的請帖名義上是邀請，實質上卻是召回。因此他讓妻子先行前往米蘭，試圖讓正帝的妹妹擔任辯護人。可惜君士坦提娜在從敘利亞前往義大利的長途旅行中病倒，不久後便逝世了。

加盧斯在妻子出發不久後，也離開了安提阿。他斜向穿越小亞細亞，進入君士坦丁堡（今日土耳其的伊斯坦堡）。隨行人員包括麾下的官兵，在首都君士坦丁堡還主辦了競技比賽，符合副帝出巡的派頭。當他離開首都時，還接受全體元老院議員的送行。不過當他到達哈德良堡（今日土耳其的艾迪魯內）之後，一道由正帝發出的命令在等著他。

正帝向副帝下令，要他隨著十輛國營郵政馬車前往米蘭。對當時的羅馬政要來說，國營郵政馬車是公務出差常用的交通工具。不過這一道命令背後的涵義，代表正帝已經把加盧斯由副帝降為政要。加盧斯當然也看得出來背後的涵義，只不過這時他已經淪落到讓人護送的地步。而且護送的目的地不知不覺地，從米蘭換成了波拉城，位於深入亞德里亞海的伊斯特里亞半島尖端。

直到二十一世紀的現在，在波拉還能找到許多羅馬時代的遺蹟。而在羅馬帝國後期，這塊地方是因皇帝用於處死血親而聞名。二十八年前，君士坦丁大帝以亂倫私通後母的名義，處死長子兼副帝庫里斯普斯時，刑場就是選定在波拉。副帝加盧斯到達波拉之後，副帝徽章就讓人撤除，披風也讓人脫掉，只剩下一身短衣。而當他被人帶到屋內之後，等待他的不是正帝君士坦提烏斯本人，而是正帝身邊的宦官優西比烏斯。

宦官依照密令執行的，不是合乎羅馬法的審判，而是有如中世紀異端法庭的拷問。加盧斯就在嚴刑逼供之下，承認他密謀殺害正帝君士坦提烏斯。這場所謂「審判」的過程留下了記錄，讓人送到米蘭的君士坦提烏斯正帝手上。而米蘭方面傳回的公文表示，皇帝認可法官的判決。

加盧斯就以雙手被綁在背後，跪在地面的姿勢遭受斬首。當年在同樣狀況下遭處死的庫里斯普斯直到臨死都不斷強調自己無罪，而無辜冤枉的加盧斯，卻是在沉默之下面對死亡。這時是西元三五四年十二月，加盧斯只有二十九歲。

對當時三十六歲的正帝君士坦提烏斯來說，加盧斯是正帝之下的副帝，也是與他有血緣關係的堂弟。我們無從得知他是以什麼樣的心態看待這場死刑。也說不定，他覺得即使是國政上的左右手，只要一發現能力不足就應該即時淘汰。雖說在當時，加盧斯是君士坦提烏斯僅有的幾名親人之一，可是他已經習慣失去或殺害自己的血親。

在大帝逝世之後，西元三三七年時，君士坦提烏斯決意大量殘殺血親。受害人包括漢尼拔良努斯、達爾曼堤斯兩名副帝。這兩個人沒有留下後裔。

西元三四〇年，長兄君士坦丁二世遭殺害時只有二十三歲，這個人一樣沒有留下後代。

西元三五〇年，小弟君士坦斯因蠻族出身的將領馬格嫩提烏斯叛亂而逝世。逝世時只有三十歲，也一樣沒有留下後裔。

西元三五四年，加盧斯遭到處死。加盧斯遭處死時只有二十九歲，而且沒有兒女。

君士坦丁大帝的嫡子之中，只剩下君士坦提烏斯一個人在世，而且同樣沒有子女。儘管他已經三十六歲，歷經兩次婚姻，膝下依舊沒有子女。這方面的事情，即使貴為羅馬帝國最高權位者，也是無可奈何。「凱撒」稱號在當時除了皇位繼承人，亦即皇太子的意味以外，還帶有副帝的意義。「副帝」的意義是在羅馬帝國後期，亦即西元三世紀末期、四世紀初期的「四頭政治」時期衍生的新涵義。似乎現今的「奧古斯都」（正帝）君士坦提烏斯沒有把「凱撒」當成繼承人，而是當成能夠照自己的意願提供協助的人來解釋。如果凱撒只是助手的話，覺得沒必要時當然能隨即排除，不夠合作的話也能動手剷除，下手時心中不帶半點猶豫。君士坦提烏斯估計錯誤的地方在於，根據這套想法推展的結果，使得無論是繼承人也好，治國助手也好，都沒有適當人選了。在繼承人方面，還可以等待兩年前迎娶的艾瑟比亞皇后生產。然而治國助手可就不能等待了。

加盧斯在西元三五四年十二月遭處死。而第二年，西元三五五年一到，加盧斯的胞弟朱利亞努斯就收到君士坦提烏斯正帝發出的召見令狀。以修習哲學為業的朱利亞努斯這時二十三歲，他也知道胞兄身上發生過什麼事情。在這個時機竟然收到君士坦提烏斯的命令，要他前往米蘭。我們可以很容易的推想到，這名二十三歲的青年接獲命令時是什麼樣的心情。

既然胞兄加盧斯是以帶頭密謀暗殺君士坦提烏斯皇帝的罪名遭處死，那麼作弟弟的就要有讓人誣指為共犯的心理準備。朱利亞努斯脫離軟禁生活之後，只過了三年的哲學研究生活，生活環境還無法讓他體會到皇帝需要新的助手。而且在這個時期，君士坦提烏斯皇帝也還沒決定是否需要立定新的副帝人選。

要從小亞細亞西岸的愛菲索斯前往義大利的米蘭的話，就要走上與兄長加盧斯同樣的旅程。根據推測，這段旅程應該是利用皇帝派來的馬車或國營郵政馬車，想必這件事也使得二十三歲的年輕人心情更加沉重。如果馬車在進入義大利之前往左轉，代表目的地是伊斯特里亞半島尖端的波拉城。當他發現馬車沒有左轉，繼續往西直走的時候，或許能暫時放下心中的憂慮，因為這至少代表馬車還是朝米蘭前進。

儘管朱利亞努斯歷經長途旅行到達米蘭，召集他前來米蘭的皇帝卻整整兩個多月沒有與他見面。朱利亞努斯在皇宮內枯等時，每次前來會面的都是以深受皇帝信任出名的高等宦官優西比烏斯。可能皇帝想透過寵臣優西比烏斯來測驗朱利亞努斯吧。不過，如果他想掌握朱利亞努斯與加盧斯的差別在哪裡，最好的方法還是親自會面。而且對於受測驗的朱利亞努斯來說，接受這名高等宦官評估是最危險的事情。因為宦官優西比烏斯就是當初「審判」加盧斯，把加盧斯送上刑場的「主審法官」。受困在米蘭的兩個月，對朱利亞努斯來說是走上與兄長同樣命運，或是獲得無罪開釋的生死邊緣。因為只要這名高等宦官向皇帝報告說，朱利亞努斯有立志為加盧斯復仇的可能性的話，朱利亞努斯馬上就會被送到波拉城處死。

多虧了艾瑟比亞皇后協助，朱利亞努斯才能逃過一劫。皇后出身於希臘貴族之家，年輕貌美又教養良好。雖然她一直無法為皇帝生下兒女，但是她是最受到皇帝寵愛與尊重的人物。對於膽小如鼠、陰沉封閉又殘忍的君士坦提烏斯來說，這是他難得能顯露感情的對象。

可能艾瑟比亞皇后同情年紀與自己相近的朱利亞努斯的遭遇吧。在米蘭的皇宮內待命了兩個多月之後，朱利亞努斯終於獲得與皇帝見面的機會。據說在會面時，他努力地設法替自己辯護，表示自己除了學問之外別無所求，與加盧斯個性相反，何況又不是同一個母親所生，兄弟之間的感情並不親密等。這天他必須設法洗清生性多疑的皇帝對自己的猜疑，不管這個二十三歲的年輕人當時說了什麼話，只怕沒有人能怪罪他，因為他面對的，是能夠毫不在意地殘殺血親的人物。而且只有在這一天，他才能不透過宦官優西比烏斯的過濾，直接把關於自己的資訊傳遞給掌握自己生死的人。

似乎當面辯解產生了效果，君士坦提烏斯皇帝後來雖然沒有與朱利亞努斯親密的會面，但是發布了准許他在希臘雅典求學的命令。對於朱利亞努斯來說，這樣已經足夠了。只不過，他能在哲學聖地雅典享受的日子，也只有從春季到秋季的半年之間。在這年秋末的某一天，朱利亞努斯又收到了皇帝的徵召令。

在這半年來，君士坦提烏斯皇帝一直在猶豫之中，因為立定副帝的需求比起過去還要高漲。

目前不需要緊急因應的防線，只有與波斯軍相對峙的東方而已。

另一方面，以多瑙河為防線的歐洲中部地區，隨時隨地要面臨遍布北岸的北方蠻族入侵。而萊茵河防線的局勢，要比多瑙河防線來得令人絕望，如今已經沒有資格稱為意為防線或城牆的"limes"。

萊茵河發源自阿爾卑斯山脈，注入北海。西元前一世紀中葉由凱撒征服高盧之後被編入羅馬的國土，至今已經四百多年。在這段期間內，萊茵河一直擔任防波堤，保護著相當於現代荷蘭南部、比利時、德國西部、瑞士、法國等地的古代高盧地區。當然，萊茵河能完全發揮「防波堤」作用的時期，只到西元二世紀為止。在以「三世紀危機」著稱的西元三世紀之中，萊茵河「防線」已經逐漸遭到蠻族突破。儘管如此，直到西元三世紀末的戴克里先皇帝為止，羅馬依舊試圖在萊茵河防線上阻止外敵侵略。

到了君士坦丁大帝時代，羅馬才完全放棄在「防線」上阻止敵人入侵的戰略。這並不表示君士坦丁採用各個擊破的戰略來取代死守防線的策略。歷經整個三世紀之後，遭受攻擊之後才出兵擊退的戰略，已經成為既成事實。君士坦丁大帝只是把這項事實轉化成羅馬軍的官方政策。但由於帝國戰略的這次轉向，使得在元首政治時代於萊茵河沿岸連串鋪設的羅馬軍團基地無人看管。即使是完全無人的基地，也轉變成由兼營農業的官兵所防守，淪落到再也沒有資格自稱為「防線」。

君士坦丁大帝並非放棄戰略，而是轉換策略。形成「防線」的各個軍團基地人手變得單薄的同時，他也設法增強皇帝直屬的游擊軍團兵力。增強後的游擊軍團主力轉為由歸化羅馬帝國的蠻族官兵擔綱的現象，也是在君士坦丁大帝任內產生的。儘管這些人出身蠻族，但是平日獨來獨往，與出身部族沒有往來。也因為如此，對皇帝來說這些人才能成為獲得皇帝信任的部下。能將異質因素編入組織中活用，也是一種領導才能。不過第二代的領導人往往少有這種才能。西元三五〇年蠻族出身的將領馬格嫩提烏斯叛變，殺害大帝三子的事件，就是羅馬軍中異質份子對身兼最高司令官的皇帝爆發不滿的典型例子。在羅馬軍典型防衛戰略「防線」實質上遭到棄置的同時，羅馬軍的內部情況也日益激烈動盪。

蠻族將領叛亂的事件，在三年後以馬格嫩提烏斯自裁的結果收場。然而在這三年內戰之中，羅馬軍折損了許多老練官兵。有許多老練官兵與馬格嫩提烏斯同樣地，是歸化羅馬帝國的蠻族。然而這些人如今已經是羅馬軍的主力。由於上述的背景，這些官兵折損之後，羅馬軍的戰力也大幅衰退。

三年內戰後戰力折損最為嚴重的，就是內戰時屬於馬格嫩提烏斯勢力範圍下，萊茵河以西的高盧地區。無論如何低估，這三年內戰之中至少折損了三萬人。而要補充三萬多名精通作戰的老手可不是容易的事情。這些因素造成廣大高盧地區防衛力量決定性的衰退。而且最先發現這項事實的，還不是君士坦提烏斯皇帝，而是隨時試圖從萊茵河東岸往西入侵的蠻族。

西元三五三年八月，馬格嫩提烏斯在里昂自裁，結束內戰。

西元三五四年十二月，副帝加盧斯遭處斬首。

西元三五五年二月，朱利亞努斯受命前往米蘭。五月起在雅典展開學術生涯。

西元三五五年十一月，朱利亞努斯再度被召喚到米蘭，由正帝君士坦提烏斯任命為「凱撒」（副帝）。

朱利亞努斯成為副帝

西元三五五年十一月六日，這天是朱利亞努斯的二十四歲生日。不過，當天沒有人為他慶生。不但沒人慶生，甚至沒有人注意到這件事。在羅馬的上流社會，一定規模以上的家庭，會安排幼年時與主人共同進學，成年後隨侍在身邊的奴隸。然而朱利亞努斯從六歲到二十歲時遭到隔離，過的是軟禁生活，身邊沒有這種人存在。

在這一天，「正帝」君士坦提烏斯召集大批羅馬軍官兵，以「副帝」身份將從未出現在群眾面前的朱利亞努斯介紹給他們。到昨天為止，朱利亞努斯還留著有如希臘哲學家註冊商標的落腮鬍子。如今讓人剃得乾乾淨淨，彷彿一頭剛剛剃過毛的綿羊。身上穿的衣服，也從市井小民穿的天然色長衣與皮涼鞋，換成了羅馬將軍在正式場合穿著的白色短衣、皮質短甲以及紅色

身穿軍裝的羅馬皇帝

披風。因為紫色染料的價錢要比紅色昂貴許多，似乎紫色披風只限於「正帝」能穿著，而副帝與將軍依規定只能穿紅色披風。

朱利亞努斯就這樣穿著正式的軍裝，在官兵面前登場。他身高普通，體格也稱不上健壯，給人的形象是一派文弱，而且這天還是他第一次穿軍裝。官兵們似乎訝異得連笑都笑不出來。不過畢竟朱利亞努斯是最高司令官正帝所選派的副帝，官兵也以左手提盾牌，右手持劍敲盾的傳統形式表達贊同。朱利亞努斯就這樣展開了他的副帝生涯。

在就任副帝的同時，朱利亞努斯也奉命結婚了。新娘是君士坦丁大帝的女兒，正帝君士坦提烏斯的妹妹海倫娜。和這年二十四歲的朱利亞努斯相較，似乎要年長許多。而就在上任副帝不到一個月的十一月三十日，朱利亞努斯便攀越降雪的阿爾卑斯山前往高盧。

小說家認為，這場副帝任命，以及一就任便派往最前線的人事案背後，有著皇后艾瑟比亞對丈夫的影響存在。可能由於朱利亞努斯生涯充滿叛逆與戲劇性，適合當小說的主角，因此有不少歷史小說選擇他當主角。在日本有辻邦生的《叛教者朱利亞努斯》。美國作家戈爾．維達爾(Gore Vidal)著作的《朱利安》(*Julian*)內容更是精彩，符合全球暢銷書的地位。這些小說作品的共通之處，是皇后艾瑟比亞對朱利亞努斯的關懷，抑或是精神性的愛情。

這些歷史小說家的看法可能十分正確。在必須下決斷的時候，君士坦提烏斯往往慎重過度到落入迷惘的地步。深愛的妻子對他的建言，可能為他提供踏出腳步的力量。

不過，即使沒有深愛的皇后推薦，君士坦提烏斯也有充分的必要，把僅剩的血親朱利亞努斯找來，冊封為副帝送到高盧。

幸好現在羅馬不用擔憂波斯王的攻擊。可是由北向南渡過多瑙河、由東向西渡過萊茵河，以部族為單位試圖入侵的日耳曼民族數量已經遽增。

君士坦提烏斯一個人無法承擔多瑙河與萊茵河兩方面的防衛工作。以現代來說，這就好像在法國地區與蠻族開戰的同時，又要在巴爾幹地區擊破入侵的蠻族。很明顯地，如果不把其中一方委由他人處理，多瑙河與萊茵河都會淪陷。君士坦提烏斯為了要不要把朱利亞努斯找來幫忙，整整猶豫了半年。然而無論多猶豫，君士坦提烏斯身為帝國防衛最高負責人，已經別無選擇。

不讓朱利亞努斯前往多瑙河，而是派往萊茵河防線，也很符合君士坦提烏斯的作風，因為他把副帝派往難度最高的區域了。防衛時的難度，不是看入侵的蠻族數量，而是根據守衛的羅馬軍質與量來評估。三年的內戰之後，老練官兵折損最嚴重的地區，正是朱利亞努斯要負責的高盧地區。朱利亞努斯必須率領主力折損大半的軍隊，擊退渡過萊茵河入侵，甚至已經在高盧地區橫行無阻的蠻族。

話說回來，如果像小說家一樣，表示這是正帝不希望朱利亞努斯成功，因此故意不派遣足夠的兵力給副帝朱利亞努斯的話，對正帝君士坦提烏斯來說恐怕不夠公平。儘管損失沒有高盧地區多，正帝麾下的多瑙河防衛部隊在三年內戰中也損失了許多老手。而君士坦提烏斯必須率領這些部隊對抗大舉入侵的蠻族。而且要是波斯王有任何動靜的話，他又必須立即率軍趕往東方。羅馬帝國皇帝的首要職責，在於保障羅馬帝國的整體安全，副帝只是帝國部份區域的國防負責人，而正帝身為羅馬軍最高司令官，必須負擔整個帝國的國防安全責任。因此正帝君士坦提烏斯為了提防東方發生事變，身邊必須掌握一定程度的兵力。

另外，朱利亞努斯完全沒有任何軍事經驗。他從未見過戰場，也沒有學過戰爭理論，以往也沒親身接觸過官兵的生活。而他年紀輕輕二十四歲，就直接當上高盧地區的羅馬軍司令官。如果說要打賭朱利亞努斯會成功還是失敗的話，絕大多數的人都會打賭他失敗。正帝君士坦提烏斯在派出朱利亞努斯時，心中想必也沒抱持多大的期望。既然朱利亞努斯的成果無法預期，自然也就沒有給與充分兵力的打算了。就算有這意願，西元三五五年時君士坦提烏斯也沒有多餘的兵力可以分派了。

當時高盧地區的局勢，可說是蠻族橫行無阻，昂首闊步，而羅馬軍隊則是設法隱匿行蹤，避免與蠻族碰面。才剛年滿二十四歲的朱利亞努斯，就這樣孤身讓人投入了高盧地區。當然，不受到期待，也就等於可以自由行事。只不過朱利亞努斯即使當上了副帝，還是只能在避開君士坦提烏斯懷疑眼光的狀況下才能獲得自由。

君士坦提烏斯與基督教

儘管君士坦提烏斯在軍事方面才能遠不及君士坦丁大帝，不過在對於新興宗教基督教的貢獻程度上，可是一個相當優秀的接班人。也就是說，他不僅忠實地跟隨著大帝鋪設的路線前進，還一邊前進一邊修補。

在開始討論這條「路線」是什麼樣的政策之前，想與各位讀者一起回顧一下這條路線的起跑線「米蘭敕令」。在此要介紹的不是敕令的大意，而是第XIII冊之中介紹過，藉以討論發文人想法的全文譯本。這項法令在西元三一三年六月公布於帝國各處，是大帝與當時仍然在世的利齊鈕斯聯名公布的律法。

「吾等二人（君士坦丁與利齊鈕斯）許久前便認為信仰之自由不應受到妨礙。不僅如此，還認為信仰應當依照個人良心選定。吾等二人基於上述理念，已在所統治的帝國西方認

君士坦提烏斯

同基督教徒之自由，得舉辦加深信仰時所需之儀式。然而上述默認狀況，卻對實際推行法律之人員造成混亂。因而吾等不得不承認，上述理念有成文化之必要。

因此正帝君士坦丁與正帝利齊鈕斯吾等二人藉由於米蘭相會，共商帝國諸多課題之機會，對帝國萬民而言攸關重大之神明信仰議題達成共識，認定此一議題應訂立明確方針：

不論基督教徒或信奉其他宗教之國民，個人於選擇宗教信仰之權利皆應獲得完全之認同。無論其神明之身份，若能對身為統治者之皇帝，及其臣下國民帶來繁榮與和平，皆應獲得認同。吾等二人達成共識，認為認可吾等二人之臣下，無論何等人物皆得擁有宗教自由，為最合理之最佳政策。

自今日起，無論信仰基督教或者其他宗教，個人皆能信奉自身所好之宗教，並有參加祭典之完全自由。並期望無論何等神明，其至高之存在，能以恩惠及慈愛，引領帝國全體民眾走上和解與融合之道路。」

敕令自此段以下，內容由說明國政方針，轉為向在帝國各地推動政策的行政官之指示：

「以上為吾等二人之決策。故而從今日起，以往頒布之基督教相關法令完全失效（主要指的是戴克里先皇帝所公布迫害基督教的諸法）。從今爾後，願貫徹基督教信仰者，可無條件獲得對信仰之全面認可。

然而，對基督教認可之全面宗教自由，亦同樣適用於信仰其他神明之國民。只因吾等判斷，此一全面認同宗教信仰自由之決策，對帝國內部和平有所助益。因而吾等認為，不論何等神明、何等宗教，其名譽與尊嚴皆不該遭致損毀。

以往諸多基督教徒受到名譽尊嚴受損之待遇，在此特命立即歸還其遭受沒收之祈禱場地以為補償。此外，為其信徒所屬教會或教區所有，但遭沒收之資產，亦一併下令即刻全數歸還。在此並明文表示，若資產在沒收後付諸拍賣，於歸還資產之同時，國家將對原收購者給與正當價位之賠償。」

這道敕令之中，有兩點值得特別注意：

第一，認同基督教，與其他宗教同等。

第二，下令將鎮壓時期沒收的教會資產歸還給教會，有必要時由國家提供賠償。

這兩項特點是打破以往羅馬帝國皇帝前例的決策。而在發布法令十年後，利齊鈕斯敗亡，羅馬進入了君士坦丁，亦即主導「米蘭敕令」者掌權的時代中。「米蘭敕令」表面上看來是保障信仰任何宗教之自由的法令，不過只要推敲法令的字裡行間，就能發現其實敕令真正的目的在賜予基督教官方立場。在頒布法令之後，君士坦丁也的確朝著優待基督教的方向發展政策。

君士坦丁拿出皇帝的私人財產（其實也是國庫的部份資金），修建教堂捐贈給基督教會。不但君士坦丁自行建設的首都君士坦丁堡內擁有許多基督教堂，羅馬的聖彼得大教堂，以及耶路撒冷的聖墓教堂等帝國主要都市內的大教堂，幾乎全是由君士坦丁修蓋捐贈。也就是說，皇帝親手把向神明祈禱及信徒集會所需的場地提供給基督教徒。

此外，基督教會除了需要教堂以外，在舉辦各種教會活動時也必須消耗經費。理想而言，活動經費理應由信徒捐款承擔。不過如果能確立恆久穩固的經濟基礎的話，當然會更加理想。在古代，首要經濟基礎是農耕地，以及為相關原料加工的手工業工廠、銷售產品用的門市商店。君士坦丁也把這些產業捐給了基督教會。

至於這些產業對振興基督教會發揮了多大的作用，筆者在第XIII冊之中已有詳細描述，在此就不重複了。各位讀者不能忽略的是，基督教會與羅馬傳統宗教不同的地方之一，在於其擁有專業的神職人員階層。既然這些人並非由各行各業的人兼職而是專業人員，那麼神職人員便需要設法賺取日常生活所需的經費。若有人向教會捐獻經濟發展的基礎，使其能夠自行生產需用生活經費，那對基督教會而言自然是無比貴重的存在了。

另外，君士坦丁還立法讓基督教會的神職人員免除公務。將這項政策立為國法的理論根據是「神職人員應當不受其他諸多任務煩擾，專注於其神聖任務。如此將為國家提供無可計量的貢獻」。

而既然國家讓神職人員「不受其他諸多任務煩擾，專注於其神聖任務」，政策也就理所當然地走上讓神職人員免稅的方向。既然是「神聖任務」，那麼就不能期待有報酬。沒有報酬，自然也就沒有課稅的可能性。君士坦丁大帝的基督教優待政策，從免除神職人員公務、免除稅賦，進而發展到解除元首政治時代稅制中對單身國民造成的不利之處。對於力圖振興基督教，期望其成為「支配工具」(instrumentum regni) 的君士坦丁來說，這也是十分自然的發展趨勢。

將這些政策全數實現之後，大帝才將國家交給兒子。而包括臨終接受洗禮的行為在內，君士坦提烏斯凡事往往模仿父親。有一位研究人員表示，在交接政權之後，君士坦提烏斯是「帶著確信邁步」。

西元三四六年，君士坦提烏斯登基第九年時，他把原本限定在基督教會範圍內的免稅對象又擴大了。大帝在世時，免稅對象僅止於主教、司鐸（即神父）、執事等屬於教會權力體系下的人員。如今連教會雇用的傭人，乃至於在教會所有的農地、工廠、商店內工作的人，都從可稱之為「徵稅人員名冊」的 "census" 中除名。在這個時代，國家的主要稅收來源有土地稅與人頭稅兩種。這項新的政策使得教會相關人員得免除人頭稅。

既然皇帝陸續推出偏袒基督教會的政策，教會方面自然也開始得意忘形。在利米尼召開公會議時，某些主教便提出要求，希望能免除土地稅。召開會議的當時，君士坦提烏斯皇帝還堅

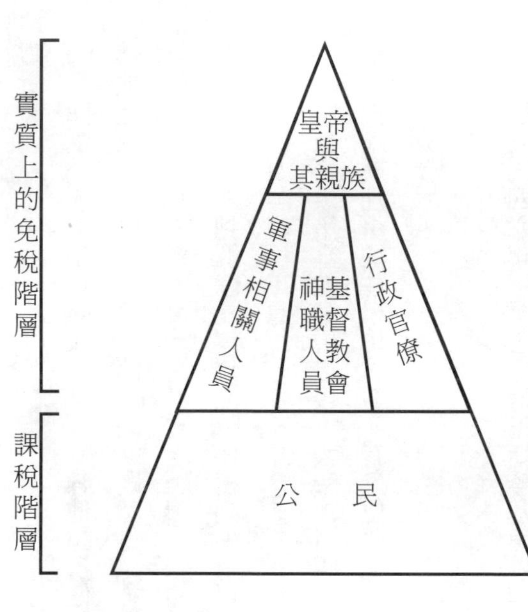

羅馬帝國的社會權勢階層

守僅免除人頭稅的底線，不過短短兩年後便頒布新法，讓主教的夢想成真。直到現代，各文明國家多已實行政教分離，但依舊存在著宗教法人免稅的現象。即便人類社會長久以來，「神聖任務」帶來的收入意外地比「非神聖任務」還要來得多。或許是由於人類一望見宗教的旗號，就會開始退縮了吧。在此先不討論問題本質，若將西元四世紀時的羅馬社會繪製成示意圖，那麼大概會形成以上的插圖。因為君士坦丁大帝與其嫡子的基督教優惠政策還不僅如此而已。

在以往，個人成為神職人員之後便不得擁有私人財產。一旦成為神職人員，按規定必需將以往持有的資產捐贈給教會，抑或是捐給血親。而到了君士坦提烏斯時代之後，成為神職人員以後卻能繼續持有財產。君士坦提烏斯皇帝訂定的這項法令，實在不知道對資產家的心理造成多大的影響。

首先，人們所持有的資產愈是龐大，心中便愈是執著於持續擁有。再者，以往資產是課稅的對象，如今只要持有人擔任神職，就能列入神職人員免稅法的適用範圍內，排除在課稅對象之外。

這下子基督教會不僅為貧困者的心靈帶來救贖，也沒忘記要為富裕者奉送「救贖」。

從「帶著確信邁步」這個形容就可得知，君士坦提烏斯皇帝的親基督教政策，理所當然地會走上排斥其他宗教，尤其排擠羅馬傳統宗教的方針。在頒布「米蘭敕令」時，政府還沒有敵視傳統的羅馬宗教。然而隨著皇帝的親基督教路線日益明確，政策風向也就逐漸轉變。

首先，政府禁止於夜間舉行犧牲儀式。對於古代宗教而言，屠宰被視為重要財產的家畜，在燃燒祭品的香煙中祈禱，就好像後世的基督教會在燭光中祈禱一樣重要。而如今夜間不能舉辦這種儀式了。

不久之後，政府又下令禁止通常在白天舉辦，獻給傳統羅馬諸神的官方祭典，以及隨之舉行的犧牲儀式。

這兩道禁令的效力有限，並非一頒布就能立刻讓獻給異教神明的祭典與犧牲儀式消失。三年後政府再度頒布同樣的禁令，只不過在禁令中明文表示，違反者將處死刑。

在同一個時期，政府又頒布禁止崇拜偶像的法令。「偶像」這個名詞，在希臘文與拉丁文之中，原本僅帶有「想像」的涵義，而現代對於崇拜偶像的定義如下：

一、尊崇具體化的神像，作為宗教象徵物。

二、尊敬特定人物，將其視為絕對的權威。

最高神宙斯、海神波賽頓、智慧女神雅典娜，甚至神君凱撒與神君奧古斯都，就此被打成偶像、視同罪行。至於耶穌基督、聖母瑪利亞、聖保羅與天使，恐怕就不在偶像範圍內了。順帶一提，我們翻譯為偶像的名詞，其語源是"idolo"，後來衍生成英文中的"idol"（偶像）、"idiot"（笨蛋）。

在頒布禁止崇拜偶像的法令之後，政府又緊接著頒布了封閉神殿的法令。這項禁令的對象不僅止於獻給希臘、羅馬諸神的神殿，敘利亞的太陽神殿以及埃及的伊西斯神殿，同樣也在封閉令的範圍內。實際上，在埃及的亞歷山大，居民還為了反對封閉命令引發暴動。然而在羅馬人統治的帝國內部，希臘、羅馬諸神的神殿畢竟還是占絕大多數。對基督教徒來說，「異教」這個名詞也就等於希臘、羅馬的傳統宗教。

在「封閉」之後，情勢很快就會發展到「破壞」。君士坦提烏斯皇帝並沒有下令摧毀異教的神殿。他只是發布敕令，准許民眾可調度使用神殿的建材。可是很明顯地，這項許可實際上也形成了破壞的第一步。因為只要拆掉圓柱，建築物自然也就無法站立了。

不過在西元四世紀中葉，羅馬僅禁止崇拜偶像而已，還沒有發展到破壞視為偶像的雕像。

因為由君士坦丁大帝從頭建設的東方首都君士坦丁堡，內部便充斥著各種「偶像」。打從施工時期起，君士坦丁堡就是基督教的首都，因此首都內沒有半座獻給希臘、羅馬諸神的神殿。然而古代人，尤其羅馬人認為，一座都市內部如果沒有琳琅滿目的雕像裝飾，那就算不上都市。君士坦丁大帝在建設這座號稱「新羅馬」的首都時，因而下令從以希臘為中心的羅馬帝國東方各處徵集諸多大理石雕像，用於裝飾新的首都。這座基督教的首都，接下來有好一陣子是基督教教堂與希臘、羅馬諸神神像共存的都市。希臘人認為，最美好的形象是裸體，因此將裸體的優先權獻給了神明，因此希臘神像往往是以裸體或半裸體形式來表現。從基督教的觀點來看，基督教教堂與裸體雕像的共存，是不可原諒的現象。然而如果從人性現實觀點來看，這卻是很自然的景觀。雖然說裸體神像的生命，只剩下不到半個世紀。

君士坦丁大帝與君士坦提烏斯父子兩代所推動的基督教振興政策，依照時間前後大體可以分成三個階段。

第一階段，公認基督教，使其與其他宗教擁有同等地位。

第二階段，政策明顯轉向優待基督教。

第三階段，把羅馬傳統信仰設定為排擠異教時的主要目標。

我們可以認為，第一階段以及第二階段的實質部份，是由君士坦丁大帝進行。而第二階段的收尾以及第三階段，則是在兒子君士坦提烏斯登基之後展開。儘管兒子在許多方面才能都不及父親，然而在優待基督教的政策上卻挺能貫徹始終。這項政策路線，因而前後連貫了半個世紀。

理論上來說，既然人世間的君主能這樣貫徹始終地優待，宗教界也應該會心懷感激，一致協助世間君主才是，然而實際上卻恰好相反。在慘遭迫害的西元三世紀後半時，基督教會內部已經有相互鬥爭現象。而當羅馬皇帝轉而支持，結束遭到迫害的日子以後，內鬥反而更加惡化。

在這個時期，有名的基督教隱士安東尼在西奈半島上的修道院中，以百來歲的高壽逝世。這名隱士出生於埃及中部的赫拉克斯堡，是基督教會內的修道院主義創始人。可能因為沙漠地區容易找到天然洞穴，適於與外部完全斷絕往來，過著祈禱與冥想的生活，因此在埃及與敘利亞地區產生了「修道院主義」這種信仰型態。

如果相信基督教會提供的歷史記錄的話，這名沙漠隱士生於西元二五〇年，歿於西元三五六年。生前遭逢過戴克里先皇帝的基督教鎮壓政策，也享受過君士坦丁大帝的優待政策。儘管如此，在記錄其一生言行的《聖安東尼傳》書中，裡頭只有一段文字提及羅馬皇帝，而且無關反基督教或親基督教。他在紅海附近興建修道院之後，不斷有支持者前來拜訪，因此對於世間局勢理應有相當程度的了解。從書中的字面也可發現，他對帝國東方的基督教局勢相當清楚。

然而這名沙漠隱士開口怒斥的，卻不是鎮壓基督教的羅馬皇帝。他大力抨擊的，是基督教內部的所謂「異端」。

這名聖人憎惡的不是外敵，而是基督教內部的敵人。亦即攻擊異教徒的事先擺一邊，他先斥責對教義有不同解釋的人。有一回他離開沙漠地區前往亞歷山大，當面指責主導亞歷山大教區的亞流派高等神職人員。當時他甚至表示，亞流派是最後的異端、反基督的第一波尖兵。接著他轉頭向慕名而來的信徒表示，今後千萬不可與亞流派的神職人員往來。亞流派的思想與十二使徒傳的道理完全相反，是從空洞虛無的腦袋裡冒出來的惡魔教義。安東尼在其他文章內訴求和平安穩的信仰生活，然而話題一提到異端馬上口氣就變了，怒斥著「連說出名號都嫌髒了嘴的亞流派」。亞流派也不服輸，聚眾攻擊毀壞了阿塔那修斯派（主張三位一體，因而又稱天主教派）的教堂與修道院。在當時，因對教義的解釋不同而引起感情對立，進而衍生因憎惡而造成暴力事件的現象已經不稀奇。問題在於，亞流派與阿塔那修斯派的信徒，都深信自己的解釋正確，而對方的解釋錯誤。

我們翻譯為「異端」的這個字，其定義是「偏離正確的宗教、思想、學說的觀念」。「視為異端」的意思則是將特定對象判定為異端進行排斥。然而如果我們追溯名詞的語源的話，可以發現這名詞起源自希臘文，並由拉丁文承繼的 “haeresis”。希臘人與羅馬人在使用這個詞的時候，其意義是「選擇」。也就是說，希臘、羅馬時代的「異端」，是「深思熟慮之後選擇的學說」，而不是「偏離正統解釋的說法」。如果學說只是選擇的結果，就不會發展到相互排斥的地步。而隨著一神教掌權之後，「選擇」開始銷聲匿跡，太陽之下只剩下「正確」與「錯誤」兩條路可走。因此異端學說便成了光是聽到都會玷污耳朵的罪孽。如果是「選擇」的話還有辦法共存，只要承認對方有道理，雙方也還能互相折衷。然而當異端成了「錯誤」之後，共存與折衷也就失去可能性了。剩下的唯一方案，就是在遭到排斥之前，先排斥對方。

互相視為異端的現象，還不僅止於神職人員之間。世界三大宗教之中，有兩個便是產生於中東地方（儘管伊斯蘭教這時還沒問世）。在中東地區，就連市井小民都很宗教化。有一名難得沒染上宗教習性的人留下了書面記錄，將當時的社會現狀流傳後世。

「在城鎮的每個角落，人們熱心於辯論我們無法理解的事情。在街道邊、在廣場、在市場。無論是賣布料的商人、匯兌商人，或者賣糧食的商店。如果你詢問商品要賣多少錢的話，你必需有心理準備，在聽到商品的價格之前要先接觸到他們對聖父、聖子與聖靈的想法。『客人，你認為聖子可能是比聖父低階的存在嗎？』如果你問浴場的傭人現在水溫如何，恐怕你會聽到下面這個答案：『客人，您認為聖子是從哪裡誕生的？』而如果你問麵包的價錢，麵包店老闆在回答價錢之前會先喊一句『偉大的在天之父』。」

阿塔那修斯派主張聖父、聖子耶穌與聖靈同等，因此是三位一體。而亞流派則主張聖父與聖子相近但不同等。上面記載中的社會現象，則是宗派論爭的街頭版本。

雙方陣營互相敵視的話，寄望由基督教取代羅馬傳統宗教成為帝國精神支柱的皇帝可就傷腦筋了。因為只有基督教會整體統一的狀況下，才能形成帝國支柱。君士坦丁大帝召開尼西亞公會議時，已經正式宣布以三位一體教義為準。然而事關教義論爭的話，大帝的威望也只能維持到當事人逝世為止。他的兒子君士坦提烏斯繼位之後，必須時常召開公會議，試著調整各派之間的均衡。逐一推敲這些公會議的論戰記錄可以發現，無論是據說有資格傳達神意的主教言論也好，沒有資格的市井小民言行也好，共通之處在於不願傾聽他人訴求的排他性。在同時，羅馬帝國也日益養成了排外的風氣。只因為不管獲勝的是三位一體派也好、亞流派也好，一神教的本質就是排他性。

這就是公布「米蘭敕令」半個世紀後的基督教會現狀。朱利亞努斯也就在這個局勢之下，出現在政治舞臺上。

高盧的朱利亞努斯

即使是平民，也會避免在隆冬時攀越阿爾卑斯山。至於對軍人來說，從「冬令營」這個名詞就可得知，冬季期間時，官兵可以躲在營地中避寒。在帝國之中，朱利亞努斯是地位僅次於

「正帝」的「副帝」。停留在米蘭的君士坦提烏斯正帝下決心任命年輕的堂弟成為副帝時，已經是西元三五五年十一月六日了。照理來說，朱利亞努斯大可等待次年春天再攀越阿爾卑斯山前往高盧赴任。儘管是在強制之下成婚，畢竟這時與正帝的妹妹海倫娜的婚姻生活才剛開始。然而朱利亞努斯在十一月三十日就離開了米蘭，而且沒有帶著新婚妻子同行。當時朱利亞努斯毫無行動自由可言，無疑地，就職副帝不到一個月就出發赴任，是因為正帝君士坦提烏斯如此期望。當時伴隨剛滿二十四歲的副帝同行的，只有三百六十名衛隊。

難道說高盧地區的局勢，已經急迫到必需馬上派人處置了嗎？

或者說，正帝君士坦提烏斯心底，或多或少有置他於死的心態？

如果上列兩種假設都不正確的話，會不會是打算在隆冬時期攀越阿爾卑斯山，在冬令期間趕往高盧編組軍隊，為春季預作準備？

不管怎麼說，朱利亞努斯生於君士坦丁堡，在小亞細亞成長。儘管二十歲以後稍微享有行動自由，但僅限於小亞細亞與敘利亞、希臘等帝國東方的某些區域。對他來說，一生中首度接觸的歐洲經驗，是隆冬時期雲霧低沉的米蘭，以及滿地白雪的阿爾卑斯山。

如果要從米蘭出發攀越阿爾卑斯山，前往隆河邊的維也努的話，有兩條路徑可以選擇。

第一條路徑，是由米蘭向西前往奧斯塔，在此攀越阿爾卑斯山，在革爾諾堡(Grenoble)下山。從革爾諾堡到維也努幾乎只要直線沿著羅馬大道前進即可。

第二條路徑，是首先從米蘭直線前往特里諾，再由特里諾通過蘇薩山谷穿越阿爾卑斯山。由阿爾卑斯山下山之後，就能到達羅馬時代被稱為葛蘭提亞諾堡的革爾諾堡。

西元三五五年時，朱利亞努斯應該是通過上列兩條路徑的其中一條。這兩條路徑都是羅馬式的石板面道路，相當於當時的高速公路。

英文的「基礎建設」(infrastructure) 另外還可以翻譯成社會基礎、社會資本、下層結構等稱呼。這是超出個人能力範圍，應由國家或地方政府代為推動的事務。羅馬人認為基礎建設就是「為了讓人的生活過得像人而必需的大事業」。因此道路不是鋪設完畢之後就宣布大功告成的事務。羅馬人認為，要盡可能保障行走在道路上的旅人舒適與安全，才能稱得上是基礎建設。因此也理所當然地，一如下頁圖所示，即使是攀越阿爾卑斯山的艱難路途，沿途也備有相當於現代高速公路的諸般周邊設施。

不過，只有在「羅馬和平」能發揮功用的時代，基礎建設才能發揮完善的功能。我們這些生於後世的人可從殘存的史料得知，羅馬大道最後的經常性翻修工程，與「羅馬和平」結束的時期相重疊。之後雖然有局部的維修工作，但也在西元三七五年宣告結束。大約在這段時期，羅馬大道的維修工作完全遭到放棄。

既然道路是這般狀況，仰賴道路通行才能成立的旅社、驛站以及馬車維修廠等設施，想必也都是同樣下場。也就是說，與元首政治時代相較，旅行的安全程度、舒適程度已經大幅衰退。

所謂的基礎建設，假使初期建設得夠紮實，在完工之後即便遭到忽視，也能讓功能正常維持一段時間。羅馬時代擔任基礎建設的工程師甚至放膽保證，即使沒有大規模的翻修工程，基礎建設也能維持百年不壞。羅馬大道與道路周邊的諸般設施儘管服務品質下降，不過功能還可以維持一段時間。前面的附圖就是根據西元三三三年時，一名從高盧南部的波爾多前往巴勒斯坦的耶路撒冷朝拜的巡禮者所留下的記錄製作的。

也就是說，儘管「羅馬和平」已經消逝一百五十年，羅馬人所興建的基礎建設雖然程度不若以往，但還能發揮功能。西元三三三年，比朱利亞努斯首度攀越阿爾卑斯山時還早二十二年。話說回來，歷史上的現象，往往不能僅憑數字追蹤。西元三三三年時，距離君士坦丁大帝逝世還有四年左右。這名皇帝最大的功績之一，就是在一段長時間之內，以一定的程度，成功阻止蠻族入侵羅馬帝國境內。就算水準不如羅馬

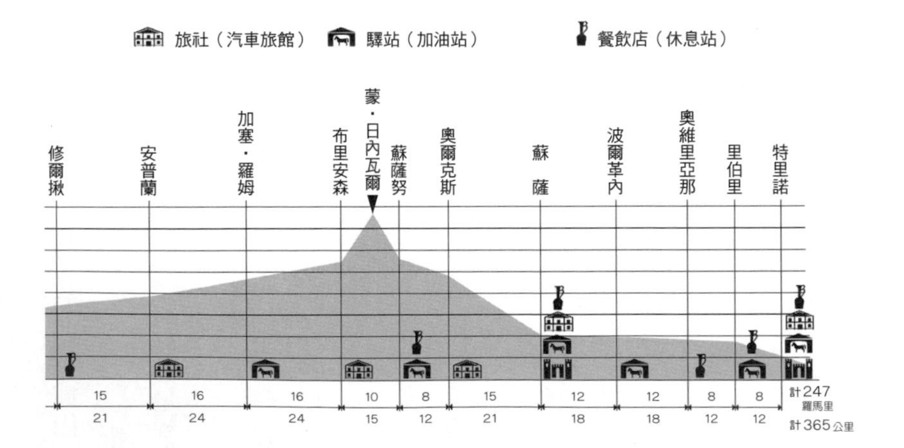

和平時代，起碼還能維持住「和平」。所以一般平民才能隻身完成來回西歐與中東的長途旅程。

然而這項「和平」到了西元三五〇年時，又因為蠻族出身的將領馬格嫩提烏斯起兵殺害君士坦斯皇帝而結束。接下來的三年內，是馬格嫩提烏斯與君士坦提烏斯皇帝之間的戰爭。而馬格嫩提烏斯自裁之後至今兩年，蠻族利用羅馬軍事力量衰退的機會大舉入侵。儘管同樣屬於羅馬帝國境內，阿爾卑斯山西側的高盧已被蠻族盤據，東側的義大利則由羅馬軍方主導。如此一來阿爾卑斯山也就不是通路，而是屏障了，穿越山脈往來的人員物產也當然會逐漸減少。既然交通往來減少，常駐的人員馬匹數量也就跟著減少。也就是說，沿途的各項服務水準會跟著衰退，這就是阿爾卑斯山的交通現狀。儘管二十年前一般平民只需十天便可攀越山脈，如今副帝一行人就算接受特別待遇，恐怕也要花費更多的時間。而當攀越阿爾卑

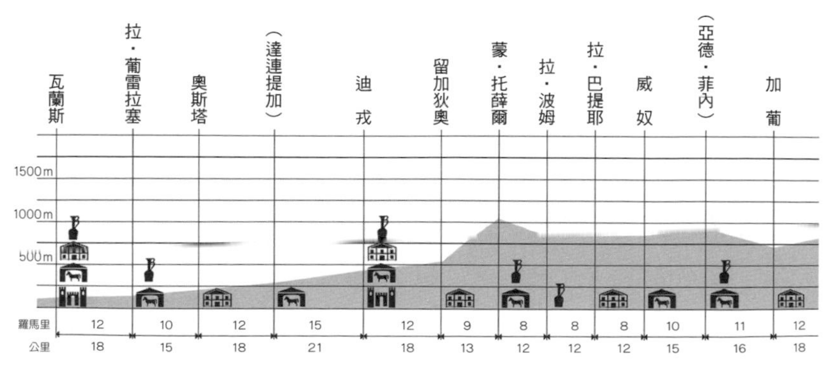

攀越阿爾卑斯山的羅馬大道（由瓦蘭斯至特里諾）沿線各種設備

斯山到達高盧以後，局面也已經不是二十年前那種可以讓巡禮者安全迅速旅遊的樣子。

幸好朱利亞努斯還年輕。正因為他年輕，所以能認為自己以往只知道帝國東方的情勢，如今攀越阿爾卑斯山前往高盧，正是親眼看看帝國西方現勢的好機會。

從掌理全高盧政務的副帝上任地點在維也努，而不是由此沿著隆河北上二十公里處的里昂這點，就可得知當時高盧的局勢有多混亂。在元首政治時代，里昂是整個高盧地區的首府，安全到足以設置金幣銀幣鑄造廠。五年前馬格嫩提烏斯刺殺君士坦斯皇帝之後引發的動亂，竟使得連羅馬副帝也無法安心在里昂落腳。

西元三五五年年底時，副帝朱利亞努斯趕到了維也努。在羅馬時代，這個城鎮名叫威那(Vienna)，只是自革爾諾堡至里昂途中的小鎮。沒有人料想得到，這個城鎮竟然會成為替代里昂的地方。副帝朱利亞努斯到達時，所居住的房屋也配不上皇宮的稱號。不過朱利亞努斯只獲准帶著四名私人隨從同行，如果從房屋與屋主的相符程度來看，也許這樣反而搭調。

朱利亞努斯的四名私人隨從，包括兩名傭人，一名御醫，以及一名書僮。御醫與他是摯友，使得他的生活免於孤獨。而書僮除了管理攜出時得以免於審查的大量書籍（當時書籍為捲軸形式）以外，還兼任書記與祕書職務。在當時，皇帝出巡時必需帶著大批宮廷官員與傭人的慣例已經日益普及。朱利亞努斯的精簡宮廷想必讓前來迎接的官員得知副帝的政治地位有多低微。

朱利亞努斯能真心相信的，只有這四名隨從而已。雖然後來還多了兩名特聘的哲學家，不過這是以後的事情了。前往高盧時正帝君士坦提烏斯派給他數名宮廷官員，不過為了安全起見，這些人應該視為正帝派來的間諜。在維也努迎接副帝的官員之中，大多數同樣無法信任。因為高等宦官的人際網路，同樣密布在整個高盧。

錫爾瓦努斯的淒慘下場就是最好的例子。這名軍官原本是馬格嫩提烏斯麾下的騎兵隊長，但在穆爾薩會戰前夜拋棄蠻族出身的長官，投奔君士坦提烏斯陣營。由於這項功勞，君士坦提烏斯將其升遷為高盧地區騎兵團長。然而不到四年，這名法蘭克族出身的將軍打算擁兵稱帝的情報就傳入皇帝耳中。君士坦提烏斯為了蠻族出身將領一再叛變的消息大為震怒，完全相信高等宦官的耳語。錫爾瓦努斯聽說皇帝把他當成第二個馬格嫩提烏斯之後也無路可逃，只好躲入科隆城裡舉兵反抗。為了征討在帝國西側馳名的勇將錫爾瓦努斯，政府還必須從東方調遣名將烏爾錫契努斯前來對抗。錫爾瓦努斯遭處死的時間，只比朱利亞努斯到達維也努早三個月。

這樣一來，帝國又少了一名可以在前線發揮才幹的英才。不過個性封閉多疑，又身為絕對專制君主的君士坦提烏斯皇帝深信，無論事情真偽，在事發前摘除可能性，才是保障皇位穩固的方法。事實上，他在三兄弟之中在位期間最長的原因，就是因為他持續以事前消滅競爭者的方式，一再肅清有任何可能性的對象。對於父親與兄長都遭殺害的朱利亞努斯來說，較他年長十三歲的最高權位者布置的陷阱，才是真正應該提防的對象。

朱利亞努斯的高盧生活，就在這種隨時受到監視的狀況下起步。不過幸運的是，他能遇上一個願意全心全意協助他的人手。這人名叫弗拉維斯·薩爾斯提斯，是高盧地區的軍事長官。若說副帝朱利亞努斯是軍方的總司令，薩爾斯提斯便是在副帝之下負責全部軍事工作的官員。這人是個與皇宮陰謀無緣的耿直將軍，對軍事完全外行的朱利亞努斯透過書籍學到的知識，也全靠他在現場實地說明。據說由於上任地點在高盧，朱利亞努斯特別去調閱了朱利斯·凱撒著作的《高盧戰記》。多虧了光明正大的薩爾斯提斯，二十四歲的朱利亞努斯才有機會從軍事與內政兩方面了解高盧的內情。

副帝朱利亞努斯負責的區域，包括高盧、不列顛與希斯帕尼亞。從國防安全的角度來看，不列顛與希斯帕尼亞的安全，完全仰賴高盧地區的安全與否。目前威脅帝國西方各行省安全的，就是從高盧東部國界跨越萊茵河入侵的北方蠻族。

這樣一來，如今應該暫時放下不列顛與希斯帕尼亞，集中精力於恢復高盧地區的安全。而必需集中全副能力的地區，也可鎖定在起源自阿爾卑斯山，注入北海的萊茵河兩岸。

史上第一個制定以萊茵河為防線的人，是征服高盧地區的朱利斯·凱撒。凱撒的繼承人奧古斯都推行帝政之後，羅馬將萊茵河西岸以摩澤爾河為界，分成上游與下游兩部份。上游地區稱為「高地日耳曼（上日耳曼）」行省；下游地區就稱為「低地日耳曼（下日耳曼）」行省。因為當凱撒征服當地時，萊茵河西岸已經有許多入侵的日耳曼人定居，所以兩個行省都名叫日

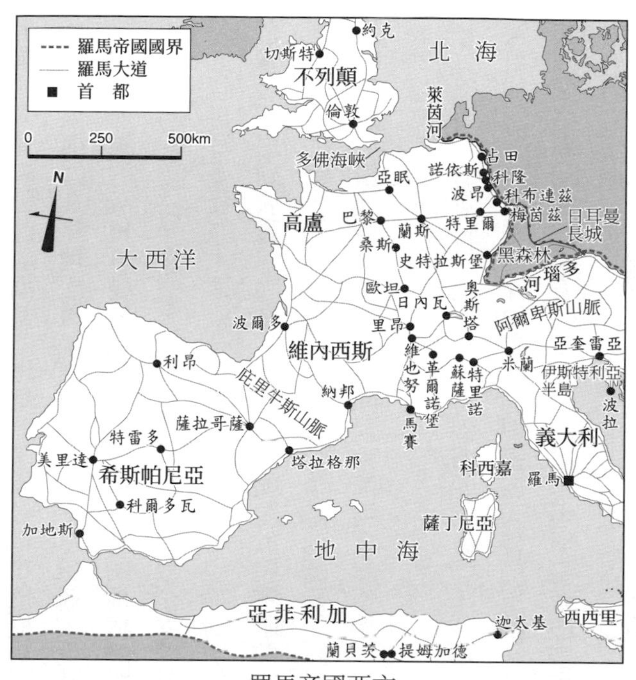

羅馬帝國西方

耳曼。

基於上述原因，開創帝政的第一個世紀時，羅馬以萊茵河為國界。羅馬軍的基地向來沿著同時是國界的防線周圍配置。以萊茵河地區來說，「低地日耳曼」行省有占田、諾依斯、科隆、波昂；而「高地日耳曼」行省則有梅因茲、史特拉斯堡等基地，幾乎可說是沿著國界連串建設。

到了西元二世紀之後，羅馬又建設了「日耳曼長城」，圍起了萊茵河與多瑙河上游，以及黑森林(Schwarzwald)地帶。這道防線也成為分隔羅馬人與蠻族之間的界線。由於這道防線的成立，羅馬時代稱為莫根提亞奎姆

(Mogontiacum) 的梅因茲，以及當時稱為阿爾根特拉屯 (Argentorate) 的史特拉斯堡，也就不再是國界邊緣上的基地。這兩座城市起源自羅馬的軍團基地，如今已經是帝國內部的主要都市，但羅馬人並未因此取消其基地地位。畢竟都市的歷史與傳統，也是讓都市發揮功能的要素，因此羅馬人繼續在當地配置軍團。而且為了當蠻族入侵時能迅速出兵反擊，羅馬人建設了讓兩座基地與前線的「日耳曼長城」地區維持交通的街道網路。羅馬人認為，基礎建設就是一旦下定決心，就要徹底建設的事業。因此他們能在白天依舊陰暗的黑森林地帶，建設了數條羅馬大道。

「日耳曼長城」連續一百五十年發揮了完美的功效，但後來在皇帝遭波斯俘虜的空前事變影響之下遭到放棄。因為當時羅馬帝國忙於脫離眼前的危機，沒有餘力處理其他地區的防衛。西元二六〇年「日耳曼長城」棄守之後，梅因茲與史特拉斯堡再度成為羅馬帝國的最前線基地。也就是說，當地居民又要直接面對萊茵河東岸蠻族入侵的風險。

然而，這道防線也只能維持到西元三五〇年。當三五五年年底朱利亞努斯到達高盧時，局勢更加惡化。民眾不僅要直接面對蠻族入侵的風險，甚至家園已經遭到蠻族入侵盤據。事情的起因要歸罪於西元三五〇年發生的君士坦斯皇帝殺害事件，以及主謀者馬格嫩提烏斯的軍事叛變。馬格嫩提烏斯在率軍反抗君士坦提烏斯皇帝的征討時，麾下三萬六千名部隊折損了兩萬四千名。而這些官兵不久之前還是肩負萊茵河防線的武力。渡過萊茵河入侵的蠻族在這段時期起遽增的原因，就在於高盧地區的防衛兵力減少到三分之一。馬格嫩提烏斯引發的叛亂，在西元三五三年時以自裁的方式結束了。然而因為羅馬軍之間的內戰，使得防衛高盧的羅馬軍兵力劇減。因此即便內亂結束，也沒有使得高盧地區恢復安全。

副帝朱利亞努斯要負責的，就是這種局面下的高盧地區。而且正帝君士坦提烏斯以打擊渡過多瑙河入侵的蠻族為由，沒有分派支援兵力給他。儘管批准了增強兵力的經費，金額卻遠遠不及必需數量。按照常理判斷的話，不管如何努力，高盧地區頂多也只能維持現狀而已。如果朱利亞努斯滿足於身掛副帝徽章的現狀的話，只要小心不引起正帝猜疑，就可以維持名義上的總司令地位。這樣一來，他就可以一直停留在副帝「政府」所在地維也努。只要身在維也努，遇到事變時大可向外逃亡。由此可以攀越阿爾卑斯山向東逃入義大利，也可順著隆河南下避難。因為古代稱為「普羅文治」(Provinciàe)，後世法國的普羅旺斯地區，這時還沒有讓蠻族的馬蹄踐踏過。

積極作戰

二十四歲的朱利亞努斯卻放棄了上述的一切可能性。等到年度更替，人馬肌肉不再僵硬的春季來到，他就率軍離開了維也努。部隊既不往東也不往南，偏偏往北方前進。

西元三五六年對朱利亞努斯來說，是擔任副帝的頭一年。他接獲的第一項報告指出，歐坦城遭到蠻族圍攻，情勢危急，但定居附近的退伍軍人重新拾起武器馳援，因此解除了危機。這時朱利亞努斯手邊只有一隊弓箭手與一隊重騎兵，然而他毫不猶豫地帶著手下的部隊往歐坦移動。

如果順著幹線道路移動的話，從維也努到里昂只需順著隆河河畔的大道北上，到達隆河與塞納河匯流處的里昂之後，繼續順著塞納河北上即可。不過由於這條路徑屬於幹道，有讓蠻族部隊發現的風險。朱利亞努斯手下的兵力不到一千，萬一遇上數以萬計的敵軍，那就只有當場殉國的份。因此朱利亞努斯不走平地的幹線道路，改走距離較短、但難以行軍的山間小道。這時小規模的兵力反而成了優點。

歐坦在古代名叫奧古斯都屯，內部不但有圓形競技場，甚至有兩座半圓形劇場。城鎮四周有城牆圍繞，重點位置還建設有護城塔。城內有兩條大街在中央的廣場處交叉，大街又直通四方的城門，整個城鎮結構有如羅馬軍團基地。不過當時的羅馬都市都是在這種設計之下，將民宅遍布於城鎮內的各處。羅馬軍團基地原本就是針對防範敵軍襲擊而設計，因此內部道路有如棋盤一樣垂直交錯，遭受敵人襲擊時，可以迅速地將防衛部隊集中送往戰鬥地點。儘管蠻族人數眾多又勇敢，但缺乏配合戰略運用兵力的技術，在這時也還沒培養出於數個位置同時攻城的能力。恐怕這就是像歐坦這種中型都市，在人數吃虧的局面下還能成功防衛的主要原因，朱利亞努斯想必也發現了這一點。如果連這等規模的都市在敵軍沒有一再來犯的狀況下也能自保的話，那麼與其等待敵人出現，還不如主動追擊。朱利亞努斯決定北上追擊敵軍，而不是留在歐坦防守。因此他下令除普羅旺斯以外，散布全高盧地區，或者說躲在高盧各地避免與蠻族接觸的羅馬軍殘兵前往蘭斯集合，在發令之後他本人也立即前往蘭斯。

在古羅馬時代，蘭斯是七條羅馬大道交會之處，是高盧北部數一數二的大城。這個地方不僅適合失散各地的羅馬殘兵集結，往東還能利用羅馬街道網路趕往「高地日耳曼」地區。朱利亞努斯訂定的初期目標，是驅逐在萊茵河上游往西一帶盤據的亞列門諾族。

據說當時共有兩萬名部隊集結在蘭斯。而朱利亞努斯計畫以這等兵力，對抗在日耳曼族中兵力首屈一指的亞列門諾族。以常識的角度來看實在是有勇無謀，不過年輕氣勢也能將無謀轉為希望。當然年輕也代表著心情容易動搖，昨日的自信，到今天可能轉為不安。據說朱利亞努斯在感到不安時，曾經喊著下面這句話，為自己打氣：「哦，柏拉圖、柏拉圖，哲學學徒竟然要承擔如此大業」。

柏拉圖

朱利亞努斯目前要面對的敵人是亞列門諾族，在總稱為日耳曼族的北方蠻族之中，是數一數二的大族。從萊茵河下游入侵的蠻族以法蘭克族為主，而亞列門諾族則是從萊茵河中游至上游向羅馬領土入侵。另外，還有些日耳曼族從多瑙河北方往南入侵。多瑙河沿岸的主要敵對部族是薩爾馬提亞、夸荻，以及更為強大的哥德族。若說這些部族是多瑙河防線的主要威脅，那法蘭克與亞列門諾就是萊茵河防線的威脅了。

當帝國滅亡時，法蘭克族入侵現代的法國地區定居。法蘭西這個國名，也是來自法蘭克族。同樣地，亞列門諾族也在帝國滅亡時入侵，定居在日後法國與德國互相爭奪的亞爾薩斯—洛林地區。如今亞列門諾這個名詞帶有德國人的意味。而法國人的祖先法蘭克族，以及被視為德國人的亞列門諾族，追根究柢其實同樣起源於日耳曼民族。也就是說，羅馬帝國副帝朱利亞努斯在恢復高盧安全時要面對的敵人，無論是法蘭克族或亞列門諾族，對當時的羅馬人來說都是北方蠻族。

這時兩大部族之中，法蘭克族由下游渡河，亞列門諾族則由中游與上游地區渡河入侵。蠻族渡過萊茵河大舉入侵之後，對沿途都市燒殺擄掠，除了萊茵河沿岸的科隆、波昂、梅因茲、史特拉斯堡以外，摩澤爾河上游的特里爾同樣也遭受襲擊。與這些都市相形之下沒有防衛力量可言的村落，在蠻族離去之後只留下一片無人廢墟。

朱利亞努斯以古代稱為盧提亞的巴黎為界，將高盧分成東西兩塊，同時把界線以東的高盧東部訂定為擊退蠻族作戰時的戰場，是一項正確的決斷。或者說，他如今也沒有其他選擇了。

總而言之，年僅二十四歲的副帝將集結於蘭斯的部隊幾乎全數派出，往東尋求敵軍。然而亞列門諾族由於長期執行渡過萊茵河入侵掠奪的行為，已經熟知當地的地勢。年輕又缺乏經驗的朱利亞努斯不知道在這種情況下，要以什麼樣的戰略出奇制勝，在行軍時甚至讓隊形維持在自軍陣營內行軍的模樣。整個行軍隊伍又細又長，穿越過雨雲低垂的丘陵。

朱利亞努斯在隊伍前頭策馬激勵部隊的同時，最後面的部隊卻像遭到螞蟻大軍無聲襲擊一樣地陸續遭到殺害。行軍隊伍後半段的官兵因為暴露在亞列門諾族的弓箭標槍下，等到發現狀況時已經損失慘重。當時記錄中表示，這場行軍造成兩個軍團毀滅。不過西元四世紀時，羅馬軍團不像共和時期一樣以四千人為員額，也不像元首政治時代一樣以六千人為單位。帝政後期的一個軍團，據說人數頂多一千人。話說回來，折損兩千名官兵的確是沉重的打擊。想必朱利亞努斯學習到，光是勇敢還不足以作戰，還必需隨時提防意外狀況。

朱利亞努斯了不起的地方在於，他不因為出師不利而畏縮，堅持以攻擊代替防禦的戰略。人難免會遇到失敗，然而不是每個人都能盡早試圖挽回。朱利亞努斯沒有轉頭躲回安全的蘭斯，繼續率軍向東前進。而亞列門諾族嘗到獲勝的滋味後，決定從正面打擊羅馬軍。

這次作戰由於在羅馬軍意料之內，因此能以羅馬式的，亦即以會戰方式進行。會戰以羅馬軍優勢做結束，但羅馬軍未能追擊敗逃的敵軍，因此並非全面勝利。不過官兵對朱利亞努斯的看法因而有了轉變。當年輕的副帝下令繼續朝萊茵河行進時，官兵人人搶著遵從命令。

事隔多年，在六年之後，羅馬軍終於又回到萊茵河畔了。可是官兵看到的，卻是燒殺擄掠之後，靜靜佇立在冰冷雨水中的科隆廢墟。不但身為羅馬公民的居民離此遠去，就連蠻族都在燒殺擄掠之後也棄置這座城鎮，整座城裡空留下無法言喻的遺憾。

科隆在當時正式名稱為「科羅尼亞·阿古力琵內西斯」。後代人將拉丁文中意為殖民都市的「科羅尼亞」轉為德文拼音，才成為今天的科隆。這座萊茵河畔的都市，與起源自羅馬軍團基地的波昂、梅因茲、史特拉斯堡不同。當朱利斯·凱撒征服高盧地區之後，注意到在萊茵河東岸的日耳曼族之中，唯有烏比族屬於親羅馬派系。凱撒讓烏比族集體遷居到萊茵河西岸，也就是後世科隆的起源。這個地方要到克勞狄斯皇帝時，才升格成具有羅馬公民殖民地意義的「科羅尼亞」。不過早在升格之前，科隆已經是萊茵河防線的關鍵要地，經常成為總司令官在前線過冬時的冬令營區。當年的卡利古拉皇帝，也是在父親的就任地點科隆長大的。與科隆類似的都市，有同樣並非起源自軍團基地的倫蒂尼姆（倫敦）。倫敦比因軍團基地而都市化的約克、切斯特地位更加重要，因而成為不列顛行省的首府。

科隆淪為廢墟，代表萊茵河已經無法發揮防線的功能。恐怕要到親自站在科隆廢墟之後，朱利亞努斯才打心底發誓要重建萊茵河防線，以及恢復遭蠻族蹂躪的村鎮。寒冬逐漸逼近，廢墟頹立在細雨中。尤其廢墟不久前還是人馬物產絡繹往來的都市，使人感到的印象更為深刻。朱利亞努斯下令部隊轉頭朝西行進，打算在桑斯鎮過冬。部隊平安地到達了桑斯，可是當分派部隊到冬令營區不久後，卻受到亞列門諾族襲擊。

桑斯位於巴黎東南一百公里，蘭斯南南西一百五十公里處。這個城鎮四周有城牆環繞，但規模不及蘭斯，因此必須將部隊分散到其他都市的冬令營區。汕斯不像里昂或巴黎一樣擁有能在緊要關頭死守的沙洲，一旦遭到敵軍包圍，能平安度過圍城戰的可能性實在不高。朱利亞努斯向身在冬令營區的騎兵長官送出救援命令，但援軍始終沒有現身。因此朱利亞努斯只好仰賴手邊的兵力以及居民協助，為充滿絕望的防衛作戰做準備。

幸運的是，蠻族在三十天後解除包圍離去。儘管蠻族出身北方，習於嚴寒氣候，但要他們在隆冬期間於毫無遮蔽的平原上搭帳篷圍城畢竟太吃力。在三十天的圍城戰之後，官兵對於面臨萬事匱乏的環境時還能不屈不撓堅持到底的朱利亞努斯開始抱持著敬愛。想必朱利亞努斯也得到教訓，知道挑選冬令營區也是戰略的一部份。

日耳曼民族

西元三五七年春季到來，朱利亞努斯就此展開在高盧的第二年。這時朱利亞努斯已經二十五歲。

朱利亞努斯在下令行軍之前，已經把重要的事情處理完畢。他將「騎兵長官」(magister equitum) 馬爾凱爾斯卸任，把士兵出身、但以英勇作戰聞名的謝維勒送上這個職位。當朱利亞努斯從桑斯下達救援命令時，馬爾凱爾斯刻意顧左右而言他，最後沒有執行命令，因此朱利亞努斯以不服從命令為由解除馬爾凱爾斯的職務。目前，朱利亞努斯身為高盧地區總司令官。為了有效擊退一再入侵的北方蠻族，羅馬軍的主要戰力已經從傳統的重裝步兵完全轉移到騎兵，騎兵戰力的領導人因此是要職中的要職。解除騎兵領導人的職務，就好像首席官員開除次席官員一樣嚴重。

即使在承平時期，這等事情都會是相當重大的新聞。而對朱利亞努斯來說，要下決心執行人事令，等於要有心理準備成為「箭靶」，提供在正帝皇宮內散布謠言的佞臣大顯身手。高盧地區的高官，絕大多數都是由正帝君士坦提烏斯任用的。雖然如今朱利亞努斯身為掌管高盧地區的副帝，因而擁有人事權，在執行解任令時一切合法。然而朱利亞努斯本人能否保住腦袋，卻要看正帝高興與否。

朱利亞努斯的兄長加盧斯在前往敘利亞就任副帝之後，以極為激進的方式排除兩名由正帝選任派來的高官。他將兩名高官如同祭品一般丟在情緒爆發的民眾面前，讓民眾殺害官員，這使得一心期望他失勢的人抓到了把柄。這件事情也成為一個實例，證明如果膽敢反抗正帝君士坦提烏斯的人事決定，遲早猜疑心重的正帝會讓當事人付出代價。

朱利亞努斯是加盧斯的弟弟，兄長加盧斯最後以斬首之刑結束人生，而下令處斬的君士坦提烏斯如今還是唯一的最高權位者。因此朱利亞努斯在下決斷時，必須做好決死的準備。

儘管如此不利，朱利亞努斯還是有必要表明態度。朱利亞努斯在維也努發現的是，擔任高盧內政的高官雖然沒有明顯的反抗副帝朱利亞努斯，但私底下會任意怠工。而在一年的軍事行動中，朱利亞努斯發現軍事高官對副帝僅有消極的協助。

如果繼續維持這種局面的話，今後萬萬不可能擊退蠻族。為了將目標明確地呈現給全體官兵，朱利亞努斯必須開除消極作風的代表人。

與兄長加盧斯不同的地方在於，朱利亞努斯以總司令身份解除騎兵長官職務，於法律上來說沒有任何問題。雖說這人是由君士坦提烏斯所任用，但是這是朱利亞努斯就任副帝掌握人事權以前的事情。就任之後，人事權便轉移到朱利亞努斯手中了。有許多時候，採正面突破的方式，反而能在陰謀漩渦中順利求生。實際上，原本一再向君士坦提烏斯請求援軍都沒有下文，如今卻有了正面的回應。

根據朱利亞努斯的計畫，西元三五七年會與前一年一樣採積極作戰。不過基於一年來的經驗，準備工作將更為慎重。

首先在兵力方面，目前能動用的頂多一萬三千人。在元首政治時代，羅馬軍團內除了指揮官階層以外，「現役」軍人為十七到四十五歲。然而在西元三世紀進入帝政後期以後，二十年的兵役期限已經失去實效。在元首政治時代，「老手」(veteranus)這個詞代表結束役期退伍的軍人。而在兵役期限規定趨向曖昧的帝政後期，這個詞轉而形容現役軍人中的老兵。另外，這時羅馬軍方利用傭兵契約聘雇非敵對蠻族的情形已經成為常態。對於這些蠻族傭兵來說，羅馬特有風俗，亦即對軍人設定兵役期限，讓退伍人員能融入平民生活的役滿退伍制度也是不容易接受的觀念。因此這一萬三千名能動用的部隊，是基於元首政治時代「現役」觀念挑選之後得到的人數。換個角度來看，這一萬三千名部隊全是精銳好手。

不過從元首政治時代的角度來看，一萬三千人只能組成兩個軍團。這個數量的兵力頂多由軍團長來率領，絕對不是總司令官應該帶領的部隊。在「羅馬和平」能發揮完整功能的時代，皇帝御駕親征時通常要率領五倍的兵力。

「羅馬和平」帶有由羅馬主導世界秩序的涵義。當「羅馬和平」淪為歷史名詞的無秩序時代，皇帝率領的兵力也就稀少得可憐。在五年前，蠻族出身的馬格嫩提烏斯從高盧率軍反抗正帝君士坦提烏斯時，兵力為三萬六千人。因戰敗折損的兩萬四千人之中，大多數是出身高盧的官兵。這時期的羅馬帝國即使面臨外敵威脅，也已經無力補充因羅馬軍內戰而折損的兵力。當羅馬帝國副帝朱利亞努斯率領一萬三千名部隊出征時，亞列門諾族族長克諾鐸曼手上，卻有三萬五千人。

不過這一年的戰鬥，可望在正帝君士坦提烏斯派來的援軍合作之下展開。由巴爾巴提斯將軍率領的三萬名部隊，已經離開米蘭沿路北上。

聯合作戰的計畫如下。首先由朱利亞努斯率領一萬三千名部隊離開桑斯，向東朝史特拉斯堡前進。因為最近兩、三年來，亞列門諾族攻下了萊茵河西岸邊的史特拉斯堡，把此地當成在羅馬帝國境內的前線基地。

同時，由巴爾巴提斯率領的三萬名部隊離開米蘭之後，渡過阿爾卑斯山脈中的湖泊穿越險境。以萊茵河沿岸都市中比史特拉斯堡更偏上游的巴塞爾為目標。到達巴塞爾（羅馬時代名叫巴幾利亞）附近之後渡過萊茵河，朝向北邊進軍。以往這附近是「日耳曼長城」內部，如今已經是亞列門諾族的根據地。

一旦根據地遭受打擊，在史特拉斯堡周邊盤據的亞列門諾族部隊為了保護住在根據地的同胞，勢必要渡過萊茵河往東撤退。朱利亞努斯就在這時率軍從後追殺。儘管兵力只有一萬三千人，但已經足以用來追擊敵軍。這項聯合作戰的目的，是由南方與西方同時進攻，將渡過萊茵河後在高盧興風作浪的亞列門諾族連同根據地一起殲滅。

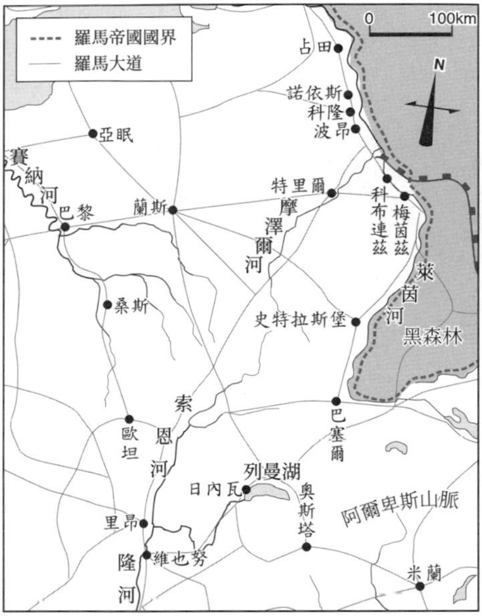

高盧東部

然而當朱利亞努斯朝史特拉斯堡行軍時接獲的報告卻指出，巴爾巴提斯率領的羅馬軍進擊到亞列門諾族根據地附近後停止行軍，在原地待命數天之後又調頭回到米蘭。而且在待命期間遇到亞列門諾族分支部隊時，不僅沒有攻擊，甚至沒展開任何軍事行動，任其自由通過部隊面前。

這名將領做出如此奇妙舉動的原因

如今不得而知。後世的人推論，可能是將軍臆測正帝君士坦提烏斯不希望副帝朱利亞努斯獲得成功。因此為了不讓朱利亞努斯成為大捷的主角，採用了「久候不至所以撤軍」之類的藉口撤退。所謂臆測，就是任意推測別人的想法。君士坦提烏斯向來不讓外人得知自己的想法，而他偏偏又是個絕對專制君主。絕對專制政治的弊害之一，就是臣子任意推測君主的想法。不管怎麼說，原本這次聯合作戰可把擊退高盧地區蠻族的難題解決大半，如今在計畫執行之前便告放棄。

不過這次的事件，也讓朱利亞努斯得知仰賴外力有多不智。如今二十五歲的副帝也只好做出心理準備，要以一萬三千名部隊，擊退三萬五千名敵軍。

史特拉斯堡大捷

在兵力相差懸殊的狀況下，戰役期間愈是延長，對兵力少的一方愈不利。即使沒有完全勝利，一再累積獲勝最終達成目標，也是一種戰略。然而每當獲勝時，勢必要造成一定損失。現代西歐有一句諺語叫做「皮拉斯的勝利」。這句話的典故起於西元前三世紀，當羅馬致力於征服全義大利半島時，受到希臘伊庇魯斯國的君主皮拉斯攻擊。這名君主在戰場上屢次擊敗羅馬人，但也不斷地損失兵力，最後只好撤回伊庇魯斯。羅馬能夠戰勝這名天才將領的原因在於羅馬的社會制度能發揮功能，讓國家盡早彌補戰鬥造成的損失。

盡早彌補損失進而致勝的理論，在深入敵境作戰時卻難以成效。因此在後勤，亦即補充體系難以充分發揮功能的敵境中作戰時，將領往往極力尋求短期解決問題的方法。敵我雙方於平原上布陣，在士兵的吼聲中掀起戰端的會戰型態優點就在此。

讓人列為古代名將的人，無論是亞歷山大大帝、漢尼拔，抑或是凱撒，都喜好以會戰來決定戰役趨勢。這並非因為他們性情喜好華麗，而是這幾名將領生前都在敵境之中作戰。而且他們也知道，如果放任傷口不斷流血，遲早會形成致命傷。

朱利亞努斯是在國內作戰，可是從各項條件看來，卻與在敵境中作戰無異。對這名二十五歲的總司令來說，讓一次戰鬥決定成敗，已經是僅有的可能性了。

史特拉斯堡在羅馬時代稱作阿爾根特拉屯，由此向西北三十公里處的城鎮名叫「特雷斯．達維那」，意為三間小餐館。這個城鎮是羅馬大道沿線發展出的諸多旅社城鎮之一。由於城鎮旁有一條注入萊茵河的支流，因此地勢平穩，適合作為會戰的戰場。會戰的詳細日期沒有留下記錄，不過根據其後的發展來看，應該是在春末夏初。從氣候方面來說，也適合舉行會戰。

會戰時，亞列門諾族必須迎擊由朱利亞努斯率領的羅馬軍。這時亞列門諾族擁有包括由族長克諾鐸曼從根據地動員，花費三天三夜渡過萊茵河進入史特拉斯堡的三萬五千名兵力。蠻族從羅馬人手中奪下史特拉斯堡作為在高盧境內的前線基地之後，勢必會在其中安置人手，因此實際投入戰場的兵力只怕將近四萬。

三百五十年來，史特拉斯堡一直是羅馬軍團基地，因此城內約有半數土地是由四周有高牆圍繞的堅固軍營占據，有如城內的小城。史特拉斯堡內的軍營是在一個軍團編制為六千人的元首政治時代所修建，不管是哪個種族拿下這座城鎮，想必都會認為史特拉斯堡是最適於當前線基地的地方。正因為城裡有設備完善的軍營，亞列門諾族奪下史特拉斯堡之後，才會將此地當成在高盧境內的前線基地。由於亞列門諾族在人數上有把握，當老當益壯的族長克諾鐸曼主張出城主動攻擊時，獲得全體一致贊同。對於朱利亞努斯來說這反而是好消息，因為要以一萬三千名部隊包圍如此堅固廣大的軍營，幾乎是不可能的任務。

當亞列門諾族的大軍布陣以待後，羅馬軍緩緩向前行。人數為三倍的亞列門諾軍組成橫向延伸的隊形。相對地人數較少的羅馬軍陣形較為狹窄緊縮，但依舊按照傳統方式分成左翼、中央、右翼。左翼由謝維勒指揮，按例由總司令指揮的中央部份，又分成以輔助兵力組成的前衛，以及主力部隊組成的後衛。朱利亞努斯親自率領的兩百名禁衛軍則位於前衛與後衛之間。

在與數量占絕對優勢的敵人作戰時，首先要提防敵軍的包圍。為了避免遭敵軍包圍，在本次「史特拉斯堡會戰」中，構成羅馬軍右翼的騎兵隊搶先發起行動。在展開動作之後，中央的步兵隊也隨之開始前進，不過由謝維勒指揮的左翼部隊則停留在原地不動。因為羅馬軍知道敵軍右翼躲藏在丘陵後頭，因此壓住左翼不做動作，他們必須等待敵軍從繁茂的樹林中現身。

蠻族的戰術到了西元四世紀時還是很單純，就是讓騎兵隊擾亂敵軍陣形之後，一次投入大量步兵取勝。在「史特拉斯堡會戰」時同樣也採用這項戰術，而且幾乎獲得成功。

騎兵之間的衝突，一開始就對蠻族有利。羅馬軍騎兵遭擊退之後雖然力圖扭轉局面，但力不從心地開始往友軍方向撤退。而敵軍的中央部隊衝向羅馬軍前衛，突破了前衛部隊陣形的正中央。

朱利亞努斯此時成為在前線親自帶隊戰鬥的總司令官，策馬帶著兩百名騎兵重新整頓崩潰的騎兵，激勵幾乎敗退的前衛部隊，阻止了幾乎往戰敗方向流轉的戰局。幸運的是騎兵能迅速地重整態勢，而身為主要戰力的後衛在面對大批敵軍時，還能把持陣腳不混亂。當等在丘陵後頭的敵軍右翼為戰況推演感到不安而現身時，久候多時的謝維勒隨即率領左翼部隊前往擊退。

戰局的主導權就此落入羅馬軍手中。在戰場上，獲勝的往往不是人數多的一方，而是掌握主導權的一方。當羅馬方面一萬三千名部隊全面前進時，擁有三倍人數的亞列門諾族不但因而後退，還必須掉頭逃亡。蠻族部隊向萊茵河方向逃亡後，羅馬軍也隨即展開追擊。

這天亞列門諾折損的兵力，光是棄置在戰場上的死者便超過六千人，另有不少人在渡河逃亡時溺斃。另外，包括族長克諾鐸曼在內，有許多人淪為俘虜。羅馬方面折損的人員，包括四名大隊長，以及兩百四十三名士兵。在帝國後期的羅馬戰史上，這是許久不見的全面勝利。

會戰結束之後，朱利亞努斯接見了成為俘虜的克諾鐸曼族長。年輕的副帝始終對這名年老的族長保持禮節。這名亞列門諾族的老將軍後來與戰勝報告一起讓人送到正帝君士坦提烏斯跟前。其後他被轉送到羅馬，在柴利歐丘上的軍營度過餘生。

朱利亞努斯

「史特拉斯堡會戰」大捷，為朱利亞努斯帶來超乎預期的力量。對麾下官兵來說，如今朱利亞努斯已經是救國英雄。由於季節尚早，朱利亞努斯便利用這股力量，趁勝渡過萊茵河攻入敵境之中。雖說這裡是敵境，不過百年前還是「日耳曼長城」內側的羅馬帝國領地，在境內到處可見如今已經無人屯駐的羅馬軍城池要塞。因為受到兵力與時間限制，這時僅能攻入敵境而無法消滅敵人根據地。不過光是能親眼看到羅馬過去的光榮遺蹟，對年輕的朱利亞努斯來說已經不虛此行。當他親手掌握對蠻族作戰大捷的功績之後，已經名副其實是羅馬帝國的凱旋將軍了。

朱利亞努斯與麾下的部隊在亞列門諾族根據地大肆襲擾之後，隨著秋季來臨再度回到萊茵河西側。他們準備在盧提亞（巴黎）冬令營區度過西元三五七年至三五八年之間的冬季。

當副帝朱利亞努斯在萊茵河畔與亞列門諾族對決時，西元三五六年與三五七年正帝君士坦提烏斯同樣在多瑙河前線打擊外敵，盡了羅馬皇帝保衛國家安全的職責。多瑙河附近的日耳曼外敵，是在元首政治時期便威脅羅馬國界的薩爾馬提亞族、夸荻族。雖說正帝與副帝同樣指揮部隊與外族作戰，朱利亞努斯的身影隨時都在前線，而君士坦提烏斯絕大多數時間都身在義大利，躲在遠離戰場的米蘭。

這項差異，並不僅是「正帝」與「副帝」之間的地位差異。與僅有一萬三千名部隊的朱利亞努斯不同的是，君士坦提烏斯麾下擁有多達十萬的大軍，因此他能將戰場指揮工作交給麾下的將領。雖說這個人始終以身在戰場的父親當榜樣，但是要到給敵人最後一擊的時候，他才會出現在戰場上。當入侵多瑙河以南廣大羅馬境內的蠻族幾乎全數遭到驅逐，即將率軍往北渡過多瑙河進擊時，他才率著直屬的人馬行進。

可能是多瑙河戰線已經快要有結果了吧，西元三五七年春季，正帝君士坦提烏斯首度造訪羅馬。他對外公開表示這次造訪的目的在舉行凱旋儀式。這項舉動可能也是在模仿君士坦丁大帝。他從米蘭沿著艾米里亞大道進入亞德里亞海，隨後由弗拉米尼亞大道直線進入首都羅馬。君士坦提烏斯於四月二十八日到達首都羅馬，對於三十九歲的皇帝來說，這是他首度看到永恆之城。

羅馬最後一場凱旋儀式

對於住在帝國首都羅馬的人來說，這是四十五年來第一次看到皇帝的身影。上一次則是西元三一二年君士坦丁大帝舉行凱旋儀式的時候了。從定都以來至今一千一百一十年，羅馬一直身為帝國首都。然而當七十年前羅馬轉向專制君主政體的道路之後，國家首都的「首腦」角色已經轉移到羅馬以外的都城去了。讓人稱為「世界首都」嚮往不已的羅馬城，淪落成專制君主以舉辦凱旋儀式為由隨性造訪的都城。

至於君士坦提烏斯皇帝造訪羅馬的過程，以下想以咸信身為目擊證人的某位軍人的記述代替。

這人名叫阿米亞努斯．馬爾凱流斯，是出生於敘利亞安提阿的希臘裔羅馬人。他的生年不詳，一般公認是西元三三〇年。也就是說，他與朱利亞努斯同輩。在商業城鎮安提阿，社會與經濟地位屬於上流階層的人一般會選擇經商的路。但這人卻選擇從軍，而且似乎一成年就馬上進入軍團。

可能因為出身上流階層，因此他的軍旅生涯直接從軍官開始。他在帝國東方的名將烏爾錫契努斯麾下擔任幕僚，到四十多歲為止隨著這名將軍轉戰西方的多瑙河戰線，以及東方的幼發拉底河戰線。他四十五歲左右時退休，申請退休的原因不明。恢復私人身份後他旅遊帝國各地，也曾在羅馬居住過。

恢復私人生活之後，阿米亞努斯便展開了著作生涯。塔西圖斯著作的《歷史》結束在西元九十六年，他準備寫下一部延續塔西圖斯《歷史》的著作。從希臘史籍中也可得知，古代的史學家認為這種接力式的歷史敘述是很理所當然的事情。

與塔西圖斯的著作同樣的，阿米亞努斯寫下的《歷史》(*Rerum Gestarum*)沒有完整地流傳到後世，開頭的十三卷已經完全失傳。不過西元三五三年加盧斯副帝時代到三七八年哈德良堡大敗為止的二十五年之間得以完整保存。對於作者阿米亞努斯來說這一段正是「當代史」，因此阿米亞努斯寫下的敘述，也一如字面，成了「當代人的證詞」。

羅馬帝國是個雙語國家，對希臘裔羅馬人阿米亞努斯來說，希臘文是他的母語，不過他在著作時卻採用拉丁文。可能一方面羅馬的上流社會在教育子弟時，會採用拉丁文、希臘文雙語策略，再者，既然歷史敘述的上一棒是拉丁散文名家塔西圖斯，因此在繼承敘述時自然也採用了拉丁文。而且儘管羅馬帝國一直採用雙官方語政策，在帝國東方發布通告時採用希臘文，西方頒布通告時採用拉丁文，唯有軍中一直貫徹以拉丁文為官方語言的政策。因而阿米亞努斯在多年軍旅生涯之中，已經習於使用拉丁文。

這名軍人出身的史學家文筆不壞，雖然詞藻不精美，但文章內容符合軍人氣質，簡潔不累贅，因此後世將其視為羅馬帝國最後一位史學家。如果這人在君士坦提烏斯皇帝造訪羅馬時，身處於隨行部隊之中的話，下面這些敘述，就成了二十七歲的青年軍官親眼目睹的現場。

西方與東方的問題還沒獲得解決，然而君士坦提烏斯卻好像亞努斯神殿的大門已經關閉似的，好像要昭顯敵軍已經全數遭到擊退了一樣，打算到羅馬舉行凱旋儀式。雖然號稱是凱旋，這不過是馬格嫩提烏斯造反之後羅馬人之間造成的流血結果，從羅馬的傳統觀點來看，根本沒有舉行凱旋儀式的資格。他並未靠自身的力量戰勝外敵，即便戰勝，也是麾下將領的功勞。沒有人看到他在危險的戰場上擔任指揮的身影。即使如此，他就是想舉行凱旋儀式……

有許多人力與資金投入了準備工作。從北方往羅馬行進的隊伍，在距離羅馬城牆還有一百三十公里的地方，便組成了隨時能作戰的戰鬥編隊。武裝士兵的隊伍綿延，占據了整條道路。沿途民眾許久沒見到這般景象，因此以掌聲與歡呼迎接隊伍。這些民眾的眼光自然會集中在戰車上的皇帝身上。

儘管距離首都的城門還有一大段距離，元老院議員與羅馬貴族已經全數趕來迎接。君士坦提烏斯接受這些除了長年享受光榮以外別無優點的人儀禮接待，因此感到萬分滿足。而當他看到這些人背後的群眾時，也無法掩飾訝異。因為他終於知道，混居羅馬的民族與人種之多，超過帝國的任何都市。

在群眾之間，皇帝乘著鑲有諸多在陽光下閃閃發光寶石的黃金戰車前進。戰車前後是以紫底布料製作，以金絲刺繡著龍的皇帝旗，綿延在陣風中前進，宛若一條大蛇。戰車的兩側是呈二路縱隊的士兵，穿著為今天特別打理過的頭盔、胸甲與盾牌行進。騎兵隊身穿波斯式的全身鐵甲，要說是人，不如說像是普拉克西特列斯製作的銅像。

君士坦提烏斯就在士兵環繞之下行進。儘管群眾高聲歡呼，他卻站在戰車上一動也不動，始終維持著在臣民面前的君主形象。由於戰車實在太高了，就連個子矮小的他在通過門下時，也不得不低下頭來，因為羅馬人喜好在道路上裝飾著門，因此他通過了許多的門。

然而這是他唯一的動作。在隊伍行進時，戰車上的皇帝視線一直朝向前方，完全沒有朝左右兩邊轉移，彷彿得了頸部無法轉動的疾病。如果當時有人說，站在車上的不是活人而是雕像，恐怕所有人都會相信。

戰車的一個車輪突然傾斜時，君士坦提烏斯也沒改變姿勢，連表情都沒有變動。在行進期間內，他沒有吐口水，手也沒摸過鼻子；不但沒有動過嘴，連一根手指都沒移動過。這就是本質內向的他炫耀的方式。這個人深信，這種文風不動的方式，是將他所占據的崇高地位，以人人能了解的形式傳達給大眾的最佳方式。偶爾在聊天時眾人也談到過，在位期間內他從未與別人共乘一輛馬車，也絕對不將自己占據的公職與他人共享。在他之前的皇帝沒有把共享當成問題，然而他病態的虛榮心卻不允許。

隊伍終於進入羅馬城內了。進入了竭盡人類一切才華建造的帝國聖地羅馬。順著直通首都中心的大道，隊伍進入了羅馬廣場。眼看廣場上充斥著歌頌故往羅馬壓倒性光榮與力量的紀念碑，就連君士坦提烏斯也要啞口無言。無論他的視線朝向何處，在羅馬廣場上勢必要看到紀念點綴羅馬歷史諸多業績的建築物。建築物回顧著落成的時代，使得看到的人必定感到壓力（拉丁文是pressiō）。

君士坦提烏斯在羅馬廣場一角的元老院議場向議員與權貴演講，在議場外的講壇上與聚集而來的市民演講。在歷代皇帝居住的帕拉提諾丘上，群眾以歡呼聲迎接他。儘管君士坦提烏斯一直面無表情，此時臉皮也不禁為長期追求的幸福獲得滿足而有些牽動。

在其後的日子，君士坦提烏斯依照歷代皇帝的慣例主辦了運動會，並推動了些許公民會感到高興的政策。為了避免過度援助，以及因而衍生放蕩的生活，這些政令都經過適度的調節。話說回來，某些對其他都市居民加以限制的部份，並沒有同樣施加在首都羅馬居民身上。這也是在考量過往歷史與現今狀況之下做出的決斷。

身居羅馬的皇帝，天天四處觀賞這座由七座山丘構成的都市。不只是都市中央部份，甚至前往遠離中心的城牆外。而且他每天都在想，說不定到了明天，就再也見不到這般美好的景象了。只不過這個想法，到了第二天又勢必被打破。

矗立在卡匹杜里諾丘上的最高神朱比特大神殿的壯麗，讓人深感註定一死的凡夫比不上永生的諸神。大公共浴場的廣大，彷彿可以容納超過一個行省的人民。使用提柏利產的巨石修建的圓形競技場，高聳巨大得幾乎無法以肉眼衡量。獻給天地諸神的萬神殿，以規模宏偉令人嘆為觀止的圓形屋頂覆蓋於上。高聳圓柱表面密布著浮雕，呈螺旋狀直通頂端的圖拉真與馬庫斯・奧理略兩位皇帝的紀念圓柱，以及眾多的神殿、廣場、半圓形劇場、音樂廳、競技場等。總之皇帝遊覽過點綴「永恆之城」(urbis aeternae) 的每一項事物。

在其中的某一天，皇帝造訪圖拉真皇帝廣場時。這座廣場在日光之下的諸多人類技藝中也是獨一無二的建築物，廣場的壯麗就連諸神也忍不住要讚嘆。君士坦提烏斯似乎也受到壯麗廣場的震撼，連話都說不出來。似乎他認為既然自己身為皇帝，就不能光是讚嘆。他說他想要仿照立於這座廣場正中央的圖拉真皇帝騎馬像，為自己也造一座騎馬雕像。當時站在皇帝身邊的是波斯的流亡王子奧密斯達，隨即回答他說：

「皇帝，在製作騎馬像之前，何不建造一間不輸給這座廣場的馬房。好讓您的騎馬像在完工之後，馬匹可自由闊步。」

讓人這樣一回應，君士坦提烏斯也只好閉上嘴。似乎他覺得不能就這樣認輸，因此又反問奧密斯達。他問奧密斯達這些日子遊覽羅馬之後，心中有何感想。於是這位波斯貴人這樣回答他：

「當我想到創造出這般雄偉景物的人最後也難免一死，我的心情才好不容易恢復平靜」。

遍布「永恆之城羅馬」之中的建築物，在共和時期是由凱旋將軍，在帝政時期則是由歷任皇帝興建之後捐贈給市民，亦即捐贈給國家。三十九歲的君士坦提烏斯認為，既然舉辦凱旋儀式，也應該依循前例修建些什麼，但不知道該送什麼好。羅馬市內已經應有盡有。原本他曾計畫仿照立在巨型廣場中央的圖拉真皇帝騎馬像，為自己也製作一座巨大的雕像，然而這項計畫也成了泡影。凱旋將軍如果不留下些什麼做紀念，會違背前例。就連他的父親君士坦丁大帝，生前也送了一座規模較小的浴場給羅馬市民。

經過一再考慮之後，他決定送出一座方尖碑 (obelisk)，立在大競技場中央。這座方尖碑原本是由君士坦丁從埃及內陸運出，準備立在君士坦丁堡之中。由於大帝逝世，因此方尖碑一直放置在亞歷山大港，如今由其子君士坦提烏斯搬運到羅馬市內。不過這時大競技場內部，已經有開國皇帝奧古斯都在擊敗安東尼與克麗奧佩脫拉之後帶回的方尖碑。「大競技場」(Circus Maximus) 是為了舉辦與鬥劍士決鬥同樣受羅馬人喜愛的戰車賽而修建。在跑道中央有一段橫長的帶狀區域。君士坦提烏斯皇帝捐贈的方尖碑，後來便在帶狀區域中，與奧古斯都皇帝方尖碑成對豎立。由奧古斯都皇帝捐贈的方尖碑，後來被遷移到人民廣場保存至今；而由君士坦提烏斯皇帝捐贈的方尖碑，目前立在羅馬四大教堂之一的拉特朗聖若望大殿前方廣場上。

君士坦提烏斯皇帝在羅馬停留一個月之後便離開羅馬，再度往北行軍。因為這時多瑙河前線又開始告急。如果在這時允許蠻族大舉入侵的話，不久前舉辦的凱旋儀式便成了空頭支票。不過由於麾下的武將成功阻止了蠻族入侵，因此這年他可以回到米蘭過冬。

另一方面，在巴黎過冬的朱利亞努斯決定把第二年西元三五八年的戰場，轉移到萊茵河下游地區。因為在西元三五六年、三五七年兩年之中，他成功地打擊了在中游與上游地區盤據的亞列門諾族，因此決定將次年的攻擊目標轉移到法蘭克族身上。在執行軍事行動的準備時，他已經不必像初期那般苦心積慮。對於在高盧第三次過冬的朱利亞努斯來說，以及對於衷心佩服年輕副帝的官兵來說，他們如今是懷抱著相互間的信任，執行已經熟悉的作業。直到這個時候，朱利亞努斯才有餘裕把心思放在高盧的統治工作上。

高盧復興

在羅馬帝國內的各項公職之中，擔任行政工作的文臣生涯，以及擔任防衛工作的武職生涯，兩者之間完全隔離至今已經有半個世紀了。可是與元首政治時代相同的是，皇帝依舊身兼文武兩方面的最高負責人。想想這也是當然的事情。唯有人身安全獲得保障，日常生活才能成立。就連現代國家，軍方最高負責人往往也由總統或首相兼任。在古羅馬，共和時期的執政官、帝政時期的皇帝，同樣兼任軍事與民事最高負責人。

朱利亞努斯擔任的是羅馬副帝，因此他在高盧地區推行的內政與軍事無法切割。雖說能夠以季節來區分，比方說春季到秋季執行蠻族擊退作戰，秋末到春初不適於作戰的時間則用於推動內政。不過這一段形容之前，要加上「大致上」三個字。對於在帝國西方承擔高盧、不列顛、希斯帕尼亞地區一切責任的朱利亞努斯來說，如果沒有隨時兼顧軍事與政務的均衡，將會導致其中一方拖垮另一方的局面。

首先在西元三五六年與三五七年兩年之間，朱利亞努斯專注於掃蕩深入萊茵河西岸的亞列門諾族。在成功結束作戰之後，三五八年的戰線將轉移到萊茵河下游。從朱利亞努斯過冬的地方，就可以發現他在政治上有什麼樣的意圖。他首先從維也努起步，第二年北上到桑斯，第三年又北上到巴黎。

朱利亞努斯為何要到巴黎呢？可能他計畫在史特拉斯堡完全擊敗亞列門諾族之後，接下來要處理不列顛的問題。不管怎麼說，他透過帶著軍事政務負責人一再將政府往北遷移的方式，把自己的計畫明示在眾人面前。亦即首先擊退敵人保障安全，接下來重新整頓安全地區的地方行政。如此一來便能將高盧，乃至於整個帝國西側完全復興。畢竟這件事情，只有身兼軍事民事最高負責人的皇帝才辦得到。

朱利亞努斯所推行的第一項具體施政，是重建遭到蠻族破壞的高盧地區主要都市。其中包括里昂、歐坦、史特拉斯堡、梅因茲、波昂、科隆、以及諾依斯與占田。除了最開頭的兩個都市以外，其他都市都是起源於沿著萊茵河建設的羅馬軍團基地。重建這些都市，也就等於重新強化防線。除了這些主要都市以外，朱利亞努斯另外又重建了十餘處城堡要塞，重新派駐羅馬軍的官兵。

一旦不再需要害怕蠻族侵襲，日常生活所需的場域儘管環境不如以往，但能滿足某種程度需求的話，接下來只需提振居民自力更生的意願即可。朱利亞努斯採行公正執法，以及公正徵

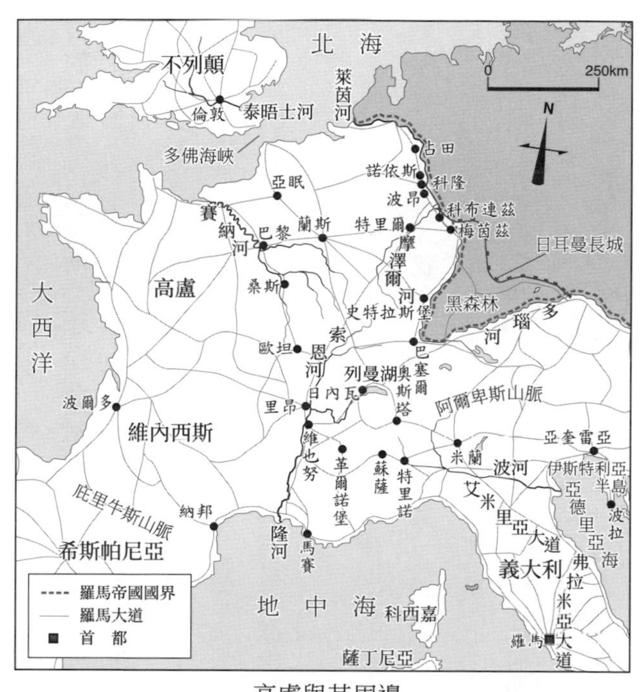

高盧與其周邊

稅兩項方法來實現這項計畫。由於審判制度已經毀壞，公正執法不能立即產生效果。不過皇帝身兼最高法院長官，因此可透過監督重要審判的方式逐步改善。但是在徵稅方面，就必須提出明確的政策了。

在前一冊中筆者已經說明過，羅馬帝國後期的稅制，立足於與元首政治時期完全相反的觀點。

如果將對稅制的看法稱為稅哲學，那麼元首政治時代的羅馬人稅哲學是「國家」只做稅收能力範圍內所及的事情，「地方政府」只做地方政府份內工作。而這兩種「公家」無法掌握的領域，則由「私人」彌補。最為明顯的例子，就是遍布整個帝國的羅馬街道網路。國家鋪設的道路全長八萬公里，地方政府鋪設有十五萬公里，而由「私人」鋪設開放「公共」使用的則有七萬公里。這三種道路的總稱，就是羅馬街道網路。若要讓道路發揮功用，平日就必須不斷維修保養。維修工作同樣地也是採國家、地方與私人三根支柱的型態。比方說開國皇帝奧古斯都個人捐贈私產，為北方幹道弗拉米尼亞大道提供全面翻修的資金。那麼某個奴隸出身的暴發戶就會效法捐出一份資金，作為往南的阿庇亞大道某個區域的維修經費。

因為推動這種「國家」(res publica)、「地方」(municipia) 與「私人」(privatus) 並立的制度，羅馬才能維持直接稅占收入百分之十、關稅固定為百分之五，相當於消費稅的營業稅固定為百分之一的稅制。奧古斯都的稅哲學是稅制簡易，徵稅範圍廣而淺，並且將其化為現實。

而稅制到了史學家命名為「羅馬帝國後期」的戴克里先皇帝時代卻大有不同。所有賦稅都集中到中央政府，徵稅金額也事前規定。地方政府淪為根據中央政府通報的金額向納稅人徵稅，並且上繳到國家的機構。不僅如此，如果徵稅實收金額比規定金額少的話，地方政府議會的議員還有義務自掏腰包填補漏洞。因為按照新政府規定，無法照中央政府規定金額收稅時，地方議員必須負責。這項新制度造成的結果如下所述。

在元首政治時代的羅馬帝國，出身行省的青年才俊嚮往成為羅馬的元老院議員，而社會低層出身的人則期望成為地方議會的議員。當年朱利斯．凱撒便敞開政策的大門，使軍團退伍人員與解放奴隸得以擔任地方政體的公職。然而到帝國後期，卻沒有人願意承擔這些工作。戴克里先以及繼承其政策的君士坦丁大帝便制定職業世襲制度，使得兒子無法拒絕繼承父親的職業。這制度進而衍生帝國後期特有的逃稅手段。

亦即表面上轉行擔任神職人員，但真正目的在逃稅。承認基督教的君士坦丁大帝與其子君士坦提烏斯兩位皇帝，讓隸屬基督教會的神職人員得以免稅。當時地方城市的仕紳階層大批改信基督教的真正原因也在此。

在羅馬帝國後期，軍人與行政官僚的數量倍增，同時又多了教會相關人員這個免稅階層。而且古代的主要產業是農業，萊茵河與多瑙河沿岸地區因為一再遭受蠻族入侵襲擾，使得生產力下跌，進而造成稅收不足。

即使在這種狀況下，皇帝依舊沒有改變稅制。官僚在皇帝要求彌補稅收減少的壓力之下，很自然的會設法用特別稅、追加稅之類的名目另外增收稅金。

於是，羅馬帝國後期的稅制不但不簡明，反而日益複雜。「廣徵薄賦」成了「狹隘沉重」。在這種稅制之下，私人哪有可能產生積極為公益服務的心思？以往「私人」能成為國家三根支柱之一，是基於個人成功要歸功於社會提供機會的想法，因此個人以捐獻的形式做報答。以現代的說法形容，就是「利益回饋社會」。在羅馬帝國，無論凱旋將軍、皇帝，乃至於解放奴隸，回饋社會的心態都是相同的。

朱利亞努斯執政時，在元首政治時代發揮功能的三大支柱體系早已成為過去。當官僚拿著增稅提案來求見朱利亞努斯時，其內容充滿了官僚氣味，是一套只有名稱好聽而已的特別稅。而且他們表示，在高盧失去安全的影響之下，不列顛地區的稅收也無法順利徵收，如今唯有增稅才能打破現狀。並且逼迫副帝接受他們的提案。

朱利亞努斯毅然地推翻了增稅案，並下令立刻推動下列政策。

第一項政策，在減少多餘支出以及節省既有經費。政府之中到處都有冗員冗費。無論軍事或行政機構，一旦組織膨脹便會產生自保的力量，開始增加無用的部署與經費。朱利亞努斯下令大幅刪減冗員冗費。同時他本人也堅持樸素的生活，以適應高盧地區的冬天為由，拒絕在家中引進暖氣。

第二項政策，是公正執行徵稅業務。徵稅人員往往對有地位、有財力的階層寬容，嚴於對待低收入階層。朱利亞努斯以嚴格處罰的方式，牽制徵稅人員不得厚此薄彼。

第三項政策，不但沒有以特別稅實施徵稅，反而下令減收既存的稅金。朱利亞努斯認為，稅收減少的主要原因，在於高盧東半部受蠻族侵略破壞，因而失去生產力。如果在此時開徵新的特別稅，就算擊退蠻族恢復和平，也無法促進地方活性化。相反地如果減稅的話，可以刺激當地人的勞動意願，不久之後將會以稅收增加的型態獲得回報。以上就是朱利亞努斯的稅哲學。

朱利亞努斯的減稅政策，隨即在「人頭稅」之中實現。以往人頭稅為每人二十五索利鐸斯，如今減稅到七索利鐸斯。這項減稅率可說是劃時代又大膽的決定，想必因而提振了民眾的勞動意願。

在大膽推動減稅政策的同時，朱利亞努斯又下令整頓高盧東半部的農地。農地光有土地還不能構成生產要件，必須要備有農業用水道與預防洪水用的堤防，才能形成生產基礎。由於蠻族入侵與內戰，這些基礎建設至少有五年無人聞問。如果土地能恢復為農地，由於萊茵河以西原本便土壤肥沃，勢必能形成一片良田。想必朱利亞努斯認為，高盧地區復興的關鍵，在於能否恢復土地的生產力。

另外，元首政治時代的經濟繁榮，起因於羅馬帝國能發揮廣域經濟圈的功能。然而這項功能，是以「和平」受到保障為前提。北方蠻族不只會渡過萊茵河與多瑙河入侵，某些部族甚至會從北海登陸襲擊高盧地區。由於這些人操艦技術優越，甚至入侵到高盧與不列顛之間的多佛海峽。高盧與不列顛之間的交通受到阻礙的原因，就在於蠻族的海盜行為。

朱利亞努斯下令打造六百艘船艦，其中半數作為官兵搭乘用的軍艦，用來掃蕩海盜。另外半數則是運輸艦，用來將不列顛的物產重新運輸到高盧。掃蕩橫行多佛海峽的蠻族之後，連帶地也剷除了從北海威脅高盧北部的蠻族。重建萊茵河沿岸都市，會進而保障萊茵河航線的安全。因此不列顛物產要送往萊茵河沿岸的高盧都市時，除了橫貫高盧地區的陸路以外，如今又恢復了水路運輸。以現代的方式來形容的話，朱利亞努斯是以刺激內需的方式，試圖恢復經濟。

生活安定的話，民心也會隨之安定。民心安定，也就能讓包括軍事防衛功能在內的國防安全體系重新恢復效用。對羅馬人來說，這正是傳統的綜合安全保障哲學。事隔一百五十年，朱利亞努斯讓高盧地區重新體驗到了傳統的安全保障。

身在米蘭的正帝君士坦提烏斯可能也承認副帝的功勞，送來了兩千利普（六千五百公斤）白銀做支援。朱利亞努斯將這些白銀拿來支付積欠已久的官兵薪餉。

然而在另一方面，君士坦提烏斯對朱利亞努斯拒絕徵收特別稅，對內政出手的態度感到不滿。因此他接受隨時在米蘭對正帝打小報告的宦官意見。

在軍事、內政方面擔任朱利亞努斯諮詢對象的薩爾斯提斯被解除長官職務，調派到米蘭。朱利亞努斯從此失去在皇宮勤務人員中唯一足供信任的助手。也就是說，副帝雖然保住政治性命，但失去了雙手。宦官做出的事情，往往像這般陰險狡詐。雖說接納宦官意見與否，全看君士坦提烏斯一個人的決斷。然而他是個無法為自身行為負責的人。在世間有些人在與人相處時，喜歡半稱讚半嘲弄，藉由這種相處模式迴避責任。換句話說，這種人缺乏勇氣。偏偏君士坦提烏斯就是這種人。

幸好朱利亞努斯與這種觀念扯不上關係。即使失去薩爾斯提斯的協助，他依舊毫不退縮。西元三五八年以及次年西元三五九年，朱利亞努斯的活躍依舊醒目。由於勝仗能聚集兵力，他率領的兵力已經從前一年的一萬三千人增加到兩萬三千人。遭到朱利亞努斯猛攻之後，一再由萊茵河下游渡河入侵高盧北部的法蘭克族也只有敗退回萊茵河對岸。而且事情不僅如此，就連他們在萊茵河東岸的根據地，也遭受朱利亞努斯指揮的羅馬軍猛攻，化為一片廢墟。原本在萊茵河東岸的日耳曼民族中，亞列門諾與法蘭克都是著名的大族。如今遭受嚴重打擊，連萊茵河都不敢靠近。

朱利亞努斯的戰略，是首先打擊國內的敵軍，將其逐出境外。緊接著攻入敵境，破壞敵軍根據地。朱利亞努斯從西元三五六年起花費四年期間，完成了這項戰略。萊茵河有如元首政治時代一樣的，恢復了羅馬帝國的「防線」地位。在西元三五七年、三五八年、三五九年，羅馬三度渡過萊茵河攻入敵境。元首政治時代的「防線」讓人稱為銅牆鐵壁，可不是靠著軍團兵每天守在基地中等待蠻族來襲而達成的。由於羅馬軍時常跨越防線攻入敵境，打擊敵軍之後撤回國內，萊茵河才能夠維持防線的地位。朱利亞努斯只是重現了多年前的戰略而已。

幾年下來，年輕的副帝不僅掌握了官兵的信任，還掌握了民心。可能是民眾對未來感到希望，高盧地區的出生率也增加了。

這四年時間對朱利亞努斯來說，正值二十四歲到二十八歲生日的期間。而且他到二十歲為止，過著實質上的軟禁生活。兄長就任副帝之後他脫離軟禁生活，但其後也只是一名研究哲學的學徒，不但沒有在戰場上指揮作戰的經驗，連帶領少數官兵的經驗都沒有，在政治方面也是個名副其實的外行人。就連史學研究人員也不禁感到疑問，為何他在軍事、政治兩方面都能獲得成功。為什麼這個年輕又沒有經驗的人，在突然承擔副帝職責之後，能獲得超乎眾人預期的成就？有許多人認為，是他潛藏的才能開花結果了。問題是，如果要讓潛藏的才能開花結果，至少要有強烈的動機。那麼是什麼事情造成他的動機呢？

根據筆者的想像，可能是對於責任的自覺，以及在達成任務的過程中感受到的高亢感。這時期的朱利亞努斯給學生時代的朋友信中，有這麼一段話：

「你認為自認為是柏拉圖與亞里斯多德弟子的我，除了做現在做的事情以外還能幹什麼呢？你認為我能拋棄這些被託付於我的不幸民眾嗎？如今我的職責，就是保障這些人有幸福的日常生活。我身在這裡，就是為了達成這目的。

保護民眾不受皇宮內那些除了橫徵暴斂以外一事無成的小偷侵擾，不就是我的職責嗎？在戰鬥中如果大隊長拋棄託付給他的部屬，死刑與不允許入殮的不名譽便會等待著他。獲得更為高貴神聖的地位，同時肩負同等責任的我如果放棄職責，應當受到什麼樣的處罰才好？我相信如果是諸神賜給我這個機會，我在盡責時諸神也會守護著我。如果在遂行職責時感到苦惱，只要回想起現在這純真而正直的自覺，也就足以作為精神上的依託。

失去薩爾斯提斯這樣可信的諮詢對象，確實讓我困擾不已。在執行工作時我相信總有一天會遇上能替代他的人才。只不過，不知道會不會有人前來接替他的工作。如果有人前來接替他的工作的話，我也有充分意願與其互相協助。不過我也想盡可能利用現在這凡事都必須親手處理的期間。因為我孤身一人，所以可自由地推動有益於民眾的政策。儘管長期籠罩的邪惡雲層，現在只打開了一小塊缺口。」

朱利亞努斯的責任感與他目前感受的高亢感，可能是促使他成功的一項因素。在當上副帝之前，朱利亞努斯只是一名哲學學徒。因為喜好哲學，所以他才選擇研究哲學的路。而從二十歲到二十四歲這段期間，朱利亞努斯也想像不到自己會當上副帝。

因為喜好而選擇的路，只是忠於個人意願所選的結果，並非為了別人所做的考量。也就是說，求學是為了自己，不是為了別人。朱利亞努斯到當上副帝之後，才發覺自己能成為別人所需要的存在。人類是社會性的動物，一旦自覺到自己受別人所需，會感到十分喜悅。直到二十四歲，朱利亞努斯才初次感受到這種喜悅。

高亢感會為年輕人帶來力量，實現以往連想像都不敢想像的事情。原本只是一名哲學學徒的人，在領導戰爭之後竟然獲勝了。以往認為辦不到的事情，原來其實辦得到，這種自覺會為青年帶來莫大的喜悅。尤其經驗不多的年輕人，特別容易發生精神高昂不已的現象。當發現自己能辦到以往自認做不到的事情，而且這些事情能為他人帶來幸福，年輕人會將此視為自己的使命。所以筆者想像，朱利亞努斯應該是沉醉在責任感與高亢感混合的雞尾酒裡。

這現象原本只限於阿爾卑斯山以西，但在某件事情影響下，使其影響力擴及阿爾卑斯山以東。事情發生在西元三六〇年，朱利亞努斯赴任第五年的時候。二十四歲時當上副帝的朱利亞努斯，這時已經二十九歲。

第二章

皇帝朱利亞努斯

（西元三六一～三六三年在位）

古代東方

羅馬人眼中的「東方」(orient)，在現代稱為「中東」地區。在共和政治以及元首政治時代，羅馬東方國界與將東方置於霸權下的帕提亞王國相鄰。也就是說，到這個時代為止，羅馬東方的敵人是帕提亞王國。

不過東方局勢在西元二二七年以後有了變化。對羅馬而言，東方的敵人換成了在這一年擊倒帕提亞，將東方霸權握在手中的波斯薩珊王朝。這個東方大國的主要機構，集中在意為兩條大河中間的「美索不達米亞」地區。帕提亞與波斯薩珊王朝相同的地方，在於將首都設置在由幼發拉底與底格里斯兩條河流包夾的地帶，亦即將政治與經濟功能集聚在這個地區。在古代長年為「東方」中心地帶的美索不達米亞地區，位於今日的伊拉克。

不過帕提亞與波斯薩珊王朝被大國羅馬帝國視為頭號假想敵的原因，並非因為他們持有肥沃的美索不達米亞地方，而是在於即便首都功能集中在美索不達米亞地方，其背後還有相當於現代的伊朗、阿富汗、巴基斯坦等國家的廣大腹地。這個東方的霸權國家，相當於現代的伊拉克、伊朗、阿富汗、巴基斯坦等國家的聚合體。順帶一提，現代的土耳其、敘利亞、黎巴嫩、以色列、約旦、埃及等地方，在當時屬於羅馬帝國，構成羅馬帝國的東半部。現代的土耳其東部，在古代是亞美尼亞王國，屬於羅馬的同盟國。現代的敘利亞與伊拉克國界，和古代的羅馬帝國與波斯薩珊王朝國界幾乎完全重疊。這是偶然的巧合，還是有什麼必然的原因，就不得而知了。

不管怎麼說，即便不像羅馬帝國這般具有統合性，在古代東方確實有一個統合了相當於現代伊拉克、伊朗、阿富汗、巴基斯坦等國的大國。如果不能了解這一點，那就不能了解古代希臘人與羅馬人對於「東方」的看法。既然無法了解其看法，當然也就不能了解其行動了。

有了這種看法，就能從另一個角度來看待西元前四世紀的亞歷山大大帝東征了。也就是說，既然這名馬其頓的年輕人有擊倒大流士王征服波斯的意圖，那麼在打倒大流士王之後，恐怕也只好不斷地向東進軍征服，直到到達印度的邊界印度河為止。

羅馬與帕提亞，以及其後波斯薩珊王朝之間的關係，和亞歷山大所屬的希臘城邦有很大的不同。希臘城邦早在亞歷山大在世兩百年前，就飽受波斯的威脅。在史學家希羅多德的《歷史》之中也曾詳細描述過，希臘城邦之中，就連國力最強的雅典都曾經遭到攻擊，整座城市遭到波斯軍徹底破壞。亞歷山大遠征波斯的舉動，對希臘人來說是一種反擊。實際上，儘管亞歷山大麾下的部隊大部份是馬其頓的軍人，他在遠征時掛的還是希臘城邦聯軍的旗號。

另一方面，羅馬與「東方」作戰時，並不具備希臘人帶有的反擊或防衛意味。在亞歷山大在世半個世紀前，羅馬的首都也曾遭外敵占據。當時占據首都的是北方蠻族中的高盧人。而後高盧人每次入侵都遭到擊退，最後由朱利斯．凱撒征服高盧地區，解決了這項難題。也就是說，羅馬人對帕提亞以及其後的波斯薩珊王朝，並不像希臘人那樣帶有恐懼或復仇的心態。而且羅馬人本質上屬於“occident”（西方）民族。「東方」固然有法律與大道，然而將其網路化、系統化，擴大其功用的事跡，卻是羅馬人的獨門功夫。筆者認為，追求合理性與效率與否，正是「東方」與「西方」的分界點。羅馬人不期望擁有直到印度的領土。其原因之一，在於他們已經於西方確立疆域廣袤的霸權。其二，則是羅馬人在擴大領土時，是將日後能否有效防衛作為重大判斷條件。

當時在羅馬市區內銷售的旅行用地圖，西起不列顛，東至連亞歷山大大帝都沒到過的恆河與錫蘭島。然而若是檢測地圖的精確程度，與當時的敘利亞（今日同樣稱為敘利亞）和阿拉伯（今日的約旦）為東方疆界的羅馬帝國內部相較，疆界東方的波斯，以及更東方的印度的可信度可就值得商榷。羅馬境外的地圖精確程度，讓人認為如果抱著這份地圖旅遊，只怕會落得失蹤的下場。大概對絕大多數的羅馬人來說，從美索不達米亞到印度為止的土地，是不熟悉但聽過名稱的地方吧。

然而到了羅馬將地中海稱為「內海」的時代時，東西兩大國成為鄰國。兩國之間如何劃分界線，成了重要的問題。話說回來，羅馬並沒有吞併強大鄰國的意圖，因此對羅馬而言，鄰國對策可集中成下列兩種。

第一種，是偏向外交取向的皇帝採用的政策。奧古斯都、尼祿、哈德良等皇帝所採用的就

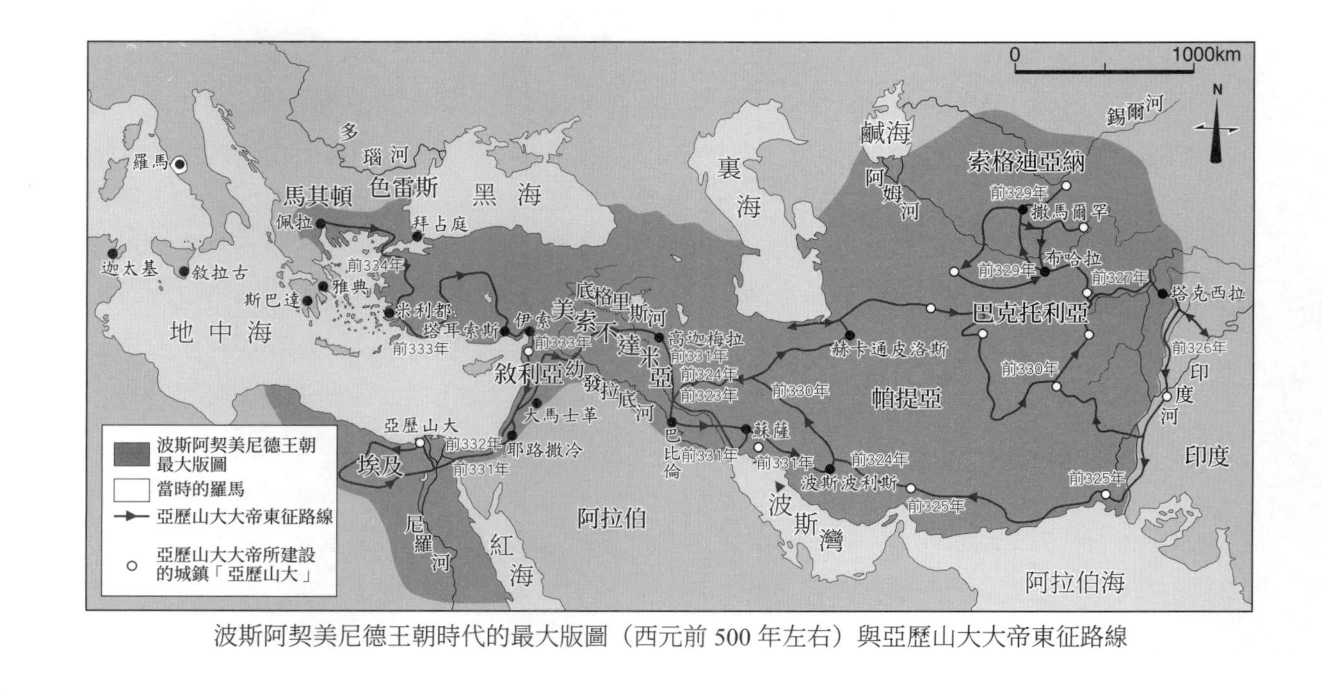

波斯阿契美尼德王朝時代的最大版圖（西元前 500 年左右）與亞歷山大大帝東征路線

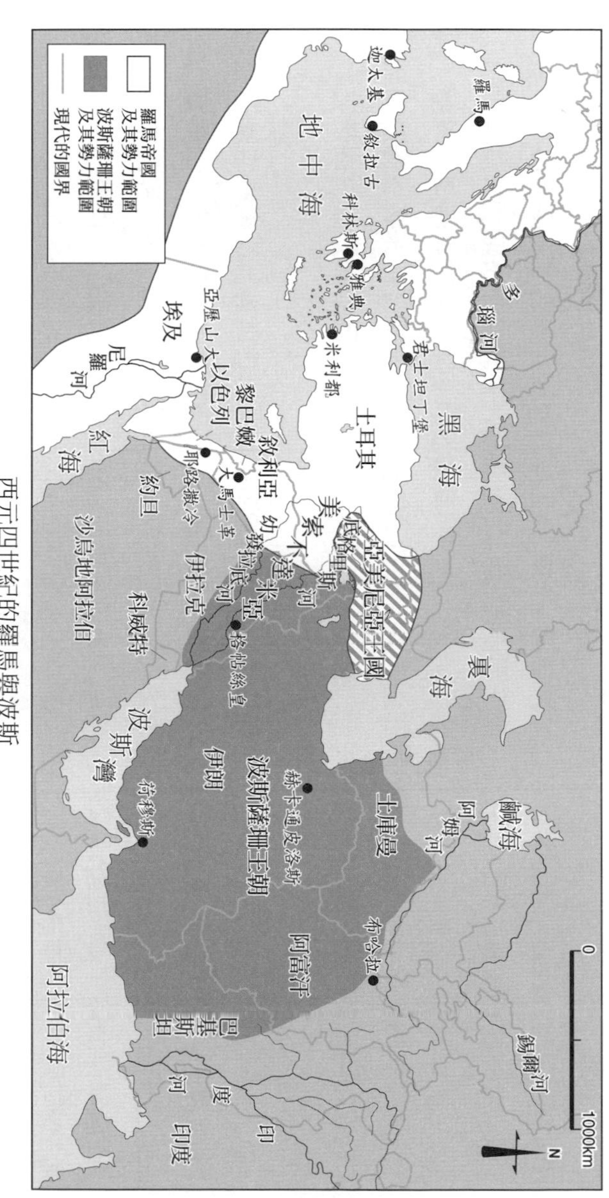

西元四世紀的羅馬與波斯

是這種政策。首先制定以幼發拉底河為界，並強化該地成為帝國的「防線」。同時戮力援助親羅馬派系攀上美索不達米亞北鄰的亞美尼亞王國王位。如此一來，就能由北方、西方雙向緩緩包圍東方大國的心臟地帶美索不達米亞。

第二種，是先取得軍事成功之後，再以有利條件確立防線的觀念。這種方針受圖拉真、賽埔提謬斯．謝維勒、戴克里先等皇帝採用。如果朱利斯．凱撒沒有遭到暗殺，按照計畫實施帕提亞遠征的話，相信他會成為這種路線的創始人。另外，君士坦丁大帝在出征途中病逝因而沒有引發戰爭。他遠征波斯的目的，在於確保戴克里先皇帝所確立的「防線」，因此也屬於這一類型。這些皇帝的共通特色，是對自身的軍事能力有信心。

採取第二種政策時的軍事戰略，是率領包括亞美尼亞軍在內的聯軍，由西方與北方兩個方向進擊美索不達米亞地區，攻陷首都格帖絲皇。其後利用戰果要求戰敗方割讓美索不達米亞北部，並將這塊地方化為東方地區的最前線。

幼發拉底與底格里斯兩條大河發源自亞美尼亞的山區，之後分向進入美索不達米亞地區，在美索不達米亞中部的格帖絲皇附近一度接近，隨即又分向注入波斯灣。兩條大河上游各別朝東方與西方流，其中間地帶就是美索不達米亞北部。一旦這塊地方納入羅馬手中，無論敵國是帕提亞或波斯薩珊王朝，羅馬都可將其納在眼底。從戰略角度來說，沒有比這更有利的地位了。

對羅馬來說，將美索不達米亞北部納入手中，表示其北方的亞美尼亞王國戰略重要程度也就隨之減低。亞美尼亞王國無論文明或文化，都偏向波斯，遠離羅馬。多年來為了維持同盟國關係，羅馬在各方面都費盡苦心。一旦掌握美索不達米亞北部，局勢就不同了。因為從此羅馬可以親手從西邊與北邊建構防衛體系。也就是說，能夠從西方與北方包圍假想敵國的中樞地帶。

但是從波斯的角度來看，這是讓人難以高枕無憂的局勢。波斯薩珊王朝的君主夏普爾身為國王，自然會想盡辦法打破上一任國王接受的屈辱且不利於國防的局面。

如上所述，美索不達米亞北部註定是東西兩人國間的兵家必爭之地。對羅馬方面來說，這是保衛帝國東半部必要的措施。相對地對波斯而言，首都功能集中的美索不達米亞地區，不能陷入隨時會面臨敵軍壓境的局面。雙方都是根據國防上的需求。也因此這塊地方難以建立帶有國際秩序意味的「和平」。

波斯薩珊王朝

在西元四世紀中葉的這時期，美索不達米亞的局勢對羅馬極為有利。這是因為西元二九七年時，當時的副帝伽雷留斯戰勝波斯王後，締結的媾和條約至今依舊有效。當時締結的條約中，最重要的是下列兩條。

一、以尼西庇斯及其南方的辛迦拉為前線，由此至西邊的幼發拉底河，波斯正式將美索不達米亞北部割讓給羅馬。

古代的「尼西庇斯」(Nisibis)現代名叫「奴塞平」(Nusaybin)，位於今日的土耳其境內，緊臨敘利亞國界。而古代的「辛迦拉」(Singara)現在稱作「瑟鎳爾」(Senjar)，位於現代的伊拉克境內。現代的敘利亞、伊拉克國界，正好通過這兩座城鎮之間。

即使在古代，這項條款的意義也十分重大。九年前戴克里先皇帝曾在不動刀槍只以兵力為背景的談判下，讓波斯「默認」羅馬領有美索不達米亞北部，但並非「割讓」。「默認」的效益有如設置緩衝地帶，因此羅馬無法在此設置連綿的防衛措施使其「防線化」。如果「割讓」的話就可以，因為這裡已經是正式的羅馬領地了。

二、將底格里斯河以東的五個稅區統治權，轉讓給羅馬。

如此一來，流入美索不達米亞地區的底格里斯、幼發拉底兩大河上游已經全數落入羅馬手中。以現在的地圖來看，就有如約旦、敘利亞、土耳其三個國家，從西、北兩方監視伊拉克。從防衛戰略上來看，羅馬帝國享有史上空前的有利局勢。

因為波斯王慘敗在副帝伽雷留斯手下，因此只好接受這項條約。而在西元二九七年締結的這項和平條約，使得兩大國之間的和平狀況維持了四十年。直到君士坦丁大帝在位後期為止，這項條約都未曾遭人打破。這是因為除了防衛戰略上有利之外，戴克里先的個性不會為了獲勝而得意忘形，因而在戰後徹底強化了防線。不只是成為羅馬領土的美索不達米亞北部，就連位於其南方延長線上的敘利亞與約旦，其固有的「防線」也獲得了強化。這是因為羅馬人不認為

「和平」會免費從天上掉下來。

只不過，波斯方面當然不會永遠容忍這種狀況。君士坦丁大帝在年逾六旬時還要親自前往波斯，就是因為事隔四十年之後，波斯方面已經做好反擊的準備了。而且這時率軍的國王已經換成了個性強悍而英明的夏普爾二世。

在大帝逝世之後，羅馬帝國由三名皇子分別承繼，負責東方地區的是次子君士坦提烏斯。他必須直接面對波斯帝國反擊的烽火。

君士坦丁大帝逝世的次年，夏普爾率領的波斯軍集中兵力，攻打尼西庇斯。尼西庇斯位於由底格里斯河往西兩天路程的位置。在美索不達米亞北部成為羅馬領地之後，此地成為最前線的要塞城鎮，周圍有三重城牆，以及城牆外的護城河。數萬名波斯軍隊包圍這座城鎮猛烈攻擊，在六十天的攻防之下依舊沒有淪陷。

六年後，西元三四四年，夏普爾率軍轉而攻擊辛迦拉。辛迦拉這座要塞都市位於尼西庇斯東南方一百公里處，同樣也是美索不達米亞北部羅馬領地中的最前線都市。這一年君士坦提烏斯皇帝也前來參戰，甚至親自在前線指揮了兩天。波斯方面知道皇帝參戰之後攻擊更加猛烈，使得前半段的戰況對波斯有利。不過由於羅馬方面支撐過了後半段的戰鬥，波斯王只好撤軍。

在這場辛迦拉攻防戰之中，羅馬方面傳出了少見的醜聞。當時還是少年的波斯太子在激烈戰鬥中遭到俘虜，竟然有一隊羅馬兵在嚴刑拷打之下將其殺害。雖說這是士兵在亢奮情緒下犯的錯誤，但據說這群士兵身為基督教徒，因而把祆教國家的太子視為邪教徒凌虐至死。

兩年後，波斯王夏普爾再度率軍攻打尼西庇斯。在長達八十天的攻防戰之後，波斯王還是無功而返。

四年後西元三五〇年時，波斯王甚至帶了由印度調度來的戰象部隊親自參戰，展開了第三次尼西庇斯攻防戰。這次的戰鬥時間超過百日，堅固的城牆各處受損，防衛方遭到嚴重打擊，但波斯方面損失也不小。據說波斯方面損失了至少兩萬名部隊，使個性強悍、年僅四十的波斯王，也只好準備撤軍。另外，由於國王與軍隊集中在西方的尼西庇斯，廣大的波斯東部邊境受到亞洲外族大舉入侵，這項消息使得波斯王苦惱不已。

羅馬皇帝君士坦提烏斯在這時期，也面臨皇弟君士坦斯遭到刺殺、高盧地區淪入蠻族出身的將領馬格嫩提烏斯手中的事變。對他而言，如何

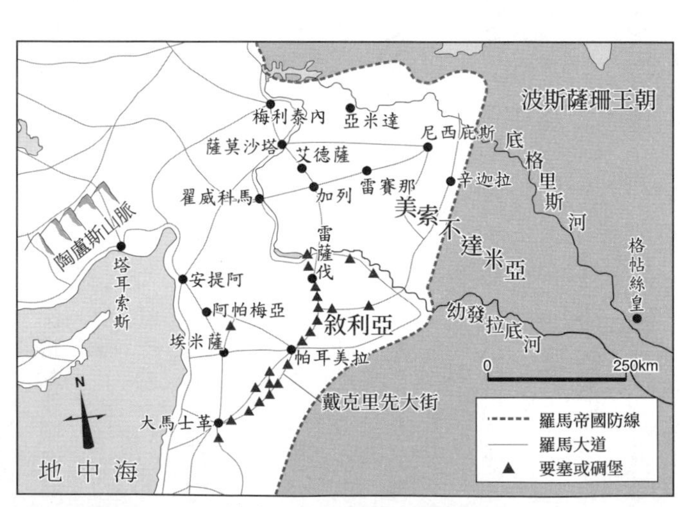

美索不達米亞及其周邊

率軍討伐兵變是個無可避免的問題。西元三五〇年波斯王與羅馬皇帝之間的休戰條約能順利締結，原因就在於雙方國內都面臨重大困難。同時這也代表當兩人都解決問題之後，兩國之間又要直接針鋒相對。西元三五九年時，對決的時機到了。這場對決從亞米達攻防戰開始。

羅馬與波斯同樣是整合多人種、多民族的國家，因此同樣是帝國體系。然而由於國家的結構不同，軍隊的結構也就不同。羅馬設有常備兵力，而波斯的常備兵力僅占少部份。其餘的大部份仰賴地方領主以籌措軍備、聘雇傭兵、徵召農奴等方式編組。也因此，一旦波斯有開戰意圖，周邊各國馬上會知道消息。即使不特意派遣間諜潛入波斯宮廷，只要注意東方來的貿易商傳遞的資訊，也就足供判斷。波斯王夏普爾在事隔九年之後正式重整兵力，打算復仇雪恥的消息，在事前已經讓羅馬方面完全掌握。當時夏普爾已經年近五十，這個時代的觀念認為，如果到了五十歲還沒有成就的話，那就代表一生之中一事無成。君士坦提烏斯應該考慮到這點才是。然而比波斯王年輕十歲的羅馬皇帝，不但沒有做好迎擊準備，就連必須隨時維持一定程度功能的帝國東方防衛體系，也在起步初期就遭到皇帝的妨礙。

一、在君士坦提烏斯皇宮內，皇宮官僚的誹謗中傷造成的犧牲，已經成為家常便飯。儘管國家面臨重大事變，這個現象依舊沒有任何收斂。有不少能力卓越的將領，在陰謀行刺皇帝的罪名下遭到處死。而將領的悲慘命運，勢必會牽連麾下的中堅階層。這已經不是單純的兵力問題。一個欠缺中堅階層的組織，將無法發揮其原有的力量。也就是說，處死指揮官階層的行為，使得羅馬軍的戰力衰退。

二、實戰現場必須要有負責指揮的將領，因而事後由國家派遣接替人選。然而這些人事的標準不是看在戰場上的實力，而是看當事人受皇宮官僚喜好的程度。由於君士坦提烏斯大量重用宦官，這也是必然的結果。

波斯王親自率領波斯軍進逼時，羅馬方面的最高司令皇帝本人依舊停留在多瑙河中游附近的巴爾幹地區。派遣到東方的司令官，是大受官僚好評的薩比謬斯。熟悉東方情勢，在東方累積大量實戰經驗的烏爾錫契努斯則屈居次席。次席司令一旦遭到首席反對，就無法推動任何作戰。戰場上講究的是臨機應變又貫徹原則的決斷。首席與次席司令官對戰略戰術看法不一致，使得羅馬在開戰前就埋下了一個戰敗因素。

另一方面，夏普爾在硬體方面固然準備周到，軟體方面的準備可也沒疏忽。他聘用了安提阿出身但背叛到波斯陣營的商人，徹底研究了美索不達米亞北部的局勢。美索不達米亞北部的都市東由底格里斯河，西由幼發拉底河圍繞，如今已經由羅馬方面建設成邊防都市。不過這些都市是在亞歷山大大帝東征時，由隨行的希臘人所建設，東西往來的貿易商向來絡繹不絕。住在安提阿的希臘裔羅馬人自然會對這塊地區瞭若指掌。

夏普爾是否在接受商人提議之後下判斷，目前已經不得而知。不過他放棄三次圍城而無法拿下的尼西庇斯，轉而把目標放在北方的亞米達，想必有其道理存在。

亞米達位於底格里斯河上游，在現代改以土耳其語稱為「迪亞巴克爾」(Diyarbakir)。從這件事情可以得知，這個城鎮原本是古代的重要都市，後來歷經漫長的停滯期間，到近代才恢復重要都市的地位。一座在古代很重要的都市，如果逐漸沒落直到現代，即便位於如今屬於伊斯蘭文化圈的古代東方，名稱往往只會改換成現代風格而已。比方說古代大城安提阿，在現代土耳其語言中只是發音略有不同。可見古代的亞米達儘管戰略地位沒有尼西庇斯重要，但是有其特殊價值。

現今的正帝君士坦提烏斯，在擔任副帝的任內，也就是十來歲時，曾徹底將這座都市建設成防衛都市。當時他甚至想把既有的名稱亞米達換掉，冠上自己的名字。這座都市位於山腳，背靠著險峻的山岩。只要加強防衛除了底格里斯河流經的東方之外的三個方向，就能建設完善的防衛機制。城鎮東方的底格里斯河由於尚處於上游段落，流速飛快，因而河流本身也能發揮防衛效果。

對波斯王夏普爾來說，攻陷亞米達等於狠狠地打了羅馬皇帝君士坦提烏斯一耳光。在本次作戰中無視尼西庇斯，對其北方的亞米達投入了十萬以上的軍隊，可見夏普爾有充分的理由攻擊這座城市。

羅馬方面卻看不透這一點。可能他們認為既然尼西庇斯能三度防衛成功，那麼防衛更為嚴密的亞米達應該也沒有問題。身為總司令的君士坦提烏斯皇帝停留在多瑙河附近的色米姆不動，而獲派為司令官的薩比謬斯雖然渡過了幼發拉底河，但到達艾德薩之後便停下腳步不再朝東行進。敵軍的攻擊目標亞米達，位於艾德薩東北方一百五十公里處。波斯王已經親自率軍出征，而羅馬方面竟然連皇帝麾下的司令官，都距離戰場一百五十公里之遙。薩比謬斯雖然停留在艾德薩不動，但他以波斯戰役現場司令官的權限，發出下列兩道命令。

第一，將亞米達周邊化為焦土，讓敵軍難以確保軍糧。附近農民被強制帶著牲畜避難到後方的城鎮。第二，將次席司令官烏爾錫契努斯派到亞米達。雖說是派遣次席司令，但只分派少量部隊，恐怕用意不在支援而在偵察敵情。

在君士坦提烏斯擔任副帝時，亞米達已經派駐有第五軍團的一千名官兵。當接獲敵軍進逼的消息之後，另外又緊急派遣了六個軍團的六千名部隊。這六千名官兵之中，沒有任何人出身東方，也沒有人在東方累積過軍事經驗。六千名官兵出身於高盧地區，由於協助蠻族出身的將領馬格嫩提烏斯對抗君士坦提烏斯皇帝，因而受處分由萊茵河防線移防到幼發拉底河，亦即遭到流放。不過，這些官兵出身日耳曼民族，儘管讓人調派到氣候、地形、風俗習慣完全不同的東方來，依舊沒喪失天生的剽悍習性。

羅馬軍若加上騎兵在內，人數應該可達七千。如果加上當地居民中有防衛意識、年齡又適於承擔戰鬥作業的人員，亞米達的防衛兵力總數可達兩萬。和其他美索不達米亞北部都市相同地，早在波斯方面充滿開戰氣息的時候，城裡的老弱婦孺就轉移到包括艾德薩在內的後方安全都市避難。也就是說，亞米達城裡的守軍是兩萬名純戰鬥人員。而這兩萬人員將抵抗超過十萬的波斯大軍。

一旦展開戰役之後，雙方部隊便不可能只停留在己方陣營中，而讓敵方在其周圍通行無阻。在陣營周圍至少五十公里之內，會有偵察或糧食調度部隊來回穿梭。烏爾錫契努斯在行軍途中就遇到一隊敵軍，雖然成功擺脫了敵人，但已經將自己的存在暴露於敵軍面前。烏爾錫契努斯認為，整個部隊無法順利進入敵軍正逐漸形成包圍網的亞米達城裡。因此他將部隊分成兩部，由一位青年軍官帶隊前往亞米達，他本人先撤回後方。

根據筆者想像，烏爾錫契努斯這時應該已經發現既有的作戰無法保衛亞米達。一個熟悉東方事務的軍官，只要在遠處瞭望波斯軍，就可得知一項資訊。也就是說，波斯陣營內各地方諸侯氏族的旗幟多寡，可以當成判斷的材料。如果看到一片旗海，而且包括有力氏族的旗幟在內，代表波斯王率領國內的全數武力攻打羅馬。因此旗幟數量可當成評量波斯王進擊強度的工具，也能作為預估攻城戰結果的資料，因為圍城戰必須支撐到敵軍放棄攻擊撤退，才能算是成功。

以下策略出自筆者想像，可能烏爾錫契努斯想說服薩比謬斯放棄消極戰略，派遣羅馬軍從圍攻亞米達的波斯軍後方進攻，亦即展開夾擊。因為若非如此，受他命令帶隊前往亞米達的青年軍官心中，即使只有一瞬間，也應當會浮現闖入死地的想法。然而，記錄中卻沒有隻字片語讓人聯想到這種想法。青年軍官帶著全面的信賴，遵守著長官的命令前往亞米達。而在攻防戰鬥期間，他一直堅持在防衛陣營之中。

順帶一提，我們生於後世的人能得知亞米達攻防戰的發展過程，全仰賴這名青年軍官留下的文字。這名軍官就是在介紹君士坦提烏斯皇帝造訪羅馬時引用的文章作者，安提阿出身的希臘裔羅馬人阿米亞努斯・馬爾凱流斯。據推測在亞米達攻防戰時，他年紀約二十九歲。

阿米亞努斯這時並非第一次見到波斯軍。自從入伍以來，他一直跟隨長官烏爾錫契努斯四處轉戰。烏爾錫契努斯在當時是羅馬帝國的名將之一，但只有一次獲派到帝國西方，是大部份生涯都在帝國東方身經百戰的沙場老將。

就連在烏爾錫契努斯麾下累積軍事經驗的阿米亞努斯，在看到由國王親自率領的波斯軍時也感到強烈的印象。夏普爾可能是打算誇耀軍容來打擊防衛方的士氣，他讓波斯軍團將亞米達周邊地帶團團圍住。在能夠瞭望地平線的平原上，布滿了官兵、戰馬、從印度調度來的戰象與諸侯的旗幟。國王率領著諸侯從陣營中央的華麗主帥帳出發，策馬往城牆前進。當夏普爾接近亞米達正門時，頭上戴著模仿公羊形狀的頭盔。黃金打造的頭盔上點綴著許多寶石，在陽光下發出燦爛的光輝。

由波斯王、諸侯、衛隊組成的人馬，大膽地接近到幾乎進入弓箭射程的位置。就連城牆上的人都能看到公羊頭盔下的面容，甚至可辨認夏普爾臉上的皺紋。不過由於防衛方發出一陣亂箭，使得這場示威無功而返。這下子，第二天勢必要開戰了。

隔著城牆的第一天戰鬥，打一開始就是連串激戰，到了日落才好不容易收場。雙方陣營都有許多人陣亡，而某位波斯諸侯的兒子陣亡，使得波斯方面陷入一片悲哀。這名年輕將軍才剛脫離少年時期，而且是波斯頂尖世家的繼承人選。夏普爾為了尊重喪家的請願，以舉行喪禮與服喪為由向守城方提出休戰七天的提案，亞米達守城方也接受了這項要求。

當休戰期結束後，雙方再度展開戰鬥。對防衛方來說，波斯軍的攻城器械是最大的威脅。這些器械是波斯軍從羅馬方的都市或城池中掠奪而來的，使得羅馬軍受到自己的武器攻打。儘管如此，守城的官兵與居民士氣高昂，讓波斯軍再度遭受重挫。

在這段期間內，烏爾錫契努斯戮力設法說服薩比謬斯司令。他提議將幼發拉底河沿岸各基地裡的軍隊，沿著底格里斯河派往亞米達，從圍城的波斯軍後方展開攻擊。然而薩比謬斯不接受這項提案，理由是危險性太高。在烏爾錫契努斯打算繼續遊說時，薩比謬斯拿出了一份指令書，文件內容寫著，移動部隊僅限於對羅馬軍無不利的狀況之下。在皇帝發布的公文之前，烏爾錫契努斯也只好保持沉默。波斯戰役期間內居上位的薩比謬斯，將烏爾錫契努斯調派到梅利泰內軍團基地。在成行之前薩比謬斯還追加一道箝制命令，只有身為司令官的薩比謬斯下指示時，才能調動基地內的軍團。

幼發拉底河與底格里斯河的水源同樣起自亞美尼亞的山岳地帶，因此愈朝上游，兩條河流就愈接近。梅利泰內基地位在幼發拉底河沿岸，亞米達則位於底格里斯河沿岸。烏爾錫契努斯身在直線距離不到兩百公里的梅利泰內，卻無法向亞米達派出一兵一卒。

無論共和或帝政時期，羅馬軍的前線司令官都享有極大的自決權。因為一來身在前線時需要臨機應變，二來在那個時代向後方請示需要的時間太長。這項作風成為羅馬軍的傳統，就連後世的馬基維利也讚賞不已。不過到了西元四世紀中葉，這項傳統已經喪失。就連在元首政體時代，也沒有任何皇帝對前線的司令官追加部隊運用的條件。而到了四世紀之後，「前線」開始不再執行「後方」指令中沒提到的事情。而且「後方」限制「前線」自決權的傾向，正好讓不願冒風險、不願負責的消極人物有了絕佳藉口，避免做出決定性的行動。阿米亞努斯可能在進入亞米達之前就得知夾擊作戰計畫，然而無論他在亞米達苦等多久，烏爾錫契努斯率領的援軍都不會出現。

為了防衛亞米達而犧牲奉獻的人可能認為援軍遲早會出現，因此即使遭到五倍以上的敵軍攻打，依舊奮勇抵抗。在作戰期間，曾因為某位脫離城池的逃兵遭到俘虜，使得通往城牆外的隱密地下道遭敵方得知，造成七十名波斯軍潛入城內的事件。當時一名波斯軍人揮舞紅披風表示成功潛入，波斯軍因而發動猛烈攻擊。不過這七十名軍人在接觸到城門之前就喪生了，戰鬥時城門始終緊閉，沒有像波斯方面期待般地由內側開啟。

另外，防衛方面也並非只守在城牆後展開防戰。以勇猛馳名的高盧軍人經常趁著夜色摸出城外，每次夜襲都對波斯造成重大傷害。

只不過，隨著攻防戰時間延長，人數上嚴重不利的防衛方開始承受到犧牲造成的壓力。當波斯軍建築比城牆還高的攻城牆，由上方攻入城牆之後，戰鬥型態轉換成了肉搏戰。城牆內部沒有地方收容陣亡人員，也缺乏人手處理遺體。未經處理的遺體引發了傳染病，使得城內的戰力更加低落。而最令防衛方恐懼的，城牆崩潰的時刻終於到來了。雖說只有一處城牆崩潰，但已經沒有辦法阻止敵軍入侵。防衛方的官兵有如羔羊一般地，遭到入侵的波斯軍殺害。

阿米亞努斯這時決定逃出城外，與他同行的只剩下兩名士兵。幸運的是，三人僅憑雙腳逃亡還能成功。三人到了十五公里外的羅馬大道附設國營郵局之後，才鬆了一口氣。無人的郵局已經遭到破壞，不過郵局內有一口水井。由於汲水設備也遭到破壞，一名士兵撕開綁頭盔用的布條垂放到井中吸水，讓三人輪流吸著布條上的水止渴。

在沿著山岳地帶逃亡之後，阿米亞努斯與兩名士兵來到可以看見幼發拉底河的地方，在此遇到巡邏中的羅馬騎兵。而後阿米亞努斯在騎兵的駐軍地梅利泰內基地，遇到許久不見的老長官烏爾錫契努斯。

亞米達在遭到波斯軍攻擊七十三天之後終於淪陷了。在夏普爾的命令之下，淪陷時留在城內的人員於俘虜後有半數當場被殺，另外半數成為戰俘，被送到美索不達米亞中部。這些俘虜今後將進行蘇珊都市重建工程。除了這些人以外，可能有些官兵像阿米亞努斯一樣成功脫逃，但是下落不明。

之前阿米亞努斯在前往亞米達途中時，曾經遇到一名退伍軍人。這名軍人是盧提亞(巴黎)出身的高盧兵，被送往敘利亞擔任羅馬帝國東方勤務。士兵本人表示是在沙漠行軍時與隊伍失散，不過也可能其實是逃兵。總而言之，士兵在無法回歸原隊的狀況下，與在當地認識的波斯女子結婚，就此落地生根。在亞米達攻防戰之中有許多高盧出身的官兵參戰，可能其中會有幾個人走上與這名巴黎出身士兵同樣的人生。

堅守在亞米達城裡的兩萬名人員在英雄式的奮鬥之下依舊落敗，不過獲勝的波斯方面損失也十分慘重。據說七十三天的攻防戰之中，陣亡人數高達三萬人。亦即參戰人員中每三人就有一人陣亡。不過，儘管付出如此重大犧牲堅持攻打亞米達，波斯王夏普爾的判斷倒是挺正確的。

如今防衛美索不達米亞北部的羅馬軍防線已經開了一個大洞。「防線」就是要形成一條線才能發揮效果，開了洞的防線已經稱不上是「防線」。如果放任這種局面不處理，那麼戴克里先時代逼迫波斯割讓、君士坦丁大帝在高齡之下依舊要御駕親征確保的軍事戰略要地美索不達米亞北部，就要在其子君士坦提烏斯手中再度喪失。對他來說，如今已經無法身在米蘭或多瑙河濱的都市悠然度日了。

朱利亞努斯登基

君士坦提烏斯在得知亞米達淪陷之後，決心親自率軍遠征波斯。既然是羅馬皇帝御駕親征，而且還帶著為亞米達復仇雪恥的使命，那麼事情就不光是收復美索不達米亞北部就好了。按照歷任皇帝御駕親征時的慣例，羅馬軍要攻陷敵軍首都格帖絲皇，對敵軍根據地造成嚴重傷害之後撤退，藉此再度強化以美索不達米亞北部與其北方的亞美尼亞為最前線的帝國東方防線。在開戰前，必須編組與敵軍預估兵力十萬人同等的大軍。同時，既然以敵軍首都所在的美索不達米亞中部為目標，那麼事前也必須確保於敵境戰鬥時必備的補給路線。再加上歐洲出身的羅馬軍官兵在中東沙漠地帶作戰時背負著環境上的劣勢，高達十萬的兵力需求，並非為了滿足身為總司令的皇帝之虛榮心。

假設由戴克里先皇帝實施、君士坦丁大帝承繼的羅馬軍兵力倍增政策，到了做兒子的君士坦提烏斯在位時依舊存續的話，羅馬全國的兵力尚有六十萬人。即使扣除防衛各地所需的人力，要湊出十萬名兵力前往東方應該不是什麼困難的問題。

由於有上述背景，後世的史學家一致認為正帝君士坦提烏斯要求副帝朱利亞努斯提供兵力的要求，是正帝對副帝的欺凌行為。實際上，西元三五九年冬季傳到高盧的命令內容，足以讓副帝愕然不知所措。

一、四隊專有名詞為「皇宮援軍」(auxilia palatina)，即與羅馬簽署傭兵契約，在羅馬軍中服役，以部族為單位編組的蠻族部隊。

二、由其他部隊中，每一隊選拔三百名人員。

三、由專有名詞為「司令校尉」(scholae)，即副帝直屬的兩隊禁衛騎兵中選拔若干人員。

君士坦提烏斯給朱利亞努斯的命令中，要求將上述人員全數送往東方。命令中還指名蠻族部隊的隊名，四個隊伍都是以勇猛聞名的部隊。對其他部隊還特別註明條件為「選拔」。既然要「選拔」，自然挑選的是精銳好手。至於命令中要求送往東方的官兵總數，由於沒有史學家能求出正確的人數，筆者也只能粗略估計。估計的基準在於當時朱利亞努斯手邊的實際兵力為兩萬三千人，以及每個部隊的人數約在千人左右。根據上述兩項條件初步估計，正帝要求的兵力，大約在九千七百到一萬人之間。

問題是，兩萬三千兵力一下子就少了一萬人，而且這一萬人還是精銳人手。留在朱利亞努斯身邊的兵力雖然不能說是廢物，但也只剩下並非精兵的一萬三千人。這時剛滿二十八歲的朱利亞努斯當然會感到錯愕不已。

將這道指令傳達給帝國第二高位的副帝時，正帝君士坦提烏斯並沒有送來親筆書信表明詳細緣由，而是派遣一名在皇宮中地位不高的公證人，讓這名公證人轉達命令。光是這個舉動，便已經不是正帝對副帝的態度，而是純粹對臣子下令的方式。

儘管如此，朱利亞努斯還是打算遵守堂兄送來的命令。儘管心中不滿，以他當時的立場也只有服從的路可走。

不過，要被送往東方的官兵卻沒有遵從命令的意願。尤其四隊蠻族部隊的官兵態度特別強硬。他們表示在他們與羅馬軍簽署的契約中，明文規定軍務僅限於阿爾卑斯山西側，他們寧死也不願意拋家離子前往遙遠的東方。而除了這些人以外，其他的官兵也不願意離開朱利亞努斯身邊進入正帝麾下的部隊。四年前初次遇到與羅馬軍司令官正式服裝氣質不合、剛年滿二十四歲的朱利亞努斯時，這些官兵只能極力忍住笑聲，而如今眾人卻打從心底遵從著朱利亞努斯。官兵深信，這次正帝的命令一如以往是在欺凌副帝，因而打從心底同情他。

朱利亞努斯如今陷入了困境。如果接受官兵的請願，那就成了抗命。如果硬要實施君士坦提烏斯的命令，又有可能引發蠻族士兵的叛變。在這種情況下能商談對策的薩爾斯提斯已經遭解任，不在高盧地區；從希臘來的幾名哲學家隨從在這種場合派不上用場。

就在拖延之下，蠻族官兵開始成群結隊，在朱利亞努斯居住的皇宮前靜坐抗議。雖說是皇宮，但也僅是在巴黎的臨時皇宮，建築設計上無法阻止激昂的官兵闖入禁區，而且朱利亞努斯也沒有充裕的人手阻止這種事態發生。

一個月過去了，這段期間內朱利亞努斯多次走出皇宮試圖說服靜坐抗議的官兵。他甚至提議，如果擔心與家人分散，可以利用國營郵政馬車讓家人遷往東方。不過，這並非官兵不同意命令的理由，而且官兵習於露宿。朱利亞努斯不管與官兵間進行多少次集體談判，最後都只有失敗的結果。

在虛耗一個月之後，到了西元三六〇年二月，局勢突然有了重大變化。朱利亞努斯一如過往出現在官兵面前時，一群士兵突然捧起朱利亞努斯，將其舉在盾牌上吶喊著：

「朱利亞努斯，奧古斯都！」

士兵們就這樣四面扛起載著朱利亞努斯的盾牌，一邊遊行一邊喊著「朱利亞努斯，奧古斯都！」

「朱利亞努斯正帝！」的呼聲隨即傳遍整個部隊，最後成為全體贊同的喊聲。羅馬軍會致贈金鍊作為作戰有功士兵的犒賞。一名士兵拆下了戴在頸上的金鍊，彷彿為朱利亞努斯加冕似的，放在正在盾牌上設法不摔下來的朱利亞努斯頭上。在這瞬間，正帝朱利亞努斯的呼聲成為一片歡呼，甚至傳到羅馬時代稱為賽夸納 (Sequana) 河的塞納河對岸。

將自己的領袖頂在盾牌上遊行的行為，是朱利斯．凱撒征服高盧時的高盧人風俗。歷經四百年光陰，高盧地區已經完全羅馬化。高盧人已經不認為自己是高盧人，而深深認為自己是羅馬人。不過對於來到高盧地區時日不久，遷居到羅馬當局命名為「日耳曼」的萊茵河西岸地區沒多少年的日耳曼裔蠻族官兵來說，朱利亞努斯是四年來同生共死的戰友。可能對他們來說，採用往日的高盧風俗來表達自己的想法，是很自然的感情表露。總而言之，朱利亞努斯是頭一個讓人用蠻族方式擁戴登基的羅馬皇帝。不過這天朱利亞努斯只是感到震驚，讓人從盾牌上放下之後便直接逃回了皇宮內，第二天也沒出現在官兵面前。

儘管剛開始感到驚訝，朱利亞努斯後來有充分的理由沉思對策。如果放任官兵擁立登基的行為，可確定的是會遭到正帝以叛國罪名出兵討伐。高等宦官優西比烏斯那對肥胖得幾乎看不見的小眼睛裡冒著陰險的喜悅，對著君士坦提烏斯咬耳根子的情景已彷彿出現在眼前。五年前就是他將叛國罪套在副帝加盧斯頭上，並且親自前往波拉的大牢，對讓人護送至此的加盧斯嚴刑拷問，隨後將其斬首處死。接在加盧斯之後，如今輪到了弟弟朱利亞努斯。宦官時常表露的獨特深沉怨氣，彷彿飄到了遙遠的塞納河濱。以往隨時會挺身而出，擋住宦官優西比烏斯害人詭計的艾瑟比亞皇后在不久前過世。而君士坦提烏斯的親生妹妹、朱利亞努斯的妻子海倫娜，在兩次流產之後健康受損，已經在高盧病逝。依照本人生前的期望，與副帝雖沒有愛情但受到尊重的海倫娜遺體，如今已經送至羅馬入殮。就連透過女人拉近的關係，正帝與副帝之間的距離也已經逐漸疏遠。

朱利亞努斯最後下定了決心。他出現在官兵面前，表示將接受推舉登基為「奧古斯都」（正帝）。這時正值西元三六〇年二月。直到二十四歲為止只是一名哲學學徒的朱利亞努斯，如今已經二十九歲。雖然文獻中沒有提到金額，但是他依照羅馬慣例，發放登基紀念臨時獎金給官兵。如今他已經是依照羅馬方式登基的皇帝了。

不過從這天起，朱利亞努斯也對君士坦提烏斯展開尋求辯解與妥協的書面交涉。在文書中詳細記錄了登基的前因後果，表明是在不得已之下接受推舉登基。同時朱利亞努斯在文書中也請求君士坦提烏斯認同他在帝國西方「正帝」的地位。在戴克里先的「四頭政治」時期已有東西兩名正帝並立的前例。朱利亞努斯所請願的，是儘管東西方各有一名「正帝」，但一如往例以東方「正帝」居上的「雙頭政治」體系。在朱利亞努斯請願的文書結尾處，署名往往依舊使用意為副帝的「凱撒」。

筆者使用「往往」這個詞，是因為這一段書面交涉前後持續了一年。當時君士坦提烏斯身在波斯戰役的後方基地安提阿。而敘利亞的安提阿與高盧之間距離遙遠，即使騎快馬奔波，來回一趟路程也要兩個月。另外，巴黎方面從未接獲由安提阿送來的回信，就連君士坦提烏斯是否看過文書內容也不得而知。朱利亞努斯曾將希望寄託給君士坦提烏斯信仰的亞流教派神職人員，由神職人員代為轉達信件。不過這項努力依舊無功而返。

書面請願失敗的原因，在於君士坦提烏斯根本沒有回應的意願。君士坦提烏斯不只無視朱利亞努斯的請願，還將其視為篡位者。他決心要像討伐蠻族出身的將領馬格嫩提烏斯同樣地，率軍討伐朱利亞努斯。對君士坦提烏斯來說，這一年是為了向西出兵討伐朱利亞努斯，因而與波斯王夏普爾簽署休戰協定所需的時間。

波斯王提出的條件如今不得而知，但他接受了休戰提議。第一項原因，在於羅馬皇帝之間的內鬥對波斯王來說正求之不得。第二項原因，在於攻陷亞米達並深入美索不達米亞北部之後，正好可利用休戰期間來強化波斯於當地的勢力。另外，若要以政治勢力為無言的脅迫，逼使亞美尼亞王國投靠波斯王國的話，羅馬大軍遠離東方的休戰期間也是求之不得的大好時機。因此，在西元三六一年春季到來時，君士坦提烏斯皇帝與麾下部隊，已經做好回頭西行殲滅朱利亞努斯的準備了。

朱利亞努斯也並沒有過著一邊向君士坦提烏斯寫信，一邊衷心等待回信的生活。這一年來他不僅戮力掃蕩高盧地區的蠻族，還兩次渡過萊茵河，襲擊亞列門諾族與法蘭克族的根據地。一旦戰鬥獲勝收復失土，他隨即會召集當地行政官，推動公正的稅制與司法。而在這一年即將結束時，他得知君士坦提烏斯的先遣部隊已經離開安提阿向西行軍。

內戰準備

如此一來，朱利亞努斯又面臨了決斷關鍵時刻。這次要下的決斷，不是接受官兵的推舉稱帝與否，而是要不要保住皇位，以及是否有不惜展開內戰來保住皇位的決心。根據這段時期朱利亞努斯的行動，可推斷他當時的想法應當如下。

既然君士坦提烏斯並非寧可率領少數部隊優先展開快攻的人物，前來討伐時即使沒有帶齊集結在東方的十萬大軍，想必也會帶著相當規模的兵力。如果這股兵力與防衛多瑙河的兵力會合的話，高盧地區的兩萬三千兵力實在沒有勝算。這麼一來，有必要在雙方會合之前拉攏多瑙河防衛部隊。朱利亞努斯若要達成這項目的，也僅有快攻的路線可走。

朱利亞努斯的想法是否如上不得而知，不過他很快的做出下列決定，並且付諸實行。

一、與以亞列門諾族和法蘭克族為首的日耳曼族之間締結互不侵犯協定。

對於五年來遭受朱利亞努斯積極戰略不斷壓制的蠻族來說，這項協議正是久旱逢甘霖，因此很快地就簽訂協議了。

二、從兩萬三千人之中挑選一萬三千人向東行軍。途中可能會與君士坦提烏斯麾下軍隊展開內戰。

在這一萬三千名部隊之中的主力，就是一年前以阿爾卑斯山以東的軍務與契約不合、不願離開家人遠征東方等理由靜坐抗議的蠻族部隊。他們一得知這場行軍攸關朱利亞努斯的未來，也就放棄了一年前罷工的理由。

而這一萬三千名兵力，又分成一萬人與三千人兩股部隊。其中一萬人由出身法蘭克族但在羅馬軍中歷練職業生涯的內維塔率領。這股部隊行走在距離較長但遇上蠻族的風險較小的路線，由高盧南部攀越阿爾卑斯山，橫跨義大利北部朝東行進。

三千名部隊由朱利亞努斯親自率領，穿越距離較短但容易遇到蠻族的黑森林到達多瑙河上游，在當地調度船艦順著多瑙河而下。沿途可在右側看到當時名叫維德波納的維也納，以及當時稱為阿奎肯的布達佩斯。

兩股兵力的預定集結地是多瑙河中游的都市色米姆。色米姆在帝國後期成為重要都市，位於貝爾格萊德西方五、六十公里處，現代名叫米特羅維察。

從行軍計畫就可得知，朱利亞努斯的目的，是在君士坦提烏斯麾下部隊到達之前搶先掌握多瑙河防衛基地色米姆，藉此阻止正帝麾下部隊與多瑙河防衛軍會合。而不論是對君士坦提烏斯或朱利亞努斯陣營，這項作戰能否成功的關鍵，就在於趕往色米姆所需的「時間」。

朱利亞努斯（在色米姆發行的金幣）

在搶時間的策略上，朱利亞努斯占上風。人數上可能更占優勢的多瑙河防衛軍看到出現在色米姆前的一萬三千名兵力之後，便答應加入朱利亞努斯的陣營。不但沒發生內戰，甚至沒造成人員傷亡。

防衛多瑙河的官兵同樣知道朱利亞努斯受擁立登基的事情，而朱利亞努斯五年來的輝煌戰果影響了他們的決意。朱利亞努斯在萊茵河附近成功掃蕩蠻族，勢必會影響到東邊的多瑙河防線戰局。跨越萊茵河一再入侵的亞列門諾族與法蘭克族一旦失勢，渡過多瑙河往南入侵的薩爾馬提亞與哥德部族在入侵時勢必會感到猶豫。多瑙河防衛軍的官兵會輕易加入朱利亞努斯陣營，原因在於肯定朱利亞努斯的現場指揮官實力。不過這項成果同樣要比敵軍先行才能獲得。

君士坦提烏斯的個性說好聽點是慎重，說難聽點則是下判斷與行動往往落後一步。當他得知朱利亞努斯到達色米姆時，部隊才剛離開安提阿，進入小亞細亞的西里西亞地區。而這時君士坦提烏斯的行動又落後一步。隨後他接獲多瑙河防衛部隊全體投降的消息，又緊跟著得知朱利亞努斯與麾下部隊離開了色米姆，沿著往東南方的幹線道路再度開始行軍。從這些消息看來，朱利亞努斯的目的地無疑是君士坦丁堡。可以確定的是，朱利亞努斯打算把帝國東方首都掌握在手裡。君士坦提烏斯占據了二十四年的皇位，至此開始動搖。

突然地，君士坦提烏斯病倒了，而且御醫群隨即發現是絕症。與君士坦丁大帝相同地，君士坦提烏斯也在臨終前接受洗禮，成為正式的基督教徒。他病逝於西元三六一年十一月三日。

君士坦提烏斯的病名沒有留下記錄，不過打一開始，病逝的說法就成了定論。雖說享年四十三歲顯得太短命，然而他擔任皇帝職務已經長達二十四年。從五賢君時代的皇帝前例便可得知，羅馬帝國皇帝要進行各式各樣的決斷，即便在問題不大的時代，一個人頂多也只能支撐二十年。

君士坦提烏斯臨終前做的事情還不光是接受洗禮。據說他還留下遺言，指定朱利亞努斯為繼承人。假使這項傳說屬實，也並非出自於認同朱利亞努斯的才華，而是因為無論個人有多厭惡朱利亞努斯，如今君士坦提烏斯也只剩下這一名親戚。此外，他還要將自己的遺腹子託付給朱利亞努斯照顧。君士坦提烏斯向來為了無後而苦惱，直到最近第三任妻子才剛剛懷孕。對於剛登基便大量殘殺親戚，其後依舊持續殘害親屬的君士坦提烏斯來說，這種人生結局也實在夠諷刺的。父親逝世後才出生的這名女孩，後來成了格拉蒂安皇帝的妻子。

君士坦提烏斯的死訊伴隨著傳令的快馬，傳到了正朝首都進軍的朱利亞努斯跟前。對於朱利亞努斯來說，這真是無上幸運的事情，因為他能在不手染鮮血的情況下拿到皇位。

朱利亞努斯令部隊繼續向東朝首都行軍。另一方面，前任皇帝的遺體也朝著首都運送中。西元三六一年十二月十一日，成為正統皇帝暨羅馬帝國唯一最高權位者的朱利亞努斯進入君士坦丁堡，沿途受到民眾夾道歡呼。幾天後，前任皇帝君士坦提烏斯的遺體也到達首都。朱利亞努斯迎接遺體之後，以皇帝身份親自主辦一場基督教形式的葬禮。君士坦提烏斯在葬禮後，入殮於君士坦丁大帝埋骨的聖使徒教堂。

雖說進入首都時民眾對朱利亞努斯夾道歡呼，不過民眾似乎都會對著初次遇到的掌權者歡呼鼓掌。前任人物的弱勢，在於之前已經做過些什麼。而繼任者的優勢，則在於還沒有做過什麼。因此，剛上任時的好評是最靠不住的資訊。一般公民也好，皇宮職員也好，目前只是姑且先歡呼鼓掌，順便觀察局面。這些「受統治的人們」往往讓人以「被統治者」一詞總稱，然而這些人自有其求生的對策。

這樣一來，身為統治者的繼任人員有兩種因應之道可選。

第一種，是不刺激既得權勢階層，並鞏固剛剛取得的權力基礎。換句話說是一種妥協方案，而其後也容易發展成無法大刀闊斧改革的局面。

第二種，是在一取得權力之後，以讓既得權階層、非既得權階層都搞不清楚狀況的速度，接連提出並推動政策。

改革困難的地方在於，既得權階層一察覺受損便會立即猛烈反對；而因改革獲利的非既得權階層還搞不清楚新的事物好處在哪裡，因此採取暫且不支持的觀望態度，或是即使支持也不會積極協力。為了壓制住既得權階層的反對，當政者要有如施展障眼法一般地迅速，並接連提出各項改革政策。朱利亞努斯正式登基之後選擇第二種因應方案，可能也是顧慮到這方面的問題。

有許多人熱衷於議論喜好哲學的朱利亞努斯是否沒有權力慾，但筆者認為這項議論毫無意義可言。朱利亞努斯直到二十歲為止過著軟禁生活，根本沒有權力可言。其後四年的哲學學徒時期中，只要君士坦提烏斯皇帝不高興，隨時可以讓他腦袋搬家。當上副帝後的五年期間之中，他一方面要面臨正帝的刁難折磨，一方面要設法執行勤務。朱利亞努斯根本不可能了解掌權的真正意義何在。

權力，是一種能讓別人順著自己的想法行動的力量。如果不希望許多人共同生存的社會陷入無秩序狀況，權力這項要素便不可或缺。因此問題在於權力受到濫用，抑或受到善用。三十歲登基稱帝的朱利亞努斯相信，權力並非應該排除的事物，而是應積極設法善加利用的力量。而這個想法並不違背希臘哲學理念。

大幅裁員

朱利亞努斯進入君士坦丁堡之後隨即展開皇宮改革措施，起因在於下面這段小故事。

朱利亞努斯想要理髮，下令召集皇宮理髮師前來報到。然而他在個人房中等到的，卻是一群衣裳華麗，有如高官集團的人。朱利亞努斯以為自己的命令沒正確傳遞，表示他只需要理髮師。於是這群衣冠華麗的人群中最前面，服裝特別華麗的人走上前來，表示他就是理髮師。朱利亞努斯聽到後問他，後頭這些人是做什麼的。皇宮理髮師一副很理所當然的態度表示，這些人是他的助理。

官僚集團由於以自保為最優先事項，即使在無人處置的狀況下也會自行擴大。與其他社會領域不同的地方在於，官僚集團自保時不是採取提升自我能力的方式，而是採用在周邊聚集同類，換句話說是增加「寄生蟲」的方式。因此若期待官僚集團發揮自我改革能力，期待勢必會落空。官僚機構的改革，唯有握有「強制官僚服從的力量」的掌權者才辦得到。

朱利亞努斯決心要改革皇宮組織。不僅針對理髮師，還打算讓皇宮的每個領域都瘦身減肥。當時無論裁縫、廚師、馬夫，每個領域的職務分割都細微到讓人訝異，個別形成特屬的權力架構，同時還豢養一大群冗員。這就是帝國後期的羅馬皇宮內情。

以剛才提到的理髮師為例，他不僅獲得保障能以價值不易衰退的金幣做年薪，在皇宮內值勤的日子還有追加日薪可領。此外他還享有足以維持二十名助理的經費，同時作為交通補助，還領有足以維持二十匹馬的經費。像這樣的例子遍及錯綜複雜的皇宮勤務各個領域。除此以外，還有一群職責不明但是凡事都要插嘴的宦官集團存在。這個集團也形成一個完整的權力體系，其領袖就是君士坦提烏斯皇帝跟前的弄臣優西比烏斯。他當年害得加盧斯被處斬，日後隨時隨地和朱利亞努斯唱反調。豢養以優西比烏斯為首的宦官集團一年所需的經費，超過在高盧地區為驅除蠻族浴血奮戰的官兵年薪總數。當朱利亞努斯得知這項事情時，不但感到驚訝，而且大為震怒。

宦官集團全數遭到解任趕出皇宮。另外，皇宮內各項職務也縮編到最低限度的必要人數。理髮師雖然沒有丟掉工作，但僅有其個人保持留任，所有助手全遭裁員。坊間因而有一道流言，說廣大的皇宮如今一片空蕩蕩。

皇宮原本應視為羅馬帝國皇帝執行勤務的基地，內部組織會如此複雜又臃腫，起源於認為統治者羅馬帝國皇帝應當與身為被統治者的國民拉開距離的戴克里先時代。這名皇帝開啟了羅馬皇帝的東方化路線，在君士坦丁大帝時代又更加強化這個走向，而在大帝之子君士坦提烏斯的時代也繼承了這項路線。以年份來算，東方化的歷史整整有七十七年。也就是說，所謂既得權階層，就是這七十七年來享受特權的人。既得權階層當然不會善罷甘休，會為了皇宮空蕩蕩的政治笑話感到好笑的，是與皇宮毫無關係的一般民眾，牽扯到關係的人大多數笑不出來。

「叛教者」朱利亞努斯

在西洋史上，朱利亞努斯向來以"Julianus Apostata"的稱呼聞名，我們將其翻譯為「叛教者朱利亞努斯」。"apostata"是在基督教勢力遽增的羅馬帝國後期時，源自於希臘文的一個拉丁文詞彙。這個詞彙的涵義是「拋棄信仰的人」，因此「叛教者」的譯名無可厚非。

不過，如果要拋棄基督教信仰的話，在這之前總得要先信仰基督教。西元三六一年十一月三日君士坦提烏斯病逝之後，朱利亞努斯掌握全國大權，之後利用這些權力大幅推展限制基督教會擴張的政策。如果在施展這些政策之前朱利亞努斯不是基督教徒的話，"apostata"（叛教者）這個帶著侮蔑的稱呼應該無法加在他身上才對。那麼他在三十歲之前是否信仰過基督教呢？

直到西元四世紀中葉的這個時期，希臘、羅馬的宗教還沒有被視為邪教遭排斥。西元三一三年頒布，承認基督教合法存在的「米蘭敕令」中，有下列這樣一段話：

「自今日起，無論信仰基督教或者其他宗教，個人皆能信奉自身所好之宗教，並有參加祭典之完全自由。」

「對基督教徒認可之全面宗教自由，亦同樣適用於信仰其他神明之國民。只因吾等判斷，此一全面認同宗教信仰自由之決策，對帝國內部和平有所助益。因而吾等認為，不論何等神明、何等宗教，其名譽與尊嚴皆不該招致損毀。」

主導另一位皇帝利齊鈕斯頒布並實施「米蘭敕令」的人，就是身故後獲得大帝尊稱，享有三十年長期執政的君士坦丁。在他之後繼位的，是享有二十四年皇位的兒子君士坦提烏斯。作兒子的向來以延續父親政策為最優先事項，也就是說，從「米蘭敕令」頒布半個世紀以來，至少政府的官方立場還保障人民的宗教自由。實際上，軍隊與政府的要職也不限制非基督教徒就任，在高官之中還有不少人是基督教徒眼裡的異教徒。

只不過，頒布「米蘭敕令」的君士坦丁會獲得基督教會尊稱為「大帝」，可不只因為他藉由這道敕令公認了基督教的存在。「米蘭敕令」書面上保障的宗教信仰自由只是場面話，君士坦丁的真正意圖在提振基督教會的地位。在頒布敕令後接連施行的各項優待基督教政策，就可以證明這一點。因此基督教會才會向他獻上「大帝」的尊稱。

在頒布敕令後的半個世紀，羅馬帝國一直在「大帝」鋪設的路線上行進。而朱利亞努斯又是君士坦丁大帝的親戚，儘管說表面上擁有宗教信仰自由，以朱利亞努斯的生長環境來說，想必假裝信仰基督教會比較安全。朱利亞努斯是皇室成員，而且在六歲時父親遭到殺害，其後十四年過著與社會隔絕的軟禁生活。結束軟禁生活後的十年之中，同樣處於無法違逆正帝君士坦提烏斯的環境。假使朱利亞努斯在副帝任期中有一丁點反抗基督教的言行，只怕會讓等著陷害他失勢的高等宦官優西比烏斯拿到絕佳的把柄。朱利亞努斯的三十年歲月，正是必須對周遭隱瞞宗教信仰的歲月。如果將他批評為「叛教者」，想必本人會感到憤慨。

而且西元四世紀時，幼兒洗禮尚未成為慣例。君士坦丁大帝與其子君士坦提烏斯直到臨終才接受洗禮。這個時代的主教與神父，都是在成年後才接受洗禮成為神職人員。在第XIII冊之中筆者也討論過，有益於基督教普及的原因之一，在於猶太教有行割禮的義務，而基督教卻廢除這項義務。如果像猶太教徒那般在出生後第八天舉行割禮倒還無所謂，成年後舉行割禮的話將會伴隨相當程度的疼痛。基督教廢除割禮，改成用水灑在頭上即可，讓筆者為其精明的戰略眼光感到佩服。四十四歲時受洗的安布洛修斯主教與三十二歲受洗的奧古斯丁教父，如果在當年有義務受割禮的話，真不知道還會不會成為基督教徒。就是因為生在這種時代，臨終接受洗禮的狀況才不被人視為特例。簡單來說，這就是朱利亞努斯所生存的西元四世紀實際狀況，他在登基稱帝之前沒受過洗禮的機率會比較大。

儘管如此，他還是讓人稱為「叛教者」的原因，是因為基督教判定他是「背叛者」。朱利亞努斯能登基稱帝的原因在於他是親基督教的君士坦丁大帝的親戚，然而他竟然推動反基督教的政策，因而基督教會帶著憤怒與侮蔑加上「叛教者」這個蔑稱。

在日本有辻邦生著作了《叛教者朱利亞努斯》。此外同屬歷史小說的，有美國作家戈爾·維達爾著作，將朱利亞努斯改為英文拼音的《朱利安》。至於史學家的著作，多以「朱利亞努斯」或「朱利亞努斯皇帝」為題，名為《叛教者朱利亞努斯》的著作就算有也是少數。因為「叛教者」這個稱呼是基督教方面對他的蔑稱，如果想要描繪不同於基督教會眼中的朱利亞努斯的話，書名自然不該使用《叛教者朱利亞努斯》。辻邦生的作品內容並不偏袒基督教會，然而書名還是稱為《叛教者朱利亞努斯》。可能是因為辻邦生的歐洲文學造詣深厚，因而沿襲屬於基督教世界的歐洲人的一般看法。

順帶一提，我們翻譯為「異教徒」的“paganus”這個名詞，原本是基督教徒指稱信仰希臘、羅馬傳統宗教的人。這個蔑稱帶有「依舊相信迷信的鄉巴佬」的涵義，起因於鄉村地區的基督教普及不若都市迅速。「異教徒」(paganus)會成為歷史學上的名詞，與西歐後來成為基督世界有關聯性。所以，雖然「異教徒」這個譯名已經約定成俗無法改變，有些時候若是探究語源，也會有助於理解當時的時代背景。朱利亞努斯活在西元四世紀，後世史學家認為這也是「基督教與異教抗爭的最後一個世紀」。或者我們該說，他是當時的主角之一。

再來要提到讓人彈劾為「叛教者」的朱利亞努斯所推行的反基督教政策。如果用一句話來形容的話，就是將羅馬帝國國民的宗教信仰狀況恢復到「米蘭敕令」之下。

朱利亞努斯再度公認了所有宗教信仰的存在。無論希臘、羅馬諸神也好，埃及的伊西斯神也好，起源自敘利亞的密特拉神也好，猶太人的神明也好；就連在基督教內部，無論是長年為教義解釋起衝突，遵循三位一體學說的阿塔那修斯派也罷，與其對立的亞流派也好，抑或是這兩大派之外的其他派系都無所謂；在朱利亞努斯皇帝頒布的敕令之下，既然全面保障宗教自由，「異教徒」這個蔑稱與「異端」這種排斥他人的想法都不該存在。因而敕令的名稱叫做「全面的寬容」。

拉丁文“tolerantia”成為語源，衍生出英文的tolerant和義大利文的toleranta，我們在翻譯時只能將其翻譯成「寬容」。這個詞彙帶有認同包容與自己想法不同的人之意味。從這角度來看，可得知與一神教有多大的差別。

一神教無論是基督教或猶太教，以及後世出現的伊斯蘭教，都同樣地以只認同唯一真神為特色。例如摩西十誡的第一條就是「除了我以外，你不可有別的神」。

字典上對於多神教的定義是「相信有複數神明存在並對其禮拜的宗教」，不過這種說法容易引發誤會。古代的多神教徒並非信奉所有神明的存在。朱利斯·凱撒、奧古斯都，乃至於哲學家西塞羅、史學家塔西圖斯等人都信仰希臘、羅馬諸神及個人的守護神，然而他們對猶太、高盧、日耳曼神明就不抱持信仰。只不過，他們尊重相信這些神明的人的信仰。就好像路過稻荷神社時不進去參拜，但至少不會做出失禮的言行。這種寬容的心態，是融合各種各樣想法與生活習慣的眾人一同生活所產生的智慧之一（另一個是法律）。由於眼見智慧漸漸失傳，朱利亞努斯才發出「全面的寬容」敕令。

朱利亞努斯不僅下令重建遭基督教徒破壞的希臘、羅馬神殿，還下令許可三百年前被羅馬帝國毀壞的耶路撒冷猶太教聖殿重建。對於猶太教徒來說，耶路撒冷聖殿正是靈魂的故鄉。由於當年叛亂的猶太人曾在聖殿內抵抗到最後，因此聖殿受到鎮壓這場叛亂的提圖斯皇帝破壞，其後長年禁止重建。對於因基督教勢力擴大，條件比以往大為不利的猶太人來說，這道敕令當然是一項好消息。

而朱利亞努斯認為，既然公開表示不歧視任何宗教或教派，那麼帝國就有義務為各種宗教教派提供同等的環境。只不過這樣一來，就必須廢除在「米蘭敕令」頒布半個世紀以來，基督教會所受到的各項優惠待遇。剛滿三十歲的朱利亞努斯，下定決心要反抗五十年來速度、深度不斷增加的羅馬帝國基督教國家化時代潮流。

如今我們已經知道他反抗潮流的原因了。不過他為何有辦法反抗這道潮流，又是另一個問題。若要簡單形容的話，就是朱利亞努斯沒有什麼好失去的東西。

君士坦丁大帝頒布「米蘭敕令」，讓羅馬帝國國策朝基督教國家大幅轉向的原因，筆者已經在上一冊〈君士坦丁與基督教〉這章中提過假設。個人可以用「為真理醒悟」來打發，但身為帝國統治的最高負責人就應該會有相當的理由存在，而且還不能沒有理由。如果因個人的理由改變了共同體的未來，那麼共同體的其他成員可就受不了。所以說，一定有其理由存在。

我們可以想像，君士坦丁認為羅馬帝國的基督教國家化是個兼顧公益與私益的優良策略。公益的部份在於穩定政局。君士坦丁生於西元二七五年左右，親身體驗過筆者命名為「迷途帝國」的西元三世紀。在當時遭刺殺過世的皇帝人數遠超過自然死亡的皇帝人數，每次更易都造成政局劇烈動盪。戴克里先皇帝試圖找尋讓帝國脫出迷途局面的方案，而繼位的君士坦丁大帝也同意政局穩定才是維持羅馬帝國存續的關鍵。

對君士坦丁大帝而言，私益就是讓並非靠實力攀上皇位，僅因為與他有血緣關係而登基的三個兒子在日後能保持皇位安穩。亦即，他要讓皇位世襲獲得正統性。這樣一來，原先官方主權者是羅馬公民（包括有公民權的羅馬軍人）與元老院，因「人類」委託而取得正統性的傳統羅馬皇帝形象就不合用了。只要委託權力的是「人類」，日後殺害或剝奪權力的權利也會掌握在「人類」手上。

然而，基督教不這麼想。當西元一世紀中期基督教還是弱小勢力團體時，讓基督教從猶太民族宗教轉型為世界宗教的保羅曾經說：

「在上有權柄的，人人當順服他，因為沒有權柄不是出於神的。凡掌權的都是神所命的。所以，抗拒掌權的就是抗拒神的命；抗拒的必自取刑罰。……所以你們必須順服，不但是因為刑罰，也是因為良心。」

也就是說，賦予在現實世界，亦即在凡間的君主擁有統治乃至支配權力的不是「人類」，而是「神明」。君士坦丁能發現這個想法有效之處，真令人佩服他政治感覺之靈敏。因為這樣一來，關於權力的委託以及剝奪，決定權就不再是「可知」的人類，而是掌握在「不可知」的唯一真神手中。

但是這樣的話，統治權就是由不做任何意識表示的神明來決定。那麼，勢必要有某個有資格接受天意的人來傳達給眾人。在基督教的定義中，天意是透過神職人員來傳達的。而權威性的天意傳達管道，不是日常與信徒接觸的司鐸，也不是在孤獨環境下提升信仰的修道士，而是有權力出席解釋、整理、統合教義的公會議的主教。也就是說，根據基督教會的制度，是由主教優先將決定是否賜予世俗君主統治權的「天意」傳達給人類。

那麼，只要拉攏主教當「同夥人」，天意也就很自然地一併成了同夥。這樣整理之下問題就簡單了，只要考慮怎麼樣才能籠絡主教就好。

君士坦丁，以及繼承父親意志的君士坦提烏斯在半個世紀之中，推動了修建教堂、神職人員私人資產與教會資產免稅、司法權委託教區主教等優惠政策。這些政策的真正目的，在於拉攏「天意」當同夥，藉此取得皇位世襲的正統性。他們認為只要下決定的不是「人類」而是「天神」，那麼舉兵造反、刺殺皇帝的事情就會消失，政局歸於穩定。

可是當朱利亞努斯即位時，這項政策已經推動了五十年。尤其他生長在藉由推動恐怖政治而享有二十四年在位期間的君士坦提烏斯之下，朱利亞努斯自然會懷疑是否政局穩定真的重要到必須把國家操弄至此。畢竟這時候朱利亞努斯才剛滿三十歲。

儘管他年紀輕輕才三十歲，在妻子過世之後卻沒有續弦。不但沒有再婚，身邊連女性的影子都沒有。這一點與同樣沒有後代，但前後三次成婚的君士坦提烏斯又形成一個對比。當年哈德良皇帝曾說兒子無法選擇但繼承者可以，說不定朱利亞努斯也同意這一句話。

又或者說，說不定朱利亞努斯不相信「天意」在政治世界裡的有效程度。儘管君士坦丁大帝藉由「天意」的協助確保了世襲的正統性，但他的長子在其個人的輕舉妄動之下被一名隊長輕易殺害，三子又遭受蠻族出身的將領叛變而被刺殺。次子君士坦提烏斯雖然能在病床上過世，臨終前卻遭到副帝朱利亞努斯反叛，病逝在討伐的行軍途中。這樣一來，朱利亞努斯當然會不相信「天意」的作用。更何況朱利亞努斯不是以信仰為首要的宗教信徒，而是以持疑為最重要事項的哲學學徒。

不管怎麼說，朱利亞努斯個人沒有必要拉攏以傳達「天意」為工作的主教，所以他才能在毫不猶豫的狀況下，雷厲風行地全面廢除長達五十年的基督教會優待政策。

向基督教宣戰

這些年來以國家經費執行的政策，例如修建教堂捐贈給教會，或捐贈作為教會活動經費財源用的教會資產（附有農奴的耕地、附有員工的手工廠、附有店員的商店等），全部遭到廢止。此外，以往針對基督教會神職人員私產與教會資產的免稅優惠待遇，毫無例外地全面遭到廢除。從此以後即使是主教，也與一般公民同樣地要繳稅。教會資產原本以作為教會活動經費來源為由獲得免稅待遇，如今與一般的農地、工廠、商店相同地要課稅。

不過，朱利亞努斯並沒有下令沒收五十年來以國家經費建設的教堂。過去受到免稅待遇，得以逃避稅務的教會與神職人員，也不須追繳五十年下來累積的稅金。雖說這種政策讓基督教會占了便宜，似乎朱利亞努斯認為只要完全廢止基督教會與教會相關人員的優惠政策，防止教會勢力繼續擴大，就已經達到政策目的。畢竟在凱撒利亞主教優西比烏斯著作的《教會史》一書中也曾經提到過，在西元四世紀的羅馬帝國，有許多人是為了私人利益而加入基督教。

只不過，如同君士坦丁大帝的「米蘭敕令」表面上的說法與私底下的想法是兩回事，朱利亞努斯皇帝的「全面的寬容」一樣可以分成場面話與真心話。君士坦丁的真正意圖在於提振基督教會，而朱利亞努斯的真心想法，當然是復興異教，尤其是基督教方面批判為「異教」的希臘、羅馬傳統信仰。

多年來遭人棄置，在無人維修的狀況下日益腐朽崩潰的神殿如今將要重建，神殿周圍的土地也即將奉還。羅馬人習慣將神殿蓋在市井之中，不僅用於參拜，還將其視為生活圈的一部份。然而希臘人則相反地，習慣將神殿設置於在海上也能瞭望得到的峭壁上，或者有豐沛溪流通過的綠林之中。神殿周圍的土地，與其說是維持神殿存續所需的財源，不如說是獻給神明居住的天然環境。而羅馬帝國的東半部，即使在羅馬人成為統治者之後，共通語言依舊是希臘文，由此可知當地屬於希臘文化圈。在帝國東方重建神殿時，如果不將神殿周邊的土地一併奉上，就失去其意義。在同時，朱利亞努斯還制定國策，恢復在「異教」神殿中舉辦官方祭典的行為。

在羅馬帝國後期，由皇帝直接頒布的法令，亦即敕令，已經成為不須等待元老院議決就能直接成立並實施的政策。因此要成立國策並不困難，困難的地方在於如何實施。而朱利亞努斯頒布的這道法令，面臨難以推行的困境。

西元三一三年頒布的「米蘭敕令」，足以讓感性敏銳的人察覺到時代趨勢的變化。當西元三二四年君士坦丁排除競爭對手利齊鈕斯成為唯一的皇帝之後，在這一年開始大舉興建教堂，使得一般民眾也能感受到時代變化。西元三三七年大帝逝世之前完成了諸多優待基督教會的政策，使得即使對宗教不大在意的民眾也感受到加入時代潮流的好處。既然加入基督教有好處，也就代表保持異教徒身份有壞處了。

大帝逝世之後，帝國進入由大帝的三名兒子分擔統治的時代，但長子隨即遭到殺害退出政治舞臺，從西元三四〇年以後進入由次子與三子分擔責任的時代。負責統治西方的三子君士坦斯在西元三四一年隨即頒布禁止異教儀式的敕令。不過在隔年西元三四二年，君士坦斯皇帝卻對首都羅馬的居民發布禁止破壞神殿的命令如下。

「一切迷信確實應當遭到排斥，但在城牆外的神殿應以現狀保存。戰車競賽與田徑競賽固然起源於獻給諸神的儀式，然而若破壞舉辦儀式所需之競技場與附屬神殿，將剝奪平民長年來享有的娛樂。」

比拳擊賽還殘忍的鬥劍士決鬥、有如現代一級方程式賽車的四輪、雙輪戰車競賽，以及近年以奧運形式重現的田徑競賽，最初成立的目的都是為了獻給希臘、羅馬諸神，因此選手在參加比賽之前，照例要先到附屬的神殿中參拜。從這層意義來說，並非競技場附設神殿，而是神殿附設競技場。所以破壞神殿的行為，容易連帶造成競技場受損。君士坦斯皇帝並非想要保存神殿，只是不希望為了破壞娛樂設施而得罪民眾。

只不過，這段故事發生在基督教普及速度不如帝國東方，狂熱基督教徒又較少的西方，而且是在異教的聖地羅馬城。至於在基督教徒人數眾多，又分裂成三位一體派與亞流派強烈對峙展開教義論爭的帝國東方，異教神殿面臨的局面，可就比西方要來得嚴峻許多了。

實際上，在上述事件的幾年後，君士坦斯遇刺，使得君士坦提烏斯成為統領全帝國的皇帝。他首先禁止於夜間舉行祭典，隨即又全面禁止在白天於異教神殿中舉行任何儀式。理論上帝國人民的一切宗教信仰受到「米蘭敕令」保障，但君士坦提烏斯在禁止異教的官方儀式時打出的理由是「不讓善良人民有機會因崇拜偶像而犯下罪孽」。

如果違犯禁令舉行或參加儀式，將會受處死刑。羅馬帝國的這項宗教政策一直持續到朱利亞努斯進行宗教改革為止。

而且雖然國家不認同破壞神殿的行為，但允許民眾將破損的神殿中的圓柱與石材轉用於私人住宅建材。為了取得崩落的石材，勢必會衍生出為了取得建材而破壞神殿的行為。

不管怎麼說，朱利亞努斯面臨巨大又艱難的困境，如果沒有強烈的意志，真的會馬上放棄。就算想要重建神殿，由於許多圓柱與石材已經讓民眾偷走，所以必須到山上重新取得建材。

如果對居住在神殿中的神明沒有敬意的話，神殿周邊的土地也與一般土地無異。由於神殿往往遠離人煙，適合當成農地與墳場。既然不信仰神明，民眾在轉用土地時心中自然不帶有半點猶豫。

就算想要恢復祭典，事情也沒有表面上說得那樣容易。一來國家長年以死刑為威脅禁止祭典，再者希臘、羅馬宗教的特徵又是沒有專業的神職人員階層。在長年禁絕的狀況之下，以往兼職舉辦祭典的公民也因死亡而大量減少。

朱利亞努斯在哲學學徒期間旁人評價他說話的方式，說得好聽是熱情又積極傾訴，說得難聽點則是個性急躁、修辭速度趕不上自己的想法。到了登基稱帝之後，這種個性還是沒有半點變化。用這種方式說話的人，做事往往也是一陣急躁。

儘管年紀輕輕三十歲就攀上帝國最高權位，朱利亞努斯的表現依舊如同受到無形的壓力催促。說不定他受到使命感驅使，認為自己不趕緊做些什麼，時代潮流就將無法挽回。確實他擔心的事情都是事實，而且他意圖改革的政策，在許多領域遭到既得權階層強烈反彈。就連沒有遭受正面衝突的部份，私下罷工的情況也是層出不窮。儘管如此，朱利亞努斯依舊留在大幅裁員後空蕩蕩的皇宮內，排除了登基慶典與皇帝享有的各項奢華享受，發布推動了許多法令政策。

有一本古籍叫做《狄奧多西法典》(*Codex*)，是在西元四三一年由皇帝狄奧多西二世下令編纂的法令大全。《狄奧多西法典》中記載了由君士坦丁大帝至狄奧多西二世為止百餘年頒布的各項法律。百年後查士丁尼皇帝下令編纂的《羅馬法大全》正式名稱為《查士丁尼法典》，也是以這本《狄奧多西法典》為基礎。西元四三一年編纂這本法典時，羅馬帝國已經進入將基

朱利亞努斯

督教視為唯一宗教，把其他宗教打為邪教的時代，而當時基督教確立獲勝已經過了三十年。既然《狄奧多西法典》中收集的是公認基督教的君士坦丁大帝之後的法律，那麼書中收集的自然都是基督教國家化之後的羅馬帝國需要的各項法令。

如此一來也理所當然地，由朱利亞努斯所制定、廢止各項基督教會優惠政策的法令不會出現在《狄奧多西法典》之中。在朱利亞努斯逝世之後，君士坦丁大帝與其子君士坦提烏斯推行的優惠法案陸續復甦。生在後世的我們能得知各項基督教會優惠政策，也是因為《狄奧多西法典》之中有留下記錄。

朱利亞努斯成立並推行的反基督教教會政策，當然不會出現在《狄奧多西法典》之中，因為這些法令在他身故之後馬上遭到廢止了。

儘管如此，《狄奧多西法典》裡頭還是記載了五十二道冠有朱利亞努斯名義的法令。研究人員表示，朱利亞努斯被打為「叛教者」之後還能留下法令，是因為這些法令是與宗教無關的行政法。話說回來，除去基督教相關政策以外，還能制定五十二道法令，代表朱利亞努斯身在君士坦丁堡的三、四個月裡別的事情都沒做，只有專心埋首於制定政策。這等行為實在讓人認為，他受到必須立刻推行改革的想法逼迫。

在朱利亞努斯身故後隨即遭到撤銷，因而沒有收入《狄奧多西法典》的法律之中，有一道法令內容是將信仰基督教的教師趕出學校。朱利亞努斯在表明實施這項法令的原因時這麼說：

「教師的任務，在於教育學生。教育時所使用的教科書，係以希臘文或拉丁文書寫的諸般作品。其作者為希臘人或拉丁人，敬愛並崇拜其民族諸神，其作品為此等精神之結晶。相對地，基督教斷定諸神為惡魔。信仰基督教之基督教徒如何能訴說教導創造此等作品時必備之希臘、羅馬精神之真諦？」

換句話說，一方面教育學生宙斯、波賽頓、阿波羅、雅典娜是邪神的同時，哪有辦法將諸神活躍其中的荷馬史詩當教材？據說朱利亞努斯還曾經這樣表示：

「信仰基督教的教師，大可到教堂裡去教學。教學時可以拿著他們所信仰的《聖經》當教材。」

就連現代的羅馬史專家也表示，朱利亞努斯的上述言論「理論上十分正確」。筆者聽了不禁笑了出來，想問問這些專家，羅馬史學者若是虔誠的基督教徒，有辦法研究到羅馬精神的真諦嗎？

只不過，將信仰基督教的教師趕出學校的政策，卻在意想不到的地方遭到反對。反對的人不是基督教徒，而是信仰異教的教師。他們反對的理由是，信仰基督教的家長熱心於子弟教育，如果把信仰基督教的教師趕出學校，家長會不送小孩上學。畢竟當時的教育以私塾教育為主，教師仰賴每個月學生家長送來的學費討生活。但是法令推動之後才發現教師們是白操心一場。即使學校裡沒有信仰基督教的教師，信仰基督教的家長照樣會送小孩上學。

根據羅馬帝國的教育制度，在結束基礎的讀書寫字算盤等初等教育之後，學生要接受“artes liberales”學程，這項學程在現代則稱為“liberal arts”。學生的年齡約從八、九歲到十六、七歲之間，這段期間所學的科目如下。

為表達正確有品味的言詞所必需的拉丁文、希臘文文法。

有效使用言語、適當表達言語必需之技能的修辭學。

為說服想法不同者而必需之理論的辯證學。

其他科目，包括數學、幾何學、歷史、地理。

在學習這些科目時所使用的教材，絕大多數都是前人的著作。這些著作早在這個時代時便已經被稱為“classics”（古典），時代範圍起自西元前八世紀的荷馬史詩，最晚的是西元二世紀塔西圖斯時代的著作。這些作品適於當作教材的首要原因，在於其完成度高。

上流、中流社會的基督教徒多半為新興階層，而新興階層的人熱心於子弟教育。此外，西元四世紀羅馬帝國的學生家長多半期望小孩能成為政府高官或律師。為了達到這個目的，必須先學會“artes liberales”。因此無論教師是不是異教徒，家長還是會讓小孩前往私塾求學。

信仰基督教的教師可能也因此感到危機意識，想方設法準備反制。他們重新編纂教材，把出現在荷馬史詩、希臘悲劇、蘇格拉底對話之中的神明與人物，替換成出現在《舊約聖經》或〈使徒行傳〉裡的人物。結果想當然地是一片慘澹。因為現世的希臘、羅馬諸神與人物，和嚴格的基督教神明與遵從其教誨的刻板人物，實在不可能互換。

基督教徒眼中的異教徒，是多神教的民族，他們即使自己不相信，也會認可別人信仰神明的想法。對這些人來說，逼迫教師只因為身為基督教徒就辭職的行為，其本身就偏離了「寬容」的精神。在得知信仰基督教的學生不會退學之後，依舊繼續反對朱利亞努斯這項政策的「異教徒」，就是抱持這種想法的人。這種人之中還包括退伍軍人轉行的史學家阿米亞努斯。不過，朱利亞努斯並沒有聽從異教徒方面提出的意見，因為他期待在異教徒教師的教導之下，基督教徒的小孩能夠因而得知天下除了基督教觀念以外還有別的想法存在。

由朱利亞努斯皇帝陸續推行，目的在阻止基督教勢力繼續擴大的法令，大致上可以分成兩種。

第一種，是以將羅馬帝國恢復成君士坦丁大帝登基前的狀態為目的的法律。例如禁止以國家經費修建教堂、廢除教會資產與神職人員私產免稅待遇的法令。

第二種，則是將元首政治時期的羅馬帝國皇帝無法想像的事情政策化。因為元首政治時代的基督教勢力微弱，沒有立法整肅的必要。分類為第二種的法令之一，就是上述禁止基督教徒擔任教師的法令。而接下來要討論的法令，也都屬於第二種。也就是說，第二種法令係由朱利亞努斯所獨創。

朱利亞努斯認為，希臘、羅馬傳統宗教陷於劣勢的主要原因，在於沒有專業的祭司階層。而基督教勢力擴大的主要原因，在於各個教區以主教為頂點，其下配有司鐸、執事等，建構了嚴密的權力階層。

朱利亞努斯身為皇帝，同時兼任國家的最高神祇官，因而他在帝國的各個都市選派了專業的神祇官。在神祇官之下，又設置了專業的祭司。他意圖讓羅馬宗教也建立類似基督教會的組織，利用這些專職的祭司組織來對抗基督教會。

當然，既然這些專業祭司靠國家經費豢養，因此負有遵從羅馬法，以及信奉希臘、羅馬諸神的義務。除此以外，由於他們是專職人員，與故往羅馬那種由民眾兼任的祭司不同，連日常生活都受到嚴格的要求。

神祇官與祭司不得前往劇場，也禁止觀看戰車競賽與鬥劍士決鬥，同時也嚴格禁止狩獵。另外國家還禁止祭司與演員、戰車賽選手、鬥劍士等當時受群眾歡迎的人物往來。對羅馬人來說，這等於是禁止過公民生活。

這政策讓人懷疑，朱利亞努斯到底懂不懂得羅馬文明是什麼。

包括基督教在內的一神教，要求活在凡間的人們遵從唯一真神的教誨過日子。然而神明的教誨充滿了有如占星術或神諭一般，可隨個人觀感解釋的事項。對占星術或神諭來說這還無所謂，但宗教可不能放任信徒「隨個人觀感解釋」。如果放任不管會失去秩序，沒有秩序組織就無法成立。

因此，必須有人出面解釋神明的教誨，避免由信徒「隨個人觀感」，調整並統一各種的「教義解釋」，重新傳達給信徒。就因為宗教組織有這種需求，所以一神教之下必定會形成獨立階層的專業神職人員。

另一方面，多神教神明的角色不在引領人類的腳步，而是從旁協助人類。所以打一開始就沒有什麼神明的教誨，亦即教義的存在。既然沒有解釋教義的必要，負責調節並統一解釋，進而傳達給信徒的人也就沒必要存在。羅馬自從建國以來就沒有專業的祭司階層，是因為羅馬人忠於多神教民族的精神。這才是羅馬文明的精髓所在。就算為了對抗基督教，違逆羅馬固有精神強行建立專業祭司階層，到頭來政策也不可能扎根落實。

只不過，朱利亞努斯的專業祭司階層案會失敗，還不在於這種抽象的理由，而是受到更具體、更現實的理由所致。

第一點，即使當上了以祭祀希臘、羅馬諸神為專業的神祇官、祭司，這些人的私產還是沒獲得免稅待遇。朱利亞努斯廢除基督教會神職人員私產的免稅待遇，是為了保障宗教信仰的自由，因而要讓各種宗教處於同等的環境。既然推動政策時標榜這種思想，也就不能優待羅馬傳統宗教的相關人員。

第二點，他仿照基督教修道士，讓神祇官與祭司有義務過著與世隔絕的日常生活。相關人員不能到劇場看戲也不能觀看戰車競賽，不能呼朋引伴舉行宴會也不能出席酒宴。在現實的羅馬人眼中，這根本不是人的生活。朱利亞努斯認為皇帝本人做得到所以不困難，我們只好說他對於人性實在一無所知。

以對抗基督教會為目的建立的法案之中，還包括與福利事業相關的法令。朱利亞努斯注意到由基督教會主導的，救助貧民與孤兒寡婦的事業，對於擴大基督教勢力有所幫助。

他認為，基督教會能做到這等事情，是因為有君士坦丁大帝起始，由國家出資捐贈教會資產的政策所致。基督教信徒固然會捐款，但是真正讓教會確立慈善事業財源的，還是政府的大型捐助。實際上，以往的皇帝確實捐給教會大量的資金與耕地。儘管朱利亞努斯決意今後要廢止這等行為，但沒有打算沒收以往的捐助成果。因此基督教會還是一如以往，可以在穩固的經濟基礎上推行慈善事業。他決意由國家來推動同樣的活動，藉此讓基督教會不再獨占救濟貧民的事業。也就是說，由國家來與基督教會搶奪福利事業市場。只不過朱利亞努斯自行推動幾個具體方案之後，這項法案也就沒有下文了。

這項政策失敗的主要原因之一，在於沒有足夠時間建立組織。不過更重要的地方在於無法獲得「地方政府」與「私人」協助。元首政治時代的社會福利政策能發揮功能的原因，在於政策由皇帝主導，但施行由「地方政府」個別進行。同時社會上還有捐助公共事業，意圖將利益回饋社會的「私人」存在。筆者認為，元首政治時代的羅馬帝國政府是「小而美政府」。這麼廣大的國家能實現「小而美政府」的理想，原因在於中央集權與地方分權的巧妙調和。從羅馬街道網路的例子可以得知，羅馬建立了「中央」、「地方」、「私人」三根支柱並立的體系，並使其產生功能。

到了帝國後期，政府成為中央集權體制，分權之下擁有自立能力的「地方」已經走入歷史。而在稅制的變化之下，捐助公共事業將利益回饋社會的「私人」觀念也已經消逝無蹤。

朱利亞努斯過世之後，國家推動執行的社會福利法同樣遭到廢除。因此以“caritas”為總稱的慈善事業，再度成為基督教會的壟斷事業，其後維持了許多年。

安提阿

由於君士坦提烏斯皇帝於西元三六一年十一月三日病逝，朱利亞努斯得以在免於內戰的局面下登基即位，在十二月十一日以唯一最高權位者的身份進入首都君士坦丁堡。至於他後來在君士坦丁堡停留了多久則不得而知。有些研究人員認為，可能到西元三六二年四月左右。也有些人員認為可能更晚一些，一直待到初夏時分。不管怎麼說，朱利亞努斯停留在首都的時間不

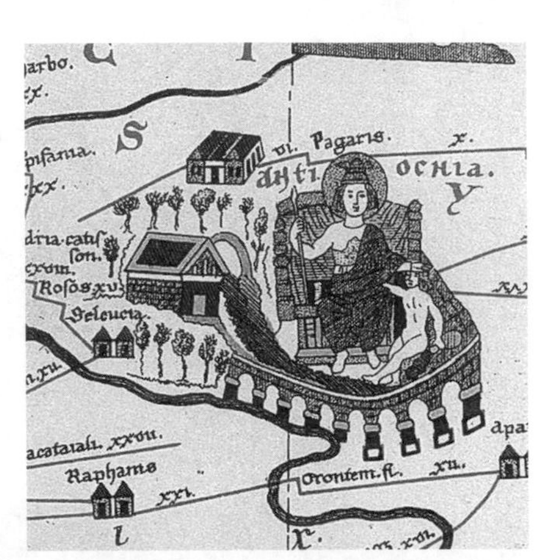

"Tabula Peutingeriana" 地圖中描繪的安提阿

到一年，隨後又向東移動。

他此行的理由十分明確，是為了重新展開波斯戰役。廣大的羅馬帝國在這個時期中既沒有受蠻族入侵，也沒有將領叛亂，條件正適合由羅馬皇帝親自出面解決長年的問題。

目前現存的一份古代地圖，係由十一世紀的人們仿製。然而原圖製作的時間在西元四世紀中葉，亦即朱利亞努斯在世的時候。這份地圖依照第一位物主的姓名，被稱作"Tabula Peutingeriana"。在這份地圖上以與其他都市不同的特殊記號，描繪著當時羅馬帝國的三大都市，分別是羅馬、君士坦丁堡，以及安提阿。

羅馬直到現代還是大都市。

君士坦丁堡（英文為Constantinople）在西元一四五三年被鄂圖曼土耳其攻陷之後，改名為土耳其風格的伊斯坦堡。其後長年作為土耳其首都，到現在還是充滿生機的東方都市。

與這古代兩大都市相較，安提阿就短命許多了。這個地方如今以土耳其語改稱為安塔基亞(Antakya)，只是個距離敘利亞國界不到三十公里的土耳其邊境小鎮。來安塔基亞造訪的遊客如果心中遙想著古代大城安提阿，到達時鐵定會當場發愣。

街道縱橫交錯形成的都市結構也好，城市中央綿延數公里的大街也好，讓人能緬懷往日的事物如今已經蕩然無存。原本兩側圓柱林立的中央大街有名到讓"Tabula Peutingeriana"地圖拿來當記號，當安提阿與埃及的亞歷山大爭奪東方第一大城地位時，這條大街也是安提阿的榮耀。

這座都市規模不如羅馬，但是遠比君士坦丁堡巨大。安提阿建立於西元前三世紀，由亞歷山大大帝過世後分割帝國的將軍之一塞流卡斯所興建。因此，城市雖然比建立於西元前七五三年的羅馬還年輕，但是比西元三三〇年建設的君士坦丁堡古老。安提阿失去塞流卡斯王朝首都地位，進入羅馬統治後還能維持繁榮的原因，在於當地是與東方貿易的中心地。

這座城市地理條件良好，適於作為經幼發拉底河運輸來的物產集散地。城牆外由東北往西南走向的奧洛登斯河適於航行，沿河流往下游二十公里即可到達地中海。所有適於交易的城市條件，這座城市都具足了。

當地居民也挺符合通商都市的風氣，具有國際主義精神。希臘裔居民形成領導階層與中間階層。比其他民族更善於尋找有利可圖的城鎮居住的猶太人，許久之前便形成了有力的社區。居民的中間偏下以及下級階層，是當地原住民賽穆人後裔。不過這座都市並非具有東方氣息的國際都市。由於希臘人與羅馬人偏好圓柱，在羅馬時代圓柱的數量足以成為課稅的基準。安提阿的圓柱大街綿延數公里，在當時的地中海世界可說是家喻戶曉，也是安提阿的財力象徵。據說安提阿的人口若連奴隸算上，可高達百萬人，在這方面同樣是不如羅馬，但是勝於君士坦丁堡。羅馬帝國善於巧妙分配中央集權與地方分權，當然也認同這座東方大城的自治權。員額兩百人的元老院議員組成了安提阿議會，地方自治層次的事情全由議會自決。

既是文人又是將軍的阿米亞努斯．馬爾凱流斯不諂媚基督教，終生身為異教徒，因而讓人譽為古代羅馬最後一名史學家。他就是在這座國際都市出生成長的希臘裔安提阿人。

安提阿到了朱利亞努斯身故百年之後，城市的繁榮才籠罩了明顯的陰影，在當時連續遭到波斯軍的入侵與地震的侵襲。不過波斯軍的燒殺擄掠以及地震的傷害並未集中於西元五世紀。只是居民失去了在燒殺破壞之後重建時所需的資金與意願。羅馬皇帝會推行重建援助政策，只不過根據羅馬人的想法，皇帝的援助也並非萬能，只是幫助地方政體與個人自立自助而已。無論遇到天災或人禍，要克服不幸重新再起，實際上都要仰賴居民的意志與資金。然而西元五世紀以後的安提阿失去了這些條件。

逐漸衰微的安提阿在西元六三八年遭伊斯蘭教徒阿拉伯人征服之後，完全失去城市的命脈。安提阿的重要性，在於交通可達古代世界的內海地中海。進入基督教世界與伊斯蘭世界對立的中世紀之後，地中海再也不是一個文明圈的「內院」，而是兩個文明世界的界線。那麼安提阿的生命，自然要隨古代一同結束。

不過在朱利亞努斯在世的西元四世紀時，安提阿還是羅馬帝國東方最繁榮的都市，當地居

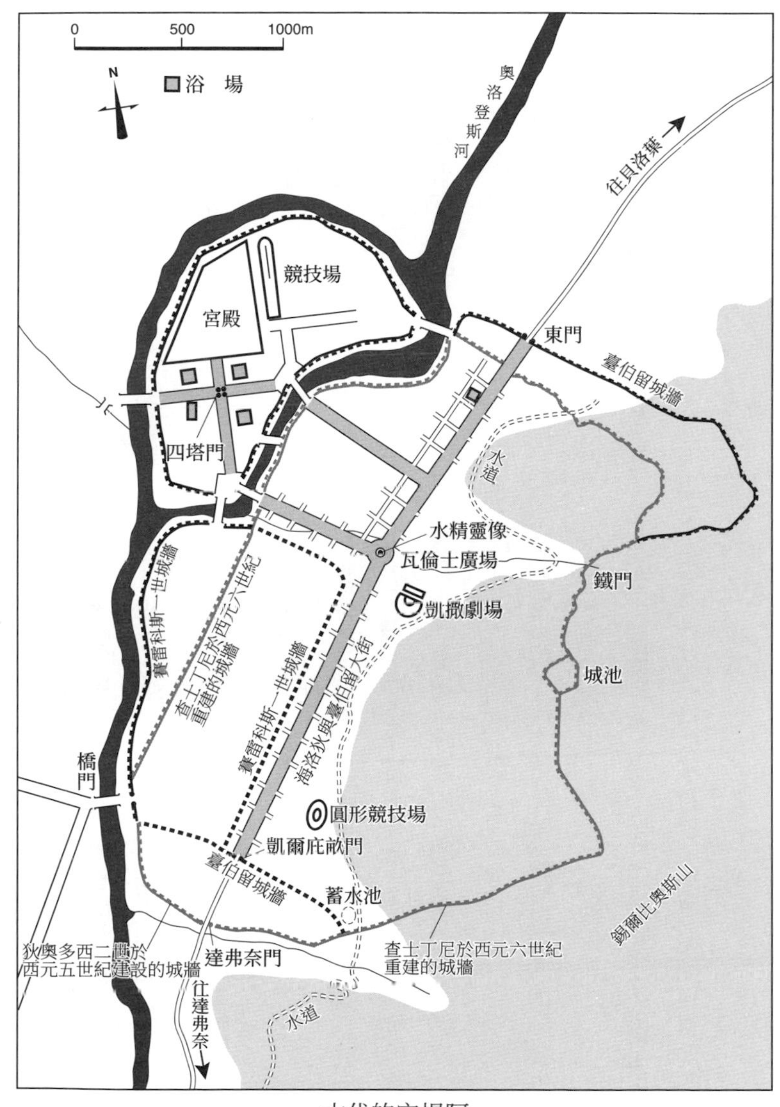
0
500
1000m
N
浴 場
奧洛登斯河
往貝洛葉
競技場
宮殿
東門
臺伯留城牆
四塔門
水道
水精靈像
瓦倫士廣場
鐵門
凱撒劇場
塞雷科斯一世城牆
查士丁尼於西元六世紀重建的城牆
塞雷科斯一世城牆
海洛狄與臺伯留大街
城池
橋門
圓形競技場
凱爾庇畝門
臺伯留城牆
蓄水池
錫爾比奧斯山
狄奧多西二世於西元五世紀建設的城牆
達弗奈門
查士丁尼於西元六世紀重建的城牆
往達弗奈
水道

古代的安提阿

民沒有人能想像到百年後的衰微。而且這個國際主義都市的居民，尤其上層居民，是一群貿易精神深入骨子裡的商人。他們有把握無論統治者換成什麼人都能存活下去。只不過，這種自信心容易發展成不屑地嘲笑統治者心血的態度。安提阿居民的個性說好聽點的話是對任何事物都冷眼旁觀的成熟老手，如果說直接點就是狡猾。年輕、熱情、充滿理想的朱利亞努斯打一開始就註定與這些人談不來。

朱利亞努斯停留在安提阿的過程，一開始就從不幸的事件起步。

安提阿東北方是一片穀倉地帶，即使在歉收的年度裡，其他都市也沒有糧食匱乏的風險。不過安提阿是一座大城市，而且與羅馬、君士坦丁堡等將保障糧食視為「公家」任務的都市不同，在商業都市安提阿，連保障糧食這種屬於政治的事項，都委由市場經濟管理。話說回來，這一年周邊地帶的小麥收穫量的確較往年減少。

只不過一傳出歉收的消息，市場上的小麥立刻失蹤，代表背後確實有投機的情形發生。

在古代同樣有投機現象，比方說英文的“speculation”語源來自於拉丁文的“speculātiō”。這本來是哲學用語，涵義是沉思。亦即思考人生真理的話就成了哲學，而思考賺錢真理的話就成了投機。

希臘哲學之祖泰利斯出身於米利都，位於當時稱為愛奧尼亞地方的小亞細亞西岸。這名生於西元前七世紀至前六世紀的哲學家，在生前留下了一段現實又符合地中海風氣的有趣故事。

有一天泰利斯一邊走路一邊思索，結果掉到水溝裡。路人看到了以後當場嘲笑他，說哲學家是一無是處的人種。

於是，泰利斯決心扳倒這項批判。至於他以什麼方式做計算，筆者已經忘記了，不過他預測出該年的橄欖將是一片豐收。於是泰利斯把米利都附近所有的榨油廠全部包租了下來。他部署了壟斷體制，使得橄欖業者想要出售橄欖油時，如果不到泰利斯租下的榨油廠榨油，就無法將產品送入市場。當然，這一年他因此發了大財。

哲學是足堪實用的學問。不過哲學的真諦不在知識而在思索。就好像體操可以鍛鍊筋骨一樣地，思索可以鍛鍊頭腦。換句話說，哲學的功用是讓人習於思索事物。泰利斯證明只要習於思索的話，不管思索的是哲學或投機，都能獲得成功。也就是說，他證明哲學是足堪實用的學問。

不過在這裡要向大家強調，泰利斯真正關心的不是投機而是哲學。他只有在這年思索投機的方式，第二年又把思索的對象換回哲學。所以泰利斯在史上留下的名聲不是投機高手，而是以蘇格拉底、柏拉圖、亞里斯多德為顛峰的希臘哲學之祖。

羅馬帝國皇帝朱利亞努斯經常聲明自己是一名哲學學徒。然而生於西元四世紀的他觀念裡的哲學，不是西元前六世紀的泰利斯這種昂首闊步、不依不靠的哲學，而是向哲學追求靈魂救濟，帶有濃厚神祕色彩的哲學。

朱利亞努斯身邊的跟班，都是朱利亞努斯在意的哲學家。這些人以里巴尼烏斯為首，是西元四世紀時羅馬帝國的代表性著名學者。當然，其中沒有基督教徒。不過這些有名的哲學家，給人的印象偏向於在講臺上教導知識的學者。換成現代的形容法，就好像大學哲學系的教授。只不過當時的教授仰賴學生付的學費過日子，皇帝「朋友」的身份對這些人來說，在招收學生時大有幫助。每當閱讀以里巴尼烏斯為首的朱利亞努斯友人留下的文章，甚至包括朱利亞努斯逝世後為其辯護的文章，都讓人覺得其中缺乏作者對朱利亞努斯的親愛之情。也感覺不出是理解朱利亞努斯的人才寫得出來的，具有說服力又熱心辯護的感覺。當時一些口沒遮攔的人批評這些哲學家是寄生蟲，恐怕也不是什麼太大的誤會。跟這種人交朋友往來，朱利亞努斯的思索對象也就會限定在哲學裡頭，想必沒有餘裕轉換心思到投機上。

問題是，就算朱利亞努斯能以哲學家身份與朋友往來，但他還是羅馬的皇帝。他無法放任市場上沒有小麥、麵包店裡沒有麵包的狀況而不予理會。

朱利亞努斯向安提阿居民呼籲過節約生活，在狀況獲得改善之前先忍受窮困的日子。這種呼籲對於遭到蠻族攻擊打圍城戰的高盧人民會產生效果，但是對於沒有遭到外敵攻擊的安提阿居民就無效了。於是朱利亞努斯緊急派遣特使前往小亞細亞與埃及，大量採購小麥。並且將這些小麥立刻投入市場，同時還管制售價，制定了小麥的價格上限。

然而狀況卻沒有因此改善。這些緊急進口的小麥，才剛運輸到安提阿的外港準備換船繼續運輸時，就讓安提阿的大商人全部買下。而這些資金雄厚的大商人，也正是在安提阿元老院擁有席位的人。

朱利亞努斯直到這時才發現，掌握情報可以有益於投機生意。三十一歲的皇帝在震怒之下，把兩百名元老院議員全數抓入大牢，不過在當天又全數釋放。直到採取這項強硬措施之後，這些大商人才願意把手中壟斷的小麥釋放到市場上。不過，平民的怨氣固然就此解除，安提阿上流社會的人從此對朱利亞努斯抱持敵意與反感。而在另外一件事情發生後，中堅與下層階層的人也開始對朱利亞努斯抱持敵意與反感了。

由安提阿往南不到十公里，有一個名叫黛芙妮的小鎮，四周森林圍繞，並有清澈的泉水。當地自古以獻給阿波羅的雄偉神殿聞名，以黛芙妮神殿為中心發展茁壯。而事情發生在朱利亞努斯到當地參拜之後。

當要討論史學家命名為「希臘、羅馬宗教與基督教爭奪勝利的最後一個世紀」的西元四世紀的變化時，有一件事情絕對不能忘記，那就是當朱利亞努斯在位期間時，「米蘭敕令」已經頒布通行了半個世紀。也就是說，表面上官方認同所有的宗教都享有信仰自由，實際上皇帝偏祖優待基督教的政策路線，已經維持了五十年。偏偏在羅馬將政體轉換為帝政之後，獻給希臘、羅馬諸神的神殿最主要的贊助人就是皇帝。另外，基督教徒眼裡的「異教」由於沒有教義，不需要以向信徒解釋教義為任務的神職人員階層，因此也就沒必要確立財源用於維持專業的神職人員階層、舉辦彌撒，或者對貧困人士推動慈善事業。

長期維持這種狀況之後，時代產生變化了。由於失去了皇帝與地方政府等贊助人，宗教的下場相當淒涼。即使想仰賴「私人」捐款，這時由於羅馬帝國一再遭逢危機，人們心中認為神明已經拋棄百姓遠走他方。畢竟希臘、羅馬宗教沒有像基督教那樣方便的藉口，可以把苦難說成是神明賜予的試鍊。

在這種狀況下，還有人會熱心於保存沒有神明居住的神殿嗎？又有人會主動擔任祭司，自費購買作為犧牲的牲畜，舉行出席人員稀疏的祭典嗎？朱利亞努斯看到的黛芙妮阿波羅神殿是一片荒蕪景象，以及在知道皇帝御駕光臨之後，急忙拋下田地工作趕來的祭司。

古代的阿波羅神殿充斥著前來參訪的信徒，倒不是民眾同情這位神明對水精靈黛芙妮的戀情。如果要同情的話，大家頂多同情在阿波羅的窮追不捨之下，化身月桂樹保護貞操的黛芙妮。與德爾菲的阿波羅神殿出名的理由相同，各地的阿波羅神殿聚集信徒的原因，在於信徒想求得由女巫傳遞的神諭，黛芙妮的阿波羅神殿也不例外。然而根據朱利亞努斯所知，黛芙妮的阿波羅神殿已經多年沒有傳下神諭了。在神殿裡聽不到神諭，也是造成信徒不來造訪的原因之一。

而據說神諭斷絕的時期，恰巧在基督教殉教者入葬黛芙妮森林一角的時候。由於前往墳地的巡禮者比神殿的信徒更多，惹得阿波羅神不高興，因而展開罷工。

朱利亞努斯本人發現安提阿元老院議員大搞內線交易發橫財時脾氣發作，而他此次前來神殿時原本打算聽取神諭，在得知現狀之後脾氣再度爆發。皇帝震怒之下命令遷走基督教殉教者的墳墓，同時下令大舉興工修復阿波羅神殿，並要求立刻開工。

殉教者的遺骨在唱著讚美詩的信徒護送之下，平安地遷去外地。不過，發生在黛芙妮的事情還沒結束。

當神殿復舊工程結束，隨時可接受一般信徒與皇帝參觀的當天晚上發生大火，將黛芙妮神殿燒得精光。如果各位讀者認為石造建築不怕火災的話，那就是天大的誤會了。即使牆壁與柱子使用大理石與石材，房屋的屋梁等部位還是會使用到木材。一旦支撐全體的木材部份遭到燒毀，石造建築

阿波羅神與黛芙妮（貝尼尼作品，西元十七世紀）

物也只有崩塌的命運。黛芙妮的阿波羅神殿就此化為一片廢墟。

同一個時期，在保障一切宗教信仰自由的名義下，由朱利亞努斯下令重建的猶太人聖地耶路撒冷聖殿，也正順利的展開重建工程。而這座神殿同樣在夜間起火燃燒。根據當時的記錄，黛芙妮的阿波羅神殿與耶路撒冷聖殿都是遭到「無名火」燒毀。不過若要說這是偶然的巧合，也未免太巧了。

朱利亞努斯相信，這連串人禍的犯人是基督教徒。可能他認為有必要在代表性大都市做示範，因此下令封閉安提阿市區內的所有基督教堂。這道命令使得安提阿的中下階層居民對朱利亞努斯皇帝完全反感。

居民開始以山羊做比喻，用來嘲笑皇帝體格與智能都欠佳。朱利亞努斯自從登基稱帝不再需要在意外人眼光之後，恢復了哲學學徒時代的習慣，留了滿臉有如哲學家商標的鬍鬚。由於他體格普通遠不及希臘雕像，又留了滿臉山羊鬍子，在帝國東方讓人用到處可見的山羊做比方，也是無法避免的事情。不管怎麼說，自從遷居安提阿之後，朱利亞努斯與當地居民的關係一天比一天惡化。

朱利亞努斯在這段期間曾寫信給朋友，留下這樣一段話：

「我想以皇帝身份，證明加利利人們（基督教徒）相信的事情也能在地上實現。根據他們表示，他們信仰的教誨，值得讚賞的教誨，只屬於貧窮的人們，而且只能在天國達成。我下了強烈決心，要藉由推動我在位期間想要樹立的公正統治及與宗教無關的福利事業，使這些德行與幸福也能在人間達成。

所以，無論是誰擱阻我的理想，都得準備接受我的反擊。如果還有人膽敢阻礙，將在法律之下接受懲處。因此這些人不僅要準備遭沒收資產與流放，還要面對鐵與火的處罰。」

有力人士的投機造成安提阿糧食匱乏問題惡化、黛芙妮阿波羅神殿與耶路撒冷大神殿的火

蓄鬍的朱利亞努斯

災，只是這段時期帝國東方諸多人禍的三個例子。自從朱利亞努斯遷居安提阿以來，中東地區四處騷亂不已，有如當地常見的地震一樣。

首先，在朱利亞努斯登基之後「異教徒」勢力興起，開始頻繁對基督教勢力展開反擊。簡單來說，君士坦丁大帝與其子統治的五十年之中，不同意基督教觀念的人在各方面都遭到壓制，而如今一齊產生反彈。朱利亞努斯這時才三十一歲，也難怪反基督教的派系群眾期待他能像大帝或其子君士坦提烏斯一樣，享有二十年以上的在位期間。

再者，基督教會與基督教徒等既得權階層對剝奪其既得權的朱利亞努斯皇帝抱持敵意。另外，基督教會憎惡猶太教徒，甚於對羅馬皇帝的惡意。

帝國東方騷亂不斷的第三項要素，在於長年存在的基督教內部教義論爭。論爭源自西元三世紀，大體上可以分成兩個派系。

首先是主張三位一體理論，認為神與基督、聖靈三者同等的阿塔那修斯教派。到西元四世紀時，這個教派開始被稱為天主教派。原本西元三二五年由君士坦丁大帝召開的尼西亞公會議之中，已經決定讓基督教會內統一採用三位一體理論。然而事情並沒有這麼容易。

一來主張基督與人不同等但也不等同神的亞流教派，隨時力圖挽回尼西亞公會議中造成的劣勢。為君士坦丁大帝做臨終洗禮的主教，就屬於亞流教派。而大帝的兒子君士坦提烏斯在位二十四年中，也一貫優待亞流教派。

在兩任皇帝之後，登基繼位的是朱利亞努斯皇帝。他不僅認同所有宗教的信仰自由，還更進一步認同基督教會內各派系的信仰自由。因為對於將基督教會視為「支配用的工具」的君士坦丁大帝來說，教會內部的統一是極為重要的大事。對於沒這打算的朱利亞努斯來說，教派分裂根本不成問題。而且朱利亞努斯的目的在打破基督教勢力的優勢，對他來說教會內部的分裂值得歡迎，沒有反對的理由。

實際上，這些條件使得原本在東方占據優勢的亞流教派更有氣勢。在各種憎惡之中，近親之間的憎惡特別容易惡化。各教派之間不僅互相批評對方為「異端」，暴力攻擊對方教派主教的事件也開始層出不窮。因為這些爭端表面上頂著教義的旗幟，實際上問題在於掌權的主教地位，是落到自己教派手中或者敵對教派手上。

在基督教會組織中，主教享有能自由運用所屬教區教會資產的權力。此外，主教握有司法權，能管轄所屬教區的居民。如此一來，主教等於已經是人間的掌權者。由於事情牽涉到凡間權力，天主教派與亞流教派之間的抗爭，勢必要持續到其中一方一敗塗地為止。

簡單來說，中東地區雖然面積有限，但在經濟上的重要程度相當於半個帝國。而朱利亞努斯卻親手在中東丟下騷動的火種。這樣一來，自然無法期待中東地區的關鍵都市安提阿能上下一心協助執行波斯戰役。朱利亞努斯原本期待盡早遷居安提阿，在萬全準備之下展開波斯戰役，因而大為感到失望與憤怒。

在安提阿居住期間內，朱利亞努斯留下了許多書信與著作。其中一份小品文若換算成現代出版物約有四十頁，題名為 *Misopogon*。這篇作品以希臘文著作，背後有其道理存在。因為這篇作品並非用來記錄個人的想法，而是寫給安提阿居民看的。羅馬帝國向來堅持雙語政策，帝國西方共通語言為拉丁文，在帝國東方則以希臘文為官方語言。而安提阿位在帝國東方，因此這篇文章在完稿之後隨即能夠出版讓安提阿居民閱讀。這也是朱利亞努斯的目的。

羅馬帝國皇帝親手著作的作品如下：

朱利斯．凱撒著作的《高盧戰記》、《內戰記》。

奧古斯都臨終時留下的《神君奧古斯都業績錄》。

馬庫斯．奧理略皇帝著作的《沉思錄》。

由朱利亞努斯著作的，包括 *Misopogon* 在內的作品群。

凱撒栩栩如生地敘述了由自己親自指揮的戰役；奧古斯都平淡地描述四十年統治期間留下的各項業績。

馬庫斯．奧理略趁著與北方蠻族作戰的空檔寫作，書中絲毫不談論戰爭，只描述自己的心情。

而在朱利亞努斯著作的 *Misopogon* 之中，貫徹的則是苦澀的嘲諷。

光是看這幾本書籍的風格，就可感受到羅馬最高掌權者的氣質變化。就算把拉丁散文的金字塔、傳情達意的好手凱撒另當別論，其他幾名皇帝的文筆同樣優秀。就連有如產品目錄的《神君奧古斯都業績錄》，書中依舊充斥著毫不輕視現實幸福，成功達成羅馬和平的十足信心。

同樣屬於羅馬皇帝作品，由朱利亞努斯著作的 *Misopogon* 讓人分類為諷刺文學，這點使筆者無法接受。因為這本書中缺乏諷刺文學傑作必備的令人慄然的強烈批判性，以及令人不禁微微苦笑的幽默感兩大要素。從書中可以得知，朱利亞努斯理論敏銳，善於運用辯證法，對於新舊約《聖經》也有相當造詣。然而這部作品頂多只能稱為朱利亞努斯在長期壓抑之下發洩怒氣用的文章。這本書的直接目標讀者是安提阿居民，而皇帝在書中斥責居民忘恩負義。書中還表示，他在登基後致力於公正的統治，在稅務方面不但沒有加稅，還免除欠繳稅金，把既有稅金減稅到五分之一，然而居民回報給皇帝的，竟然是不滿與怨言。安提阿居民只知道嘲笑皇帝是山羊臉的哲學家，根本沒資格迎接皇帝。居民們感到的不滿，責任不在皇帝身上，而在於執掌都市的有錢人不負責任的心態，然而居民卻為了一吐怨氣而遷怒皇帝。不過話雖如此，他在書中還不忘記表示，為了尊重言論自由，不會出手鎮壓自己受到的責難與嘲笑，也不會因此做出任何懲罰措施。

朱利亞努斯在書中還曾經懷念副帝時期，留下「可愛的盧提亞，高盧人以這個名稱，稱呼巴黎希族擁有過的這塊地」。這一段話讓人覺得有趣，甚至讓人懷疑現代法國人喜歡朱利亞努斯，會不會就是為了這一句話。不過話說回來，整部作品的版面，幾乎全用於發洩年輕的朱利亞努斯感到的憤怒與失望。當然這也有好處，由於文章內容毫不修飾，反而能直接打動讀者的心。

以筆者個人的感想來說，只覺得這部作品讓人痛心。最高權位者往往要面臨批判，而批判是沒有權力的人唯一辦得到的反擊手段。就算勸說朱利亞努斯仿效伯里克里斯或朱利斯·凱撒，放任這些批評不管，由於朱利亞努斯的條件與前述二位身處壯年的希臘政治家與羅馬將軍不同，當時年齡才剛三十出頭，只怕想模仿也模仿不來。每當筆者看著朱利亞努斯的書信與著作時，聯想到的不會是同樣身為異教徒的伯里克里斯或朱利斯·凱撒，而是耶穌基督。年輕時的耶穌基督為了只顧著在耶路撒冷聖殿裡經商的同胞大感憤怒，曾經親手砸毀聖殿裡的攤販。對著安提阿居民大發脾氣的朱利亞努斯，與對猶太商人怒目相向的耶穌基督，年齡正好差不多。

Misopogon 這篇著作，最後以一段讓人印象深刻的文章做結尾。

「提筆至此，朕已經將心中想法全數吐露。此等想法僅止於朕個人之期望。

朕所受責難之缺點，應歸責於朕本人。只因對萬民推行之寬裕政策係由朕所立意推行，即便未能獲得感謝，朕亦無權強制人民。朕所遭受之惡名與責難，應視為朕思慮不周所致之惡果。朕謹此向萬民保證自今爾後將更慎重行事。只因萬民對朕之『敬意』，今後將由諸神給予回報。」

朱利亞努斯不僅寫下 *Misopogon*，更將其公開出版。因此他在離開這座大都市前往執行波斯戰役時，確實像書中所說的，帶著「今後再也不會踏上安提阿的土地」的決心。想必他出征前相信即使安提阿居民忘恩負義，以後諸神自然會幫他討回公道。也許他認為只要在諸神的保佑之下戰勝波斯王，安提阿居民對他的看法也會有所改變。

波斯戰役

西元三六三年三月五日，三十一歲的朱利亞努斯離開了後方基地安提阿。他的目的地在東方，也就是匯集了波斯王國首都功能的美索不達米亞中部地區。安提阿元老院議員在當天為他送行到城門外。皇帝雖然對前來送行的安提阿全體仕紳表達謝意，但態度相當冷淡。既然公開表示今後再也不會踏上安提阿的土地，這也是必然的反應。而當地仕紳的表現雖然慎重守禮儀，但很明顯地帶著做作氣息。想必他們心中正在拍掌喝采，慶祝麻煩人物正要離開。

順帶一提，生於後世的人能在某種程度內得知朱利亞努斯的波斯戰役詳情，要歸功於出生安提阿的阿米亞努斯・馬爾凱流斯留下的記錄。這名軍官與朱利亞努斯同輩，當時三十二歲。

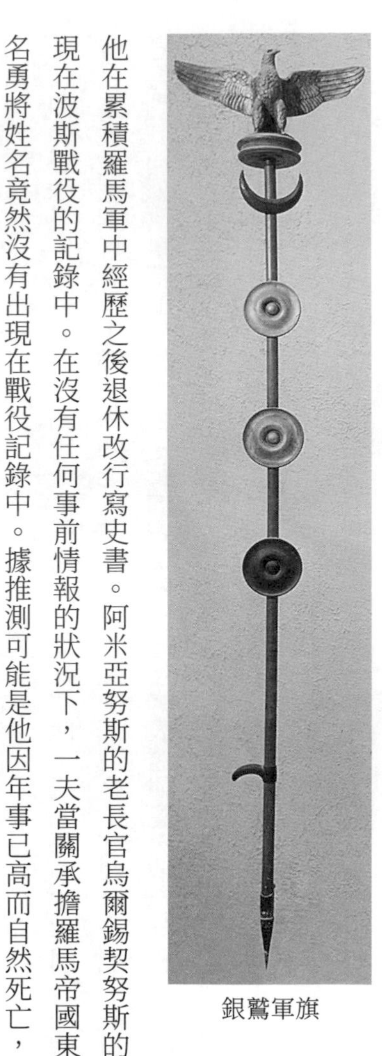
銀鷲軍旗

他在累積羅馬軍中經歷之後退休改行寫史書。阿米亞努斯的老長官烏爾錫契努斯的姓名沒有出現在波斯戰役的記錄中。在沒有任何事前情報的狀況下，一夫當關承擔羅馬帝國東方軍務的這名勇將姓名竟然沒有出現在戰役記錄中。據推測可能是他因年事已高而自然死亡，提前離開了軍事舞臺。波斯戰役當時阿米亞努斯所屬的部隊與階層不得而知，不過可以確認的是，他身在能夠親眼看到軍方上層一舉一動的地位。

御駕親征的儀式在表面上沒有衝突的狀況下結束了。不過安提阿的權貴，以及當天在遠處觀望的安提阿居民想必會為了某件事情感到訝異。那就是這半個世紀以來讓人眼熟的「☧」軍旗消失了，羅馬軍再度啟用頂端裝飾有銀鷲的軍團旗。由X與P組合的這個記號，代表基督。行軍時由這個軍旗領頭的話，代表這支軍隊是屬於基督教的軍隊。自從君士坦丁大帝於西元三一二年採用這面旗幟之後，羅馬軍在行軍時往往揭示著這種軍旗。將軍旗恢復成傳統的銀鷲旗，代表朱利亞努斯在向眾人宣示，如今他率領的是傳統羅馬帝國的軍隊，而不是轉型為基督教國家的羅馬帝國軍。

據說當時朱利亞努斯率領的軍隊人數超過六萬五千人。在這些部隊之中，還包括曾經強調契約書中規定軍務僅限於阿爾卑斯山以西，拒絕服從君士坦提烏斯的東方移防令，因而連帶造成朱利亞努斯登基稱帝的高盧士兵。這些人可能是由率領右翼部隊的內維塔將軍所管轄。這些官兵過去曾拒絕前往阿爾卑斯山以東，後來在朱利亞努斯起兵反抗君士坦提烏斯時跟隨朱利亞努斯進入君士坦丁堡，如今又讓朱利亞努斯率領，從軍前往美索不達米亞地區。因為這些人知道，儘管朱利亞努斯如今當上了帝國唯一的最高權位者，到了緊要關頭時能依賴的夥伴，還是這些在高盧為了驅逐蠻族一同奮戰了五年的戰友。

羅馬軍離開安提阿之後，首先前往東方一百公里處的貝洛葉城。這個地方在後世改稱為阿雷波，位於敘利亞境內，如今比起土耳其邊境小鎮安提阿還要來得重要。不過在古代，這座都市只是連接地中海與幼發拉底河的貿易路線上的一個基地，地位僅止於安提阿周邊的衛星都市之一而已。據說軍隊花費兩天時間行軍到阿雷波，那麼表示每天要移動五十公里。羅馬軍團標準單天移動距離為二十五到三十公里，儘管部隊每大都有宿營休息，這段行軍過程還是相當緊促。中東地區的羅馬街道網路在愈接近地中海的區域就愈密集，道路寬度與維修狀況也就愈好。遠征波斯所行軍的方向正好是逐漸偏離地中海地區，因此打一開始就急行軍的目的，想必不是真的急著趕路，而是想要把握機會在便於行軍的區域多爭取一點行軍距離。

在阿雷波迎接皇帝的是一名年老的仕紳，這名仕紳也是城鎮實質上的領袖。由於這個人是基督教徒，因此阿雷波可以歸類成基督教都市。不過這名仕紳的兒子卻對朱利亞努斯十分尊崇。早在西元三世紀時，父子之間為了宗教信仰差異而對立的現象，已經不是什麼稀奇的事情了。

部隊隨後由阿雷波朝東北行軍，前往歐拉波利斯。這座城鎮正好相反，是有名的異教都市。可能也因為這個緣故，使得朱利亞努斯與麾下部隊在此受到熱烈歡迎，儘管朱利亞努斯率領的部隊中，基督教徒人數只怕已經過半，而這種現象也是西元四世紀的羅馬帝國特徵之一。

部隊從歐拉波利斯起步，渡過了幼發拉底河。從渡過幼發拉底河以後到達底格里斯河為止的美索不達米亞北部各個都市，絕大多數屬於異教都市。這些都市的起源可以回溯到亞歷山大大帝東征，以及其逝世後的希臘化文化圈時代。就連美索不達米亞這個名詞也起源自希臘文，涵義是兩條大河之間的中間地帶。話說回來，這些希臘裔都市之中也有基督教社區，而基督教都市裡頭同樣有異教徒存在。即使在君士坦丁大帝的偏袒基督教政策之下過了五十年，羅馬帝國東方的宗教局勢依舊沒有被基督教統一，還保持著不同宗教混居的現象。

羅馬人從未在幼發拉底河上修建過恆久性的石造橋梁。既然羅馬人能在多瑙河上搭橋，代表其具有這項技術能力。只不過幼發拉底河長期擔任羅馬帝國的國界，而自從羅馬跨越幼發拉底河奪得美索不達米亞北部以後，當地成為紛爭地帶，時常發生與波斯之間的爭奪戰。因此在渡河時，部隊先將小船並列於河裡，將木板鋪設在船上構成船橋。全軍渡河完畢之後把船橋拆散時，眾人並不認為就此失去退路。因為在上游的薩莫沙塔基地如今正在趕工興建大規模艦隊，留下船橋只會在艦隊順流而下時造成妨礙。

渡過幼發拉底河之後，部隊陸續通過巴托納耶、加列等地，相當於由現代的敘利亞北部前往土耳其南部。即使過了四百年的時光，加列這個地名對羅馬人來說依舊難以忘懷。這個地方的近郊，是克拉蘇與其麾下部隊的葬身之處。當時陣亡的羅馬官兵高達兩萬人，另有一萬名成為俘虜，被送到裏海東方山岳地帶的梅爾布服終身兵役。這些官兵再也無法回到祖國，有如遭受終身流放。而在朱利亞努斯在世百年前西元二六〇年時，當時的羅馬皇帝瓦雷力亞努斯中計成為俘虜。被俘虜的官兵讓人送到波斯東部強制勞動，負責修建具橋梁功能的水壩。這次成為俘虜的官兵，同樣沒有人能活著回國。不管是面對北方蠻族或東方大國，這個時代的殘兵敗將待遇十分淒涼，就連一名士卒都可以感受到亡國滅種是個什麼樣的滋味。

加列近郊同時也是卡拉卡拉皇帝在遠征東方途中，遭到衛隊士兵暗殺的地方。這附近簡直可說是羅馬皇帝的鬼門關，不過似乎人們總是認為霉運不會掉到自己頭上。更何況羅馬皇帝親征美索不達米亞時未必會失敗。以往圖拉真、馬庫斯・奧理略、賽埔提謬斯・謝維勒、戴克里先的副帝伽雷留斯等歷任皇帝都曾經獲勝。因此朱利亞努斯有足夠的理由相信這場挑戰會獲得成功。

不管在什麼樣的時代裡，官兵難免容易迷信。舉行占卜儀式掃除官兵心裡感受的不安時，通常結果不全憑藉運氣，而是在事前經過某種程度的人為操作。比方說利用動物內臟占卜時，為了讓內臟形狀色澤健全，事前會盡量挑選健康的動物。或者用雞隻占卜時，為了讓雞隻迅速啄食飼料，在占卜之前會讓雞隻挨餓一天。一名精神冷靜的司令官，不會忘記做好提振軍心的事前對策。然而朱利亞努斯卻過度看重占卜，跟著滿懷憂心的官兵等在一旁，讓心情隨著占卜的結果起變化。可能是他過於信仰神祕哲學，因此也過度相信超自然的神祕力量。不過官兵身在加列時士氣還相當高昂，因為朱利亞努斯在這裡發放了臨時獎金。

羅馬軍在加列分成兩股部隊分頭行動。

朱利亞努斯與內維塔率領的第一軍從加列南下，遇到幼發拉底河之後順著河流往東南方行軍，以位於美索不達米亞中部的敵國首都格帖絲皇為目標。第一軍人數總計三萬五千人。這一支部隊的另一項任務，在於保護於薩莫沙塔興建完畢、順著幼發拉底河南下的大船隊。這個船隊係由五十艘軍艦、六十四艘船橋用的小船、一千四百零三艘運輸船所組成。而運輸船上裝滿了各種軍糧、武器，以及攻城時使用的重型武器。

第二軍由三萬名部隊所組成，從加列向東進軍，初期目標為邊防都市尼西庇斯。第二軍帶有兩項任務。第一項，是將波斯勢力趕出美索不達米亞北部，保護朝美索不達米亞中部進軍的朱利亞努斯不讓人從背後偷襲。第二項任務是等待即將從北方前來的亞美尼亞王與其麾下部隊。在會合之後沿著底格里斯河南下，在格帖絲皇前與朱利亞努斯會合，全體部隊一同進攻敵國首都。第二軍的指揮交由朱利亞努斯的遠親普羅克派阿斯，以及長期在埃及值勤，熟悉東

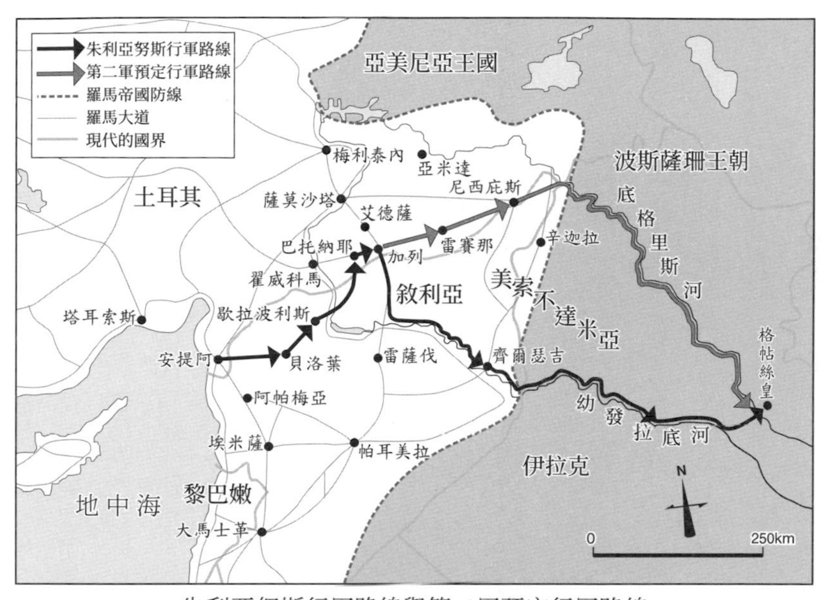

朱利亞努斯行軍路線與第二軍預定行軍路線

方局勢的老練將領賽巴斯提亞努斯兩人負責。

軍隊的規模與事前準備，都符合進攻大國波斯時的作戰標準。亞美尼亞王也承諾將率領兩萬名步兵與四千名騎兵參戰。如果加上這些兵力，羅馬方面參加此次戰役的兵力就高達八萬九千人。由此可以想像朱利亞努斯下定決心將自身命運委由波斯戰役成果來決定。話說回來，這場戰役的成敗關鍵，在於朝東南沿著幼發拉底河行進的第一軍，以及由北方沿著底格里斯河南下的第二軍能否順利會合。在朱利亞努斯率領的第一軍之中，還包括前任皇帝君士坦提烏斯造訪首都羅馬時同行的波斯流亡王子奧密斯達。

與朝東行軍的第二軍分道揚鑣之後，第一軍往南到達幼發拉底河岸時，從薩莫沙塔順河而下的大船隊已經擠滿河面在此待命。與皇帝會合之後，大船隊繼續順河而下。皇帝率領的陸軍也改道順著幼發拉底河行進，部隊在行進時沿途可看到右方的船隊。

在記錄中沒有提到正確的日期，不過從前後的情況來推測，整個行軍過程至此應該花費了二十幾天的時間。陸軍部隊護送船隊順著幼發拉底河移動，在四月七日到達鄰近波斯國界的齊爾瑟吉 (Circesium)。從離開安提阿到此才花費一個月，戰役的起步可說是一片順利。

不過筆者認為，在這個階段朱利亞努斯已經犯下幾項錯誤。

第一點，對於亞美尼亞王沒有進行充分的事前溝通拉攏措施。

第二點，後勤補給完全仰賴船艦。

第三點，認為波斯流亡王子可以做政治上的利用。

古代亞美尼亞王國位於現代的土耳其東部。對於廣大的羅馬帝國來說，這個國家瀕臨最東邊的國界，因此在羅馬東方防衛戰略之中，這個國家一直占有重要地位。即使東方的敵國從帕提亞換成了波斯薩珊王朝，亞美尼亞王國的重要性依舊沒有改變。尼祿皇帝當年為了與亞美尼亞王國建立友好關係花費不少心血。他認為唯有先確立防衛體制，才能確保國家和平，因此想盡辦法與亞美尼亞建立良好關係。當亞美尼亞國王訪問羅馬時甚至享有大國國君的待遇，由於國王與尼祿年齡相近，尼祿也將國王當成私人朋友對待。

在尼祿之後的歷任皇帝，也繼承了這項特殊待遇政策。因為亞美尼亞王國文化上、文明上都屬於東方體系，西方國家羅馬如果想要拉攏亞美尼亞，勢必要比對待其他國家時拿出更優厚的待遇。多虧了歷任皇帝的努力，亞美尼亞王國長年以來一直保持羅馬的友好國身份。

基於戰略上的需求，直到羅馬走上基督教國家路線時，亞美尼亞的重要程度還是沒有改變。君士坦丁大帝甚至打算將異母兄弟的兒子漢尼拔良努斯送上亞美尼亞王位，藉此把當地納入羅馬帝國之中。只不過在大帝逝世之後做兒子的君士坦提烏斯大舉殘殺親屬，同時也把被視為亞美尼亞國王人選的漢尼拔良努斯剷除，使得這項合併計畫胎死腹中。君士坦提烏斯也知道亞美尼亞王國的戰略地位有多重要，因此將自己的未婚妻，也是某位高官的女兒嫁給僥倖保住王位的亞美尼亞王，藉此來強化與亞美尼亞之間的關係。

亞美尼亞王在感激之餘，甚至改信基督教。而且選擇的還是雖受君士坦提烏斯喜好，但基於皇帝無法反對尼西亞公會議之決議，因而無法公開表示信仰的亞流派基督教。從這一點就可以得知，亞美尼亞王對君士坦提烏斯有多大的好感。亞美尼亞王與羅馬的關係，就這樣親密發展了三十年以上。

從亞美尼亞王的眼中看來，首先朱利亞努斯是曾經舉兵攻擊過君士坦提烏斯的叛軍之將，而且還因此害得君士坦提烏斯病逝。

第二點，在信仰基督教的國王眼中看來，朱利亞努斯的反基督教政策，是「叛教者」推動的迫害。對亞美尼亞王來說，朱利亞努斯的行為完全符合當時基督教徒對他的稱呼——「基督之敵」。

第三點，則是基於國君的立場。亞美尼亞王確實約定在對波斯作戰時將親自率領兩萬四千名部隊參戰。不過就像後世的馬基維利所說的，要不要遵守個人之間的約定，是信義的問題；至於要不要遵守國家之間的約定，那就要看國家利益了。底格里斯河上游的亞米達在波斯王的猛攻之下淪陷，對亞美尼亞王來說，這也是重新考慮親羅馬政策的一個契機。因為亞米達已經瀕臨亞美尼亞王國，而眾所周知，波斯王夏普爾極為熱心於奪回亞美尼亞以南的美索不達米亞北部地區。

也許有讀者會因為波斯是祆教國家這一點而產生某些疑問。然而祆教並不排斥其他宗教，也不會逼外人改信祆教。相對地，羅馬皇帝朱利亞努斯雖然不排斥其他宗教，但是明顯地對基督教沒好感。據說當時的亞美尼亞王與希臘出身的王妃都是虔誠的亞流派基督教徒，由此可知他的心理十分複雜。朱利亞努斯在鄰近亞美尼亞的安提阿住了半年以上，但在亞美尼亞外交政策上似乎沒有下多大的心力，儘管這項政策要比著作 *Misopogon* 來得重要許多。

筆者認為朱利亞努斯在後勤方面犯了第二項錯誤。朱利亞努斯似乎認為，超過一千五百艘的大船隊所攜帶的補給品，已經足供全體部隊使用。確實，如果沒發生意外的話，這些物資確實夠用。只不過，不留選擇餘地的作法，有如危險的賭博，因而凡事應當保留選擇的餘地。羅馬人不滿足於僅有一條大道的狀況，因而設置了街道網路。從這點就可以顯現出羅馬人特有的，維持複數選項的哲學。正因為羅馬人具有確保後勤與補給線等確定要素，藉此提升官兵士氣等不確定要素的想法，羅馬軍在作戰時才會所向無敵。在整個羅馬史上，據說圖拉真時代的羅馬軍是最為強盛的時期，而圖拉真皇帝也曾進軍美索不達米亞中部，成功攻陷首都格帖絲皇。在當時，羅馬軍於美索不達米亞中部作戰時，除了享有船隊送來的水上運輸物資以外，陸運後勤補給系統更是動員遍布中東地區的羅馬街道網路，進而能發揮完全的作用，就連敵軍都評估「羅馬軍靠後勤致勝」。朱利亞努斯難道沒考慮過同時運用水運與陸運補給路線嗎？如果他有這個打算，當時中東地區的羅馬街道網路依舊健在，無疑地可以分散在補給方面的風險。

從帶著波斯的流亡王子一同參加波斯戰役這點就可得知，朱利亞努斯打算在攻陷首都格帖絲皇之後將夏普爾轟下王位，改讓奧密斯達坐在王位上。奧密斯達不知道為了什麼原因與夏普爾敵對，只好遠離祖國逃亡。後來受到君士坦提烏斯皇帝歡迎，之後這名王子一直待在羅馬皇帝身邊，恐怕這二十年來他一直過著無憂無慮的國賓待遇。這名波斯王子姿態端莊、言詞風趣，可說是一名理想的皇宮食客，不過奧密斯達能受到此等優厚待遇的原因還不在這裡。流亡外國的人物在母國的地位愈高，對提供政治庇護的國家來說，以後就愈是可能形成良好的政治籌碼。只不過君士坦提烏斯皇帝似乎沒有找到活用這張王牌的機會，使得波斯王子一直待在羅馬皇帝的皇宮內空虛度日。

朱利亞努斯打算好好運用這張王牌。只不過，奧密斯達拋棄祖國流亡時，並沒有王位遭夏普爾謀篡之類的正當理由。而且他在這種狀況下，在國外停留了二十年。要讓這種人攀上王位的話，有一項絕對的必須條件。那就是現任國王必須在政治上犯下連百姓都能察覺的大錯。在這種狀況下，波斯的統治階層才會願意將王位讓給別人。然而夏普爾二世因少年喪父而登基，之後還能夠成功維持五十年的王位。要說戰場上的才幹，夏普爾在戰略戰術方面確實並不出色。然而他善於治理內政，足以維持國內不爆發叛亂。在對外方面，他從西元二九七年熱衷於奪回成為羅馬領地的美索不達米亞北部。如今以攻陷亞米達和攻打辛迦拉等成績，正在逐步實現政策目標。在這種狀況下，波斯人怎麼有可能想要趕走現任國王，換上一個在敵國悠閒度日的流亡貴族？

羅馬帝國早在元首政治時期，就嘗試過以軍事力量攻陷敵國，將流亡王子送上王位的經驗，但沒有成功。羅馬固然能成功搶到王位，但是如果要維持王位穩定，就必須在當地常駐相當人數的羅馬軍團。羅馬學到失敗的教訓之後，將對外政策路線修改成設法與接手王位的人保持良好關係。難道說朱利亞努斯不知道過去的施政實例？還是說，他分明知道，卻沒有察覺其重要性？

筆者認為，在前往推動波斯戰役之前，朱利亞努斯犯下的最後一項錯誤，是沒有帶著忠臣弗拉維斯．薩爾斯提斯同行。

在一同前往推動波斯戰役的高官之中，有一個人名叫賽克鐸斯．薩爾提烏斯，地位相當於帝國東方長官。不過這裡要提到的是朱利亞努斯在高盧擔任副帝期間之中，最重要又最幫得上忙的助理薩爾斯提斯。朱利亞努斯當上皇帝掌握人事權以後，無法親手掌管以高盧為中心的帝國西方，因此他立刻將帝國西方交給這個人代行統治。因此帝國西方在這名賢能又公正的統治者治理之下，享有了短暫的安全與繁榮。不過這項人事案，卻使得朱利亞努斯在拿生涯當賭注的波斯戰役期間，身邊缺乏能全面信任又擁有優秀軍事、政治能力，有膽量在皇帝面前直言不諱的忠臣。

一同參加波斯戰役的薩爾提烏斯與朱利亞努斯相似的地方，在於他是個修習哲學的知識份子。不過他也挺受到基督教徒的歡迎。眾人一致認為，薩爾提烏斯是個待人公正、凡事深思熟慮的人物。只不過這種人常見的缺點，就是為了表現公正又深思熟慮的態度，因此把想法悶在心裡有話不敢說。就連面對朱利亞努斯皇帝時，他也採取這種無可批評的公正態度。結果，或者說沒有結果可言的，對於必須隨時下決斷的人來說，這種人稱不上是值得仰賴的夥伴。

內維塔將軍是與朱利亞努斯在高盧一同出生入死的戰友，在軍事方面值得全面信賴。然而行軍打仗時經常需要講究對人性心理觀察的程度，而內維塔出身於法蘭克族，在這方面實在幫不上忙。

除了這些人以外的將領與高官，全是在前任皇帝君士坦提烏斯時代中累積經歷的人物，因此大多數是基督教徒。這些人當然心中不同意朱利亞努斯的反基督教政策，只不過如今朱利亞努斯是皇帝，他們的職責在誠實侍候皇帝，而這些基督教徒高官倒也是忠於執行勤務。

與朱利亞努斯交友的哲學家也參加了這場波斯戰役，只不過這些人頂多能陪皇帝在餐桌前聊天，派不上別的用場。

仔細討論下來發現，朱利亞努斯是在沒有能全面信賴的部下的狀況裡，面臨美索不達米亞地區的大戰。在整個行軍過程中，他並無皇帝的沉著穩重，反而四處驅馬激勵士兵，沒有半點冷靜樣子，可能這也是他用來忘記不安的方法。說不定他在設法避免一個人陷入沉思，免於掉入不安恐懼的迷宮之中。

字典上對於「直言」的定義是這麼寫的：「毫不客氣的，把想到的事情直接說出來」。只不過，直言未必要經由口述或付諸書面。也就是說，直言不一定要仰賴語言文字。領袖註定是孤獨的，但至少有權利享有當投注視線時，光憑視線回應就能直接反應意見的對象。當年西比奧．亞非利加努斯、朱利斯．凱撒身邊就有這種夥伴，奧古斯都與圖拉真皇帝身邊也有這種人。如果薩爾斯提斯不在萊茵河畔，而是身在幼發拉底河濱的話，想必會為了進入波斯境內以後行軍過度順利起疑，對朱利亞努斯直言進諫。因為這名忠臣曾特地從高盧寫信給渡過幼發拉底河朝東行軍的朱利亞努斯，希望他能暫緩執行波斯戰役。

首都格帖絲皇

幼發拉底與底格里斯兩條大河上游雖然遠離，但隨後逐漸接近，在首都格帖絲皇附近是最接近的段落。而後兩條大河再度分開，等到再度接近時已經即將注入波斯灣。兩條大河最接近的美索不達米亞中部地段，無論換了國家，換了統治者，乃至於換了宗教，都一直是首都功能匯集之處。順帶一提，三百年後西元七世紀興起的伊斯蘭教都市巴格達，只是把帕提亞與波斯首都格帖絲皇遷往北方四十公里處而已。也就是說，攻打美索不達米亞，就等於必須攻打兩條大河最接近的這一段地帶。由此至波斯灣的下游地區戰略地位並不重要。圖拉真皇帝生前曾經到過河口，但只是在攻陷格帖絲皇之後，滿足一下好奇心而已。

在共和時期、帝政時期，羅馬都不打算真的征服東方大國。其理由一如前述，因為波斯薩珊王朝的領土相當於現代的伊拉克、伊朗、阿富汗與巴基斯坦等國家的總和。如果要完全征服將其納入行省，就得征服直到印度的各個地方。像這般龐大的事業，只有亞歷山大大帝能成功。務實的羅馬領導人認為只要偶爾打擊一下東方大國，挫折他們往西進犯的意願就好。然而在朱利亞努斯的著作之中，提到亞歷山大大帝的地方實在太多。亞歷山大的神話曾讓古代男子神魂顛倒，其中也包括了朱利亞努斯。

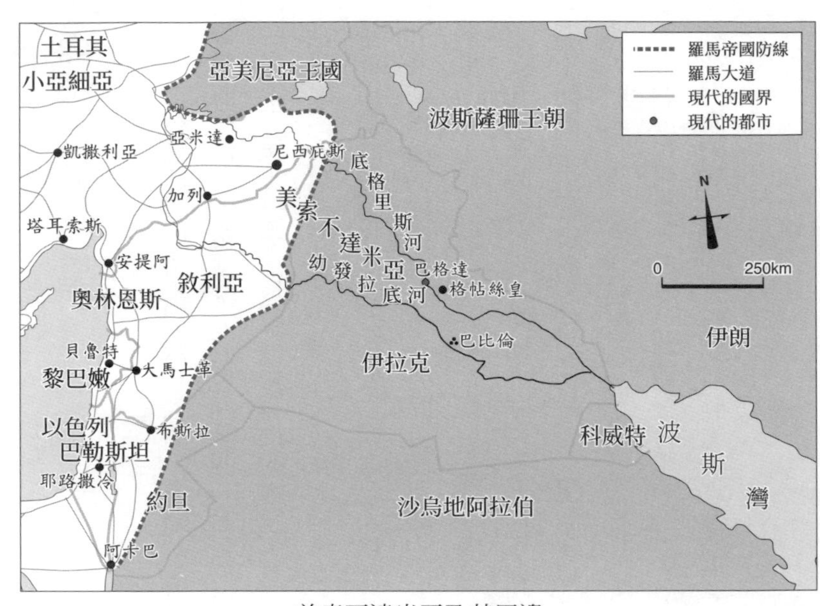

美索不達米亞及其周邊

朱利亞努斯主導的波斯戰役，直到五月為止還能用所向無敵來形容。偶爾會有從沙丘後邊突然出現的盜匪襲擊，但是受害的頂多是脫離部隊的小團隊，整體而言並沒有什麼明顯的傷害。沿著幼發拉底河而下時，沿途城鎮大多有城牆防衛。然而有些城鎮隨即投降，不投降的城鎮也少有頑強的抵抗。看樣子波斯王沒有派遣部隊前來這些地方協助防禦。

朱利亞努斯在行軍途中遇到城鎮要塞時，並非一開始就使用武力，他會先派遣波斯王子奧密斯達勸對方在和平狀況下開啟城門。然而不論是一看到羅馬軍就投降的城鎮居民也好，少許抵抗之後隨即投降的要塞官兵也好，他們最初一看到與國王血脈相連的奧密斯達就破口大罵「叛徒！」、「賣國賊！」，關緊城門不許他入城。

一如前述，首都格帖絲皇位在幼發拉底河與底格里斯河最接近的地帶，並靠近底格里斯河東岸。美索不達米亞地區是世界四大文明之一的發源地，早在不知道多少年之前，為了活用土地，美索不達米亞中部就已經開有無數的運河溝渠。如果想要使用沿著幼發拉底河南下的船團送來的沉重攻城器械攻打首都，就得盡量想辦法把船隊接近瀕臨底格里斯河的首都附近。話說回來，波斯人挖掘的運河溝渠，無法讓大型的羅馬船艦通行。當朱利亞努斯正在為了這件事情煩惱時，軍團附屬工程師前來報告，表示他們發現圖拉真皇帝遠征時挖掘的運河遺蹟。只要稍微整理一下遺蹟，就可容許船隊行駛通過。事隔兩百五十年還能找到遺蹟，正足以證明羅馬人的基礎建設工程做得有多徹底。而且圖拉真皇帝的時代，正好是羅馬人的基礎建設工程黃金時期。不過在事隔兩百五十年之後，只要稍加整理便能恢復作用，代表在羅馬軍撤走之後，帕提亞人與波斯人至少有利用過這些運河一段時日。不管怎麼說，化身為工兵的羅馬軍官兵重新整頓，將水流再度引進圖拉真運河，使得朱利亞努斯麾下的船隊能夠通行，將攻城器械送到首都附近登陸。

在首都格帖絲皇前方的羅馬軍與波斯軍第一場正式會戰，發生於五月二十七日。攻擊方羅馬軍總指揮為當時三十一歲的朱利亞努斯，相對地待在波斯軍後方觀望狀況的，是有兩倍年齡的夏普爾二世。三萬五千名羅馬軍將面對超過十萬名的波斯部隊。似乎夏普爾一開始就打算盡量讓朱利亞努斯接近首都，讓波斯軍能在熟悉地勢的首都近郊決勝負。之前不知躲藏在何處的眾多波斯官兵，如今背對著首都的城牆等待羅馬軍出現。

這場決戰從頭到尾都是激烈戰鬥，然而羅馬軍始終占優勢。波斯軍雖然在數量上占優勢，但是官兵個別的訓練程度，以及組織作戰的戰術能力都不盡理想。這種軍隊在戰鬥時，往往容易因一個區域失守而造成全線崩盤。實際上，羅馬也曾享有好機會。當羅馬軍追擊朝著城門撤退的敵軍時，應該盡力向市內進攻。然而某一名將領害怕官兵衝進市區內之後會遭到敵軍包圍，因而發布停止追擊的命令。如果朱利亞努斯是與亞歷山大大帝、朱利斯・凱撒同等實力的將帥的話，會及早發現部下的失誤，親自策馬奔赴前線，高聲激勵全體官兵並強制全軍立刻展開追擊。在瞬息萬變的戰場上，勝負關鍵就在能否當機立斷。即使反應只晚了五分鐘，也可能造成致命傷。這一天的對決，就在波斯軍撤退，羅馬軍目送的狀況下結束，使得朱利亞努斯白白放過一個大好機會。

羅馬軍陣亡人數，七十五人。

波斯軍陣亡人數，兩萬五千人。

在這種比數下，不禁讓人想相信當天深夜夏普爾曾派來媾和密使的說法，而且也可理解朱利亞努斯連接見都沒接見就趕走密使時的心情。然而朱利亞努斯這天獲得的勝利，卻決定了他今後的命運。

羅馬軍失去迅速決戰的機會，接下來只好展開攻城戰。然而在攻打圍有數道堅固城牆的大都市時，必須要有打長期戰的心理準備。羅馬當年在無後顧之憂的狀態下攻打迦太基時，前後還花費了三年的時間。而在有可能遭敵軍背後偷襲的狀況下，無論戰鬥過程多占優勢，如果兵力不足以對付前後兩方面的敵軍，就不可能展開攻城作戰。當年漢尼拔面對羅馬城牆卻放棄攻城戰，就是因為整個義大利到處都可能出現羅馬殖民都市的援軍，而漢尼拔手邊的兵力無法應付雙面作戰。

就是因為如此，亞歷山大大帝與凱撒才會盡量避免攻城戰，設法將敵軍引誘出城外進行會戰。這兩名將領生前都是在敵方勢力下作戰，而且率領的兵力遠不及敵軍。朱利亞努斯的條件也是相同的。因此他喪失了趁亂攻陷敵國首都格帖絲皇的機會，是最為可惜的一件事情。

然而敘述當天戰鬥過程的軍官阿米亞努斯能發現這項事實的意義，在羅馬軍陣營召開作戰會議的將軍與高官卻似乎不夠理解問題所在。不過畢竟木已成舟，也難怪以朱利亞努斯為中心的作戰會議議題，會集中在今後應當如何行事。

讓人不解的是，原本應當與亞美尼亞軍會師一同南下，由普羅克派阿斯指揮的第二軍毫無音訊的事情，直到這個時候才成為會議討論的內容。

羅馬將兵力分成第一軍與第二軍，那麼互相之間應當掌握友軍的行動才對。不然的話將失去分頭行軍的益處，只留下分散兵力的缺點。除了身為皇帝遠親以外一無是處的普羅克派阿斯怠忽職守，沒有將自己的行蹤隨時稟報朱利亞努斯。然而似乎朱利亞努斯之前也沒有設法搜尋第二軍的行蹤。從在加列分道揚鑣至今已經過了五十天了。難道說這五十天之中，朱利亞努斯對於在格帖絲皇附近會師的約定毫不懷疑？

會議中眾人一致同意，光憑第一軍的三萬五千人無法攻下格帖絲皇。然而又一項令人不解的事情是，既然知道第一軍無法單獨攻城，竟然會議中沒人提議派遣分隊徹底攻擊附近城鎮，逼迫敵軍走出城門進行羅馬軍擅長的會戰。而且利用攻擊周邊城鎮的行為來爭取時間，設法搜尋第二軍進行會師。會不會是在朱利亞努斯擔任議長的作戰會議中，列席人員只考慮到一件事情，想不到別的辦法？列席人員一致決定的措施如下。

第一軍的三萬五千名兵力無法對首都展開攻城戰。

與第二軍會合之後才有辦法攻打首都。

然而第二軍目前行蹤不明。

即使派遣斥候部隊尋找第二軍行蹤，也無法肯定第二軍要花多少時間才能到達美索不達米亞中部。

因此羅馬方面以與第二軍會合為最優先事項，第一軍的三萬五千人姑且離開格帖絲皇，北上尋找第二軍進行會師。

在這就產生了另一個問題，就是大大小小超過一千艘的船艦要怎麼處理。由於重新維修了圖拉真運河，整個船隊已經全數開到底格里斯河裡。雖說底格里斯與幼發拉底兩條河都是大河，然而要順流而下容易，要逆流而上的話，除非極端好運地一路遇到順風，否則必須花費眾多人力。這些船艦當初由於目的不在海路運輸，因此配屬的槳數量只夠用於靠岸。如果要逆流而上的話，必須在兩岸派遣大量人力、牛隻牽引。如果讓大批官兵承擔這項工作，可預期的是遭受敵軍襲擊時將無法保護移動中的部隊。

因此會議結論是，留下三十艘船橋用的小船，其他的船艦一律銷毀。在銷毀時船上的貨物也幾乎全數折損。因為接下來只能仰賴人力與牛車運輸，無法將大量的軍糧、武器、攻城器械重新帶走。

各項物資盡可能分配到官兵手上以後，第一軍開始執行銷毀工作。一千艘以上的船隊在底格里斯河面上燃燒，火焰與煙霧幾乎要遮蔽了夏日豔陽與河面。

官兵們在銷毀時只能呆滯地看著火光。信仰基督教的士兵互相耳語，表示朱利亞努斯已經受到天神的懲罰發瘋了。不信仰基督教的官兵固然理性方面明白，如果不希望物資落到敵人手中，只有就地銷毀一途，可是在感性方面又是另一回事了。對於在敵境作戰的官兵來說，一切必須物資全仰賴船艦，一路行軍東征時也隨時看得到載著物資的船。對羅馬軍官兵來說，遍布底格里斯河面的船隊保障他們安心，也是連接官兵與祖國的命脈。如今這些船就在官兵面前付之一炬。銷毀船隊這件事情，對官兵造成的心理衝擊十分巨大。

如果羅馬軍仿效圖拉真皇帝，在陸路水路兩方面展開後勤補給的話，官兵受到的打擊應該僅止於補給路線減半造成的物資匱乏，還不會直接影響到心理層面。維持複數選項，亦即分散風險的效益就在這種地方。

北上底格里斯

看樣子，比起無法掌握友軍行蹤的朱利亞努斯，波斯王夏普爾收集情報的能力要好得多。波斯王掌握了羅馬軍銷毀船隊沿著底格里斯河東岸北上時的每個動靜，而且每當掌握機會，就會立即派兵襲擊。羅馬軍官兵被逼得要在行軍時設法擊退敵軍，不過他們至少成功地抵禦了波斯軍的每一道攻勢。

問題是，夏普爾根本不在意麾下部隊的損耗。就算有一千名官兵陣亡，只要能折損一百名羅馬軍，就算是優良戰果。即使羅馬軍每次都獲勝，也已經是「皮拉斯的勝利」。羅馬軍愈是北上，傷亡人數就愈是增加，這也會形成官兵之間的厭戰氣息。

而且隨著羅馬軍北上撤軍的進度，夏普爾推動的波狀攻擊，每次攻擊的間隔時間愈來愈短。羅馬軍官兵甚至在設置營地時遇到警報，急忙丟下鋸子拿起武器應戰，到最後連夜間都無法安心就寢。

只不過，波斯王除了知道情報的重要性以外，在行軍打仗方面的才能實在有限。如果他繼續維持波狀攻擊折磨羅馬軍，同時設法阻止羅馬軍渡過底格里斯、幼發拉底兩條河的話，進入貧血狀況的羅馬軍遲早會自取滅亡。畢竟這時夏普爾已經下令將沿著底格里斯河左岸北上的羅馬軍附近化為焦土。這附近原本是農耕地帶，夏普爾焦土作戰的目的，當然在阻斷羅馬軍取得食物的途徑。而且這時季節為夏季，戰場在中東，羅馬軍主力部隊又多半是出身北歐地區的官兵。

描繪有夏普爾二世的銀盤

不久前夏普爾在格帖絲皇前方大敗，在國民面前丟臉，如今他想要扳回顏面。與首都前的會戰相同地，由國王率領眾多王室成員親自參戰，而且戰鬥中還運用了大量從印度徵調來的戰象部隊，展開了一場正式的會戰。

朱利亞努斯當然也接受這項挑戰。上白皇帝下至士卒，全體官兵都認為既然沒有退路，乾脆奮力死戰。

這場戰鬥發生在六月十六日。一旦進行會戰形式的戰鬥，羅馬軍又能發揮實力。儘管戰鬥過程激烈，最後波斯方面還是只有撤退一途，在戰場上留下了大批陣亡人員。據說在波斯的大量陣亡人員之中，包括代替國王擔任指揮的司令官，以及夏普爾諸多子嗣中的兩名。印度象的屍體躺在戰場上，遠遠看去有如許多小山丘。

第二次會戰失利對夏普爾造成不小打擊，逼使他恢復採波狀攻擊的游擊戰術。可是對羅馬軍官兵來說，這簡直是沒有終點的苦行。只要渡過幼發拉底河，大家就能回到羅馬國土了，而如今別說是幼發拉底河，連底格里斯河都無法渡過。

這時官兵對皇帝的看法開始產生變化，尤其基督教徒的變化最為顯著。如果能回頭想想他們的宗教信仰的話，倒可以了解他們的心情。根據基督教的說法，是天神賜予皇帝權威與權力，皇帝才有辦法登基即位。而神明已經用焚燒船隊、敵前撤軍、在豔陽下遭受敵軍襲擊等眾所周知的方式懲罰皇帝，因此臣子已經沒有義務服從皇帝。這時朱利亞努斯正在執行帶著超過三萬人以上的團體進行撤退的任務，難度遠超過進軍出擊。官兵心底產生的變化，對他來說意味著極大的危險性。

英年早逝

西元三六三年六月二十六日，這天盛夏的陽光，依舊無情地照在望著西側的底格里斯河北上的羅馬軍身上。而這一天波斯軍依照慣例，以戰象帶頭再度展開無情的襲擊。

朱利亞努斯在主帥帳中接獲的第一項報告，是後衛部隊突然遭到敵軍襲擊。這時皇帝沒有穿上胸甲，只攜帶騎兵用的圓盾與長劍就跳上馬匹，趕往行軍隊伍的最後方。這時跟著他的，只有隨時待在皇帝身邊值勤的衛隊。

話說回來，皇帝可不是小兵。即使事情發生在敵軍突襲時，在阿米亞努斯記載下，身為最高司令官的皇帝竟然在作戰時連胸甲都沒穿，這點讓人感到無法釋懷。在小說家戈爾．維達爾筆下，當時是信仰基督教的傭人刻意破壞胸甲的扣環，而且罷工沒有送修，逼得朱利亞努斯在沒穿胸甲的狀況下作戰。因為這個意外太令人難以接受，使得上述劇情得以成立。

別說是皇帝，就連大隊長階層以上的軍官，身邊都會有負責照應起居的侍從兵或奴隸傭人。對這些人來說，武裝與武器的保養、預備，是絕對不能鬆懈的職責。因此一切準備工作由他們負責，主人在參戰前只要一挺胸，隨從就必須幫他把胸甲與護腿套上身子。所以照常理推斷，皇帝會無法穿著胸甲作戰，背後一定有隱情。

另外，羅馬軍官兵的胸甲是直接穿在短衣上頭的。沒穿胸甲就出現在戰場上，也就等於只穿著內衣出場，這可不是成年男子上戰場時該有的服裝儀容。因此，如果朱利亞努斯真的只穿著短衣就跳上戰馬的話，很有可能是皇帝身邊的全體傭人聯合起來罷工的結果。只不過無論是當時還是現在，真相一直在五里霧中。

後衛部隊在敵軍突襲之下亂了陣腳，不過當朱利亞努斯趕來激勵之後重新振作，開始成功擊退敵軍。然而這時又傳來第二項報告，前衛部隊同樣遭敵軍攻擊了。

朱利亞努斯立刻調轉馬頭，帶著衛隊往前衛部隊奔馳。前衛的戰鬥與後衛一樣激烈，不過狀況已經開始明朗。

這時不知從何處飛來一支標槍，刺中騎在馬上的朱利亞努斯腹部。朱利亞努斯想用右手將標槍拔出，但折斷的標槍槍尖反而傷害了他的手掌。可能手掌受的傷也不輕，開始冒出大量鮮血。手掌的傷與右腹部的傷造成大量失血，使得朱利亞努斯失去意識，從馬匹上摔了下來，白色的短衣一下子就染紅了。

衛隊的士兵將躺在血泊中的皇帝送回主帥帳，讓他躺在行軍用的折疊床上。御醫奧利巴修斯接到通知後連忙趕來為朱利亞努斯急救，這才發現傷勢深及內臟。對朱利亞努斯來說，他早在當哲學學徒時就已經認識御醫奧利巴修斯，兩人在高盧的五年之中也維持摯友關係。就連這名優秀的希臘裔醫師也表示無計可施，如今只能在緊急止血之後，用繃帶包紮傷口。

就連躺在帳篷裡的朱利亞努斯，以及站在他身邊的人們都能聽到外頭的喧鬧聲。滿身汗水的傳令兵進入帳篷，表示戰況已經好轉。波斯方面嚴重受創，有兩名司令與五十名以上的貴族陣亡。朱利亞努斯聽到消息之後恢復鬥志想要起身，因而拉開了傷口再度開始流血。

朱利亞努斯勉強支撐著精神，聽取成功擊退敵軍後的最終戰鬥報告。而且根據戰鬥結束後趕來的將領表示，當天的擊退戰戰果優於以往。朱利亞努斯原本承受著失血與發燒的痛苦，聽到這項報告之後表情有些扭曲，好似想要微笑。只不過，朱利亞努斯的笑容維持不久。他發現臥榻旁的將領與高官中少了一個熟悉的人物，於是他詢問阿納特柳斯的去向，而薩爾提烏斯回答說「殉國了」。這時一道眼淚從朱利亞努斯的臉上流下。阿納特柳斯的地位有如現代的幕僚長，在銷毀船隊、軍隊陷入孤立之後，阿納特柳斯是少數幾個沒有對朱利亞努斯改變態度的高官之一。

夜幕開始深垂，在一整天的激戰之後，羅馬軍將在原地過夜。朱利亞努斯在幾乎全體高官到齊的狀況下，躺在臥榻上開始說話了。

「看樣子朕與人生道別的時刻已經來到。朕時常認為，要設法回報生育朕的大自然，如今有這機會，心中十分欣喜。哲學說，生為苦，死為解放，因此是樂事。哲學又說，死亡是諸神賜給在現世立下功績之人的最後獎賞。

多年來的行止，從未令朕後悔。可喜的是朕從未染指謀殺與卑劣之行為。無論與世隔絕的時期，抑或日後集大權於一身的時候，同樣忠於自我，活得不與自身信念相違逆。同時朕亦努力順應諸神之期望而活。施政時留心良好之統治，做開戰決斷時，總在深思熟慮之後，認為是無計可施之下採取之最後手段。儘管如此，結果未必盡如人意。就好似

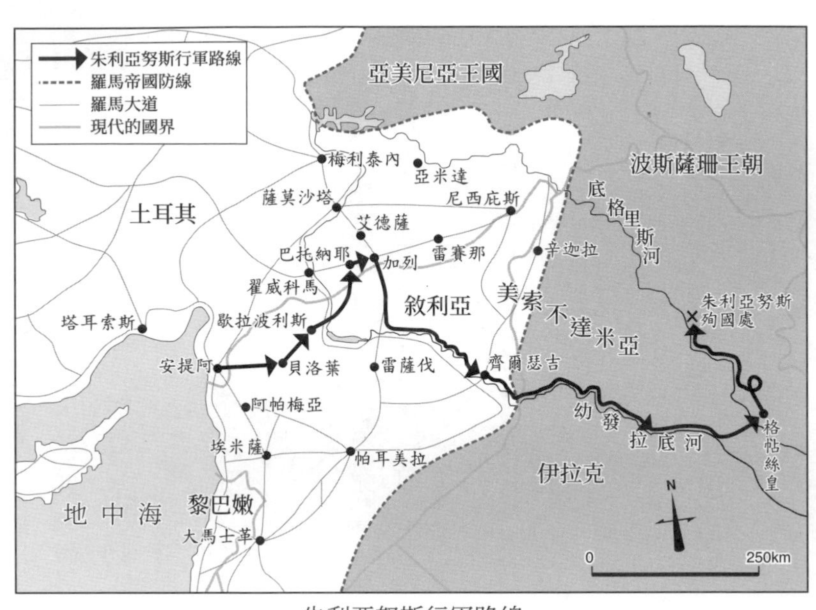

朱利亞努斯行軍路線

人間許多事物，每當結果良善時歸功於諸神協助，欠佳時則歸罪於人類之錯誤。

儘管如此，朕依舊確信帝國之存在意義在於保障黎民安全與繁榮，並為此付諸行動。在此敢毫無猶豫斷言，掌權之後朕推行之一切政策，皆是為了達成上述目的。」

朱利亞努斯在這時長長吸了一口氣，繼續往下說：

「再也無法說話了。連自己都感受得到逐漸喪失力氣。儘管死亡已經來到身邊，朕最後必須做個交代。

關於次任皇帝人選，朕不做提名。一來朕可能在人選上考慮不周，再者若該當人選不受官兵支持，可能造成致命傷害。因此，人選委由諸位決定。朕能做的，只有期望羅馬帝國百姓能於繼任人選統治之下，過著安全繁榮之生活。」

朱利亞努斯說完皇帝必須交代的事項之後，這才將哲學家里巴尼烏斯與普利斯克斯兩人叫到床邊，聽著這兩名朋友討論關於生死的話題。到了半夜時分，他表示想要喝冷水。傭人隨即用淡紫色玻璃容器送來冷水，而他在喝下一口冷水之後，靜靜地離開人間。

從朱利亞努斯過世當天回頭計算的話：

享年三十一歲七個月。

若從登基稱帝起算，則是一年七個月。

從展開波斯戰役起算，則是三個月又二十天。

從銷毀船隊開始撤退起算，則只有二十五天。

朱利亞努斯逝世後

朱利亞努斯過世之後，決定繼任皇帝的會議隨即開始，而列席的將領與高官之間分裂成兩派。亦即在前任皇帝君士坦提烏斯任內發達的人，以及在朱利亞努斯任內獲得拔擢的派系。前者大多數是基督教徒，後者則以異教徒為多。

似乎雙方勢力相等，無法凝聚選票在一個人身上。後來為了挑選兩派都能接受的人選，眾人看上了身為異教徒但受基督教徒歡迎的薩爾提烏斯。他正好與朱利亞努斯一同擔任這一年的執政官。在執政官朱利亞努斯身故後，由另一名執政官直接遞補，也可說是適當的接棒人選。然而這名以穩健富良知著稱的高等官員，卻以高齡為由推辭了皇位。

一旦陷入這等局面，往往會浮出檯面的，是能力比誰都差，但是造成傷害的風險也最低的人物。體格不錯，而且從未成為官兵八卦傳言對象的約維安，就這樣獲選成為朱利亞努斯之後的皇帝。第二天二十七日，約維安皇帝就這樣出現在官兵面前。可能是將領事前已經打點過了，官兵一齊以執劍敲盾的方式表示對新任皇帝效忠。順帶一提，約維安是基督教徒。

新任皇帝登基之後，前一天晚上在官兵之間流傳得火熱的謠言，就好像消防車灑水後一樣消失無蹤。謠言傳說，深深插在沒有胸甲保護的朱利亞努斯腹部上的標槍，不是出自波斯軍隊手中，而是某個皇帝衛隊在近距離射出的。傳出謠言的士兵表示，他撿起丟在地上的標槍之後發現，這標槍並非波斯軍的武器，上頭還有羅馬騎兵的紋章。只不過這道謠言隨著新任皇帝上任後消失了。而新任皇帝約維安的上一個工作，正巧是皇帝的衛隊隊長。

而且不知道為什麼，第二軍的三萬名部隊到這時候才南下趕到。受朱利亞努斯委託率領第二軍的普羅克派阿斯與賽巴斯提亞努斯兩人表示，遲遲無法南下的原因，在於試圖說服亞美尼亞王出兵。不過光是三個月來音訊不通，就已經罪該萬死。而且最後亞美尼亞王保持中立沒有參戰，兩人根本白白浪費這三個月光陰。然而事到如今，已經沒人會責怪這兩個人。無能的普羅克派阿斯獲得一項新的任務，就是護送朱利亞努斯的遺體回到羅馬領土。而據說身為基督教徒的賽巴斯提亞努斯是在軍團中歷練過的人物，因此直接留在軍團中。

朱利亞努斯不是基督教徒，因此沒有必要保留遺體入殮，也就不需要在土葬前設法維持遺體完整，想必他的遺體是按照羅馬傳統方式舉行火葬吧。所以普羅克派阿斯的任務，就是護送皇帝的骨灰罈。不過，朱利亞努斯入殮的地點比較麻煩。君士坦丁堡的興建目的，在於作為基督教的首都，因此沒有他容身之處。話說回來，異教風味依舊濃厚的羅馬又太遠了。而朱利亞努斯生前公開表示不再踏上安提阿的土地，這裡也不可能成為他的長眠之處。因此，位於小亞細亞東南部，整個城鎮對朱利亞努斯比較友善的塔耳索斯，就成了他的葬身之地。只不過當時羅馬軍連日遭到波斯軍襲擊，皇帝的遺骨即使在衛隊保護之下，還是無法先行一步朝羅馬領土出發。結果朱利亞努斯的骨灰直到跨越國界為止，都隨著軍團一同行動。另外，在入殮塔耳索斯不久之後，朱利亞努斯的墳墓也失蹤了。塔耳索斯是在基督教會中地位與彼得同等的保羅出身地，在日益走上基督教國家路線的羅馬世界中，這個城鎮實在不可能成為「叛教者」朱利亞努斯長眠的地方。

讓人稱奇的是，沒有人建議將朱利亞努斯送到他所熱愛的雅典下葬。可能朱利亞努斯生前屢次表示自己是哲學學徒時，身邊的高官總是左耳進右耳出吧。畢竟西元四世紀時，宗教勢力日益高漲，哲學卻是日益衰微。

締結和約

與第二軍會合之後，羅馬軍兵力增加到六萬名。讓人難以理解的是，在約維安當上最高司令官之後，羅馬軍依舊手足無措地被釘死在底格里斯河東岸。

光是第一軍三萬五千人在撤退時，就已經苦於無法籌措充足的糧餉，因此也有可能撤退人數膨脹到六萬人之後，連帶產生更多不利條件。只不過，既然手上有六萬人，大可將兵力分散成許多分隊，聲東擊西迫使波斯軍兵力分散，再找機會各個擊破。儘管羅馬軍不斷遭到波斯軍襲擊，每次遇到襲擊時都能將敵軍擊退，這些日子的反擊戰鬥可以證明羅馬軍的戰力比波斯軍優秀。事情的關鍵，在於是否願意承受因作戰而造成的損失。而一旦決定要承受損失，之後就必須有辦法活用兵力。而活用兵力執行出乎敵軍意料的手段時，必要的是意志力、彈性思考和決斷能力。難道說當朱利亞努斯殉國之後，羅馬軍喪失了這些條件？還是說他們滿腦子只想著要趕緊回國，沒有餘裕去思考別的事情？

看來事情真相屬於後者。朱利亞努斯逝世五天後，亦即約維安登基四天後，新任皇帝與全體將領高官召開作戰會議，一致決定派遣使者向波斯王求和。皇帝特使人選定為薩爾提烏斯。而他雖然推辭了登基的請求，但願意接下這件工作。第二天七月一日，他便與夏普爾王派來的波斯特使展開了交涉工作。

實際上，這根本稱不上和平談判，因為羅馬方面直接接受了波斯方面提出的一切條件。

不過夏普爾二世這人似乎挺喜歡公平競爭。在筆者的觀念中，波斯的統治者爭奪美索不達米亞北部與底格里斯河東岸五個稅區的所屬權，只是治國者的義務。而他在談判時只要求羅馬歸還這些地方，除此之外沒有提出任何條件。這些地方在六十六年前西元二九七年時，因副帝伽雷留斯戰勝波斯，因而正式成為羅馬的領土。對羅馬來說，這些地方是防衛上的重要領地；而對波斯來說，這些地方則是多年前的失土。夏普爾二世沒有提出其他的條件。儘管所有戰鬥都發生在波斯境內，他依舊沒提出戰役受害的賠款要求。羅馬兵俘虜以往也是推動波斯境內基礎建設工程的有效人力，夏普爾大可要求由羅馬提供人手協助施工，但他也沒做這種要求。讓羅馬軍平安回國的唯一條件，就是由羅馬方面歸還六十六年前波斯戰敗時割讓的領土。波斯方面因而大作宣傳，表示這場議和是「夏普爾的寬容」。以往一提到「寬容」總會讓人聯想到「凱撒的寬容」，彷彿這是羅馬人的專利品。如今羅馬竟然要讓波斯人寬容了。

在羅馬軍中，有不少人表示這是屈辱和談，其中包括記錄整場戰役的阿米亞努斯在內。然而以約維安皇帝為首的羅馬高層一致決定以這些條件締結條約。在波斯王特使造訪羅馬陣營，締結簡單的條約之後，這項和談就結束了。新任皇帝的使者隨即趕往在第二天將成為波斯領地的美索不達米亞北部各都市，以及底格里斯河東岸的五個稅區。當然，派出這些使者的目的在於命令羅馬軍相關人員撤軍。而居民則可自由決定是留在波斯之下，或者遷移到羅馬國內。曾經成功抵擋波斯軍攻擊的尼西庇斯居民主張徹底抗戰，但是意見沒獲得上層接受。

在締結和約之後羅馬軍終於能渡過底格里斯河西撤。但是羅馬軍向西橫跨美索不達米亞後，渡過幼發拉底河回到羅馬境內的日期並未留下詳細記錄。羅馬軍如今不用擔憂遭到波斯軍襲擊了。但羅馬軍在行軍過程中，還要受到不是波斯王部下，但也不屬於羅馬陣營，而是在兩大政治勢力夾縫中謀生的阿拉伯強盜騷擾。儘管撤退過程同樣不輕鬆，似乎約維安皇帝在初秋時已經回到安提阿。由於安提阿居民討厭朱利亞努斯，連非基督教徒的居民都把他的死訊當成好消息，全體市民因而大舉歡迎新任皇帝駕到。

約維安可能也覺得在安提阿的生活挺愜意，在當地一直停留到快要年底。而當皇帝身在安提阿的期間，前來陳情的人絡繹不絕。其中人數最多最顯眼的，就是基督教會的神職人員。阿塔那修斯在朱利亞努斯登基後主動退回修道院生活，在這時還特地離開埃及的沙漠前來敘利亞的安提阿，在新任皇帝面前留下這段預言：

「您對正統宗教的深厚信仰，想必將保障您的皇位綿延和平。」

朱利亞努斯的前一任皇帝君士坦提烏斯傾向於亞流派基督教，在朱利亞努斯之後繼位的約維安則相反地，信仰阿塔那修斯教派。亦即他是宣揚三位一體的天主教派基督教徒，所以上述預言中的「正統宗教」指的是三位一體派基督教。然而「正統宗教」代表人的這項預言，不久後便完全落空了。

約維安身在安提阿時，賣力頒布了許多法令。這些法令的效用全在於撤銷朱利亞努斯制定的政策。在朱利亞努斯頒布推行的法令之中，只有能存留在《狄奧多西法典》，亦即對於日益走上基督教國家路線的羅馬帝國來說沒害處的法律才能夠存續。然而能存留下來的都是行政法令，目的在遏止基督教勢力擴大的法令，在這段時期內陸續遭到廢除。

遭到廢除的法令中，不知為何還包括了減稅法令。儘管朱利亞努斯所提倡的，藉由大幅減稅復甦經濟的想法，在高盧施政期間已經證實有效。也許羅馬高層認為，這種政策對於日益走上基督教國家路線的羅馬帝國無益處吧。

在一連串修法之下，一切狀況恢復到朱利亞努斯登基之前的模樣。年輕皇帝的努力就此付諸流水。

約維安在做完上列施政之後，於西元三六三年底離開安提阿前往君士坦丁堡，途中在小亞細亞南海岸迎接西元三六四年元旦。隨後他一如朱利亞努斯登基前的皇帝行徑，率領著華麗的隊伍漫遊。而在二月十七日早上，於某個地方仕紳的家中成為沉默的屍體。官方只簡單發表聲明，表示死因是前一天晚上暴飲暴食。

儘管執政只有七個月，約維安卻完成了他所有應完成的工作。

首先他完成了因對帝國東方國防造成重大影響，因此在羅馬史上留名的，與波斯王夏普爾之間的議和。

其次則是將朱利亞努斯的政策全盤廢除推翻。

如果換個角度來看，我們也可說這名前任衛隊隊長在完成所有工作之後失去利用價值，因此沒辦法以皇帝身份進入首都。

跟隨約維安前往君士坦丁堡的全體高官再度召開會議，決定繼任的皇帝人選。這次的新任皇帝人選很快就出爐了。只因約維安的親基督教政策，把異教勢力打得一敗塗地，因此遴選皇帝時勢力不若上次會議時強盛。

獲選成為皇帝的人名叫瓦倫提尼安。這人是在多瑙河防衛軍之中歷練過的將軍，而且出身於純粹的北方蠻族。我們甚至可以說，這次上任的是個日耳曼族出身的羅馬帝國皇帝。在當時留下的記錄中也明文表示，以往的皇帝之中固然有人流著蠻族血統，但還是頭一次有像瓦倫提尼安這般蠻族血統濃厚的人當上羅馬皇帝。當初馬格嫩提烏斯舉兵稱帝時，身上的蠻族血統對他造成不利條件。而在十四年以後，與馬格嫩提烏斯同樣出身日耳曼的瓦倫提尼安在登基時，蠻族血統卻沒造成任何影響。只因為高官一致同意，新任皇帝只要是基督教徒，就算是出身蠻族也無所謂。

剛繼任的日耳曼裔羅馬皇帝，在朱利亞努斯皇帝在位時並沒有受到冷落，但也沒受到特別重視。只不過反朱利亞努斯派認為，這人也是自己的同夥。

就這樣，在當時的記錄中稱為「極端接近北方蠻族」的羅馬皇帝，展開了長達十一年的在位期間。而當他開始執政的時候，寧願相信朱利亞努斯治國的十九個月時光只是一場夢境。

朱利亞努斯皇帝的生與死

當筆者沒有深入研究朱利亞努斯這個人時，以為這名年輕皇帝是個懷舊主義的代表性人物。筆者誤以為他做的事情不合乎時代，是個滿心只想違逆時代潮流，思慮不周的人物。

不過如今筆者已經不這麼想。不僅如此，甚至會想像如果他治國期間不是十九個月而是十九年的話，後來的羅馬帝國會是什麼樣的景象。

西元四世紀時，羅馬帝國並非像後世認定的那樣充滿基督教色彩。即使在基督教勢力強盛的帝國東方，異教勢力依舊不容忽視。從朱利亞努斯登基之後各地異教徒展開對基督教社區反擊的行動，就可以證明這一點。另外，基督教會內部爭鬥不休，亞流教派與阿塔那修斯教派強烈的互相憎惡，有如近親之間的仇恨。就連在兩人教派內部，因教義解釋有些許差異為名目的抗爭也日益遽增。讓人覺得有趣的是，這種現象在君士坦丁大帝承認基督教合法之後反而更加惡化。如上所述，西元四世紀時的帝國宗教情勢，可能發展成基督教領頭，也可能恢復到以異教為主。在這時代的基督教著作中也顯現了這一點。閱讀這些著作時可以發現，其共通處為強烈的危機意識。而危機意識針對「異教」，同時也針對基督教內部的「異端」。

朱利亞努斯在生前向這個時代拋出一塊石頭。假設他在位期間不是十九個月而是十九年的話，在位十九年之後他的年紀也才五十歲，因此這項假設相當具有可能性。那麼他所拋出的石頭數量將會更多，說不定足以改變整個歷史的走向。如果這項假設成真的話，說不定羅馬人不再認為信仰基督教可獲得在凡間的利益。而宗教或許可以恢復成與現世利益無關，僅拯救個人靈魂的存在。

朱利亞努斯高聲反對由宗教支配現世。恐怕他是唯一一個發現一神教弊病的古代人。

由於古代屬於多神教世界，古代的有識之士無法發現一神教的弊病。由於他們身處即使信仰的神明不同，也認同他人信仰的世界，因此不知道不認同別人信仰的世界是什麼樣子，也就無法發現弊端。在屬於多神教世界的古代之中，僅有猶太教是一神教。然而猶太教徒的選民思想深厚，不願意拉攏別人加入自己的信仰。在古代所有宗教中，只有基督教重視積極向觀念不同的人傳教。

元首政治時代的羅馬有識之士無法察覺一神教弊端，而朱利亞努斯察覺得到的原因，在於他是力圖振興基督教的君士坦丁大帝的親戚，長年觀察大帝之子君士坦提烏斯的施政長大。正因為是近親，才能發覺外人不知道的地方。從這個層面來說，朱利亞努斯獲得的，直到現代都形成通稱的「叛教者」蔑稱，其實背後蘊涵了許多意義。說不定對於這名三十一歲就逝世的反叛者來說，這反而是最光彩的別名也說不定。

「叛教者」朱利亞努斯

第三章

主教安布洛修斯

（西元三七四～三九七年在位）

十年過去了。

從西元三六四年到三七四年，十年了。

朱利亞努斯殉國，繼任的約維安也在七個月後猝逝，由瓦倫提尼安接任當上皇帝，而他開始治國至今已經第十年。

在這十年之中，羅馬帝國人民的日子過得並不平靜。元首政治時代的非常局面早已成為常態，而這十年下來更是根深蒂固。換句話說這些年成為常態的狀況，就好像每當遇到堤防崩潰時就趕往崩潰的地方應急維修，而當應急維修阻止洪水之後，其他地方馬上又發生潰堤，又要起身趕往施工的狀態。這種狀態下還能度過十年歲月的原因，在於波斯王夏普爾年紀老邁，以及四十三歲登基的瓦倫提尼安擁有相當程度的軍事才能。

出身蠻族的皇帝

瓦倫提尼安雖然是日耳曼人，但生長於羅馬的旁諾尼亞行省。他在西元三二一年左右，出生於相當於現代匈牙利或塞爾維亞與蒙特內哥羅附近的多瑙河沿岸地區。由於父親是多瑙河防衛軍的官兵，因此身為長子的瓦倫提尼安也很自然地在成年後加入了羅馬軍中。而同輩的君士坦提烏斯治國的二十四年期間，也與他服役的期間相重疊。他在四十二歲時伴隨朱利亞努斯皇帝遠征波斯，嘗遍這場遠征之中的榮耀與屈辱。在當時的將軍之中，恐怕他是前線經驗最豐富

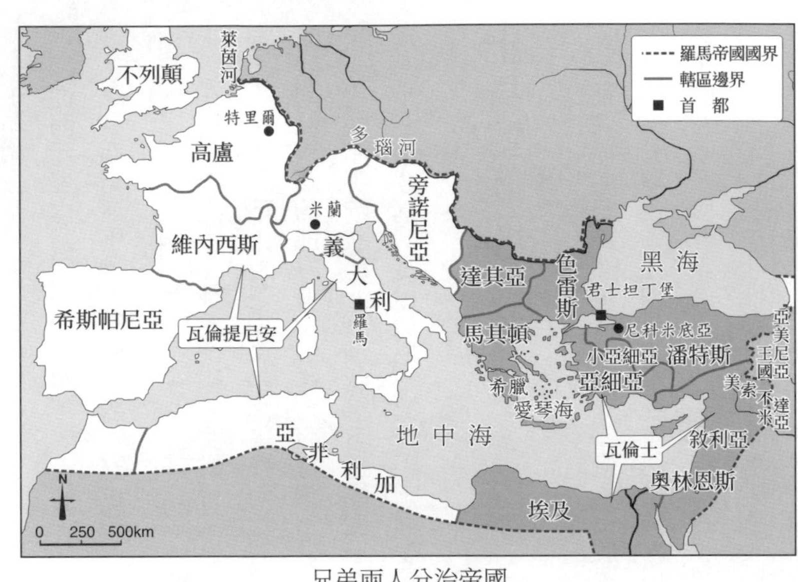

兄弟兩人分治帝國

的人物之一。也正因為如此，他知道一個人無法背負整個羅馬帝國。在登基稱帝一個月以後，他任命親生弟弟瓦倫士為共同皇帝，而不是副帝。

年輕七歲的瓦倫士在三十六歲當上共同皇帝之前的經歷不詳。假使他同樣是軍人，想必能力也比不上曾當過北非、不列顛司令官的長兄。不過對於瓦倫提尼安來說，只要弟弟對自己忠誠就夠了。

這對兄弟一如上圖所示，分頭負責統治帝國。兄長負責西方，小弟負責東方的原因在於，這段期間問題集中在帝國西方。而對羅馬皇帝來說，所謂的「問題」就是如何防禦外侮。

雖然瓦倫士皇帝人格溫厚但能力欠佳，然而他依舊能在不犯大錯的狀況下承擔帝國東方的防衛責任。最主要的原因在於波斯王夏普爾的鬥性減退。

不過，這也是理所當然的事情。夏普爾已經達成就位之後期望不已的目標。在羅馬統治下過了七十年的美索不達米亞北部，終於又回到波斯王國的版圖之中。他還在朱利亞努斯身故後，趁著約維安政權急於恢復基督教勢力的機會，攻擊多年來形成波斯與羅馬爭端的亞美尼亞王國，殺害國王使其成為實質上的附屬國。曾是君士坦提烏斯皇帝的未婚妻，出身君士坦丁堡上流階層的王妃，如今成為奴隸，賜給了某一名將軍。亞美尼亞王當初無視朱利亞努斯的勸說，在波斯戰役中保持中立，但沒有能因此保住國家。

對羅馬人來說，波斯王夏普爾二世是個難以忘懷的人物，但生年不詳。假使他於西元三〇九年繼位時還是少年的說法正確的話，那麼當他利用拖延戰術打擊朱利亞努斯時已經年近七十，在他終於達成終生目標時已經七十歲左右。接下來的十年之中，當然他會欠缺對羅馬的鬥性。

瓦倫提尼安

美索不達米亞北部及亞美尼亞王國落入敵國手中，使得羅馬帝國東方防衛體制支離破碎。但由於波斯方面沒有進攻，使得羅馬帝國東方得救了。當波斯王夏普爾二世在西元三七九年逝世時，國內氣氛就好像乾枯的大樹慢慢倒下一樣。而無論哪一個民族，要在治國長達七十年的優秀君主之後繼位都不是容易的事情。夏普爾二世身故之後，波斯王國的王位動盪不安。對於東方防衛體制瀕臨瓦解的羅馬帝國來說，這又是一件幸運的事情。

與東方相反地，帝國西方這十年下來問題不斷。這點與瓦倫提尼安皇帝的能力無關，純粹是「敵人」的性質不同。

與東方的敵人波斯不同的是，不管是出兵攻打或設法拉攏，帝國西方的敵人，也就是北方蠻族，數量都只有增加不會減少。謀生困難的人朝可能謀生的土地遷徙，是很自然的趨勢。因此從歷史的角度來看，歐洲東北氣候嚴苛，當地人又不懂得運用土地，因而生產能力低，自然地會朝氣候溫暖、土地已經開發的豐饒西南方遷徙。簡單來說，人是會移動的，而且移動過程時常伴隨著暴力。在西元四世紀時這種人的眼光，在東歐朝向波斯王國，在西歐則朝向羅馬帝國。

而且這種移動現象，往往會形成骨牌效應。一旦背後遭到新的遷徙壓力逼迫，原本在羅馬帝國國界附近逐漸定居的部落，也會被逼到闖入羅馬境內。到了西元四世紀之後這種骨牌效應更加惡化，儘管羅馬帝國向來能成功與國界附近的蠻族建立良好關係，但是北方蠻族的問題始終無法克服。

瓦倫提尼安在位十年來敵對過的蠻族，若以地區為基準的話，可分類如下。

跨越萊茵河入侵高盧：法蘭克族、勃艮第族、汪達爾族、亞列門諾族。

由北海入侵不列顛：皮克特族、蘇格蘭族、盎格魯族、薩克遜族。

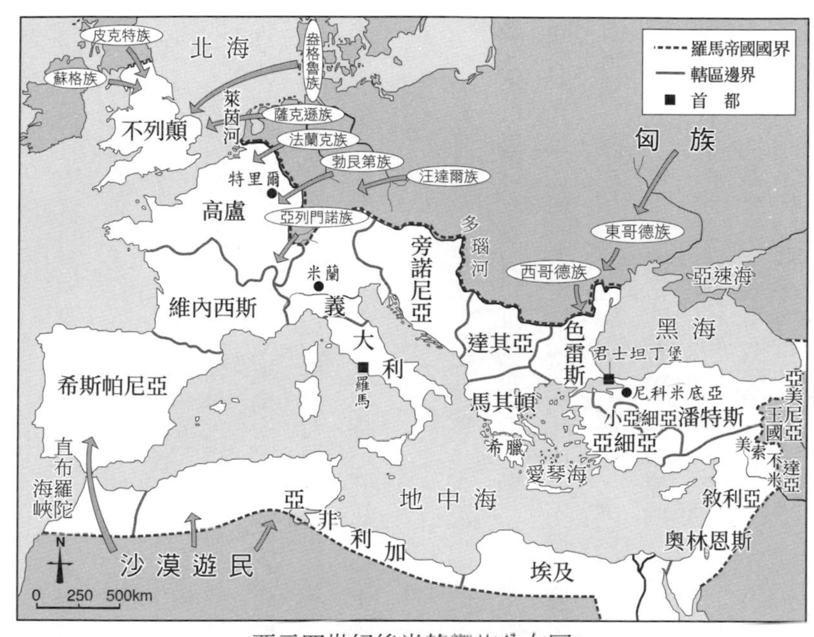

西元四世紀後半的蠻族分布圖

渡過多瑙河入侵：以哥德族為總稱，細分為東哥德、西哥德等部族個別入侵。另外也發生過各部族聯合入侵的例子。而且在這條戰線上，又多了一個由亞洲遷徙而來的匈族。

入侵北非：沙漠游民。有時候這些人會渡過直布羅陀海峽侵略伊比利半島，已經無法視為暫時性的侵襲。

百年以後民族大遷徙時的主要人物，在這時候已經全數出場了。西元四世紀與五世紀時不同的地方在於，四世紀時的蠻族簡單來說還是一群盜匪，維持著襲擊燒殺搶奪之後揚長而去的作風。而百年之後，則改變為燒殺擄掠之後，繼續盤據在當地。

如上所述，在瓦倫提尼安四處奔

走之下，成功擊退了侵入整個帝國西側的蠻族。他本人毫不歇息地趕往各個前線，在現場指揮作戰。另外，一旦發掘有能力的人手，無論其出身民族，立即拔擢重用，委託其代理一個人無法全數承擔的軍事工作。原本他本人便出身蠻族，在這十年挑選人手的過程之下，羅馬軍將領之中蠻族出身的人員比例更是持續增加。不過值得特別注意的是，這些蠻族出身的將領與士卒即使作戰時面臨血緣相同的蠻族，還是願意忠誠地為羅馬帝國盡力，背叛的實例只有兩、三起。

在元首政治時期中，受羅馬帝國支配的行省居民向來熱衷於羅馬化。而到了帝國後期，帝國內部的蠻族出身人員，同樣滿有羅馬人化的熱忱。筆者認為，羅馬帝國的魅力何在，值得我們後人深思研討，因為就連瓦倫提尼安也是迷上羅馬的外人之一。

可能是因為多年來忙於在戰場上奔走，因此瓦倫提尼安沒有留下太多與政治相關的記錄。政策遵循著約維安皇帝推翻朱利亞努斯皇帝改革政策時的樣子。或者應該說，一切都回到朱利亞努斯登基之前的君士坦提烏斯時代。不過瓦倫提尼安沒有閒暇躲在皇宮裡玩弄詭計，皇帝與其周遭人員在這方面可說是乾乾淨淨、沉穩無比。高等宦官沒有玩弄國政的餘地，皇帝也沒有閒暇時間享受東方風格的奢華。瓦倫提尼安雖然是基督教徒，不過他信教的原因，似乎與凱撒利亞主教優西比烏斯所悲嘆的，因為在現實上有利而成為基督教徒的人同樣。正因為如此，他才能與基督教會保持適當的距離。他厭惡牽涉到亞流派與阿塔那修斯派的教義論爭，當主教前來請願，希望他召開公會議聚集主教時，他只交代讓主教自行其事，不願意有任何瓜葛。異教徒在這個認同所有宗教與教派信仰自由，重新頒布「米蘭敕令」的蠻族皇帝之下，得以度過神殿不遭破壞，祭典能公然舉行的日子。

只不過，瓦倫提尼安沒受過教育，因此他厭惡受過教育，尤其受過高等教育的人。在這個時代，受過高等教育的人多半不是基督教徒，而是基督教徒眼中的「異教徒」。而這些人的聖地，就是羅馬元老院。瓦倫提尼安皇帝把反叛皇帝的罪名施加在這些羅馬世家出身的元老院議員身上，以物理方式排除這些人。據說元老院議員人數因此減少到三分之二。消失不見的三分之一元老院議員並非全數遭到處死，大多數是看到局勢不妙，因此放棄祖傳的元老院席位回到個人身份。不過從結果來看，瓦倫提尼安同樣促使異教勢力更加衰敗。

似乎即使出身蠻族，人只要當上皇帝就會希望繼位的會是有自己血統的人。瓦倫提尼安已故的妻子為他生育了一名名叫格拉蒂安的男孩，在父親登基第十年時，這名男孩已經十五歲。而這名長子很早就取得了「奧古斯都」稱號。此外，瓦倫提尼安為了沖淡其為蠻族出身皇帝的印象，加強正統皇帝的形象，因此讓格拉蒂安迎娶了君士坦提烏斯皇帝的遺腹女。君士坦提烏斯過世後才出生的公主這時只有十二歲，然而她是君士坦丁大帝的孫女，如今也是大帝唯一的直系子孫。

瓦倫提尼安沒受過教育，因而厭惡知識份子，身邊也不起用高等知識份子。不過為了今後將繼位的兒子格拉蒂安，他聘用了帝國西方一等一的學者當家庭教師，指導羅馬人觀念中的教育科目。

只不過，教育的成果往往不能看教師的資質，而是和學生的天資有關。格拉蒂安確實有羅馬化的熱忱，但是是往基督教信仰上發展。這也難怪，對於不知道共和政治與元首政治的蠻族後裔來說，羅馬帝國就是在君士坦丁大帝手中逐漸往基督教國家方向發展的羅馬。所以為了歸化羅馬帝國而羅馬化，就等於成為基督教徒。與只會說拉丁文的父親相異，格拉蒂安因而學會希臘文，從這觀點來看算是「獲益」。畢竟當初有人傳言說，與胞弟兩人分擔帝國統治時，瓦倫提尼安自己負擔西方，將豐饒的東方委由弟弟瓦倫士，就是因為他不擅長東方的官方語言希臘文。

瓦倫提尼安與續弦的妻子之間生有一名兒子。這個兒子在他登基之後才出生，因此獲得與父親同樣的名字，就叫做瓦倫提尼安二世，在父親登基十年後的西元三七四年時只有三歲。他的母親尤絲緹娜是個狂熱的基督教徒，而且熱心信仰亞流教派，而瓦倫提尼安二世自幼在母親的強烈影響下成長。

除此以外，瓦倫提尼安還有一名女兒，名叫嘉拉。

在尚且算是穩定的局面下，帝國過了十年。可是到了第十一年，狀況開始有劇烈變化。

西元三七五年十一月十七日，瓦倫提尼安皇帝猝逝。這年他對北方蠻族作戰時依舊占優勢。而到了冬季停戰期間時，他接見了蠻族代表。儘管數年來軍事上一再遭到壓制，只剩下

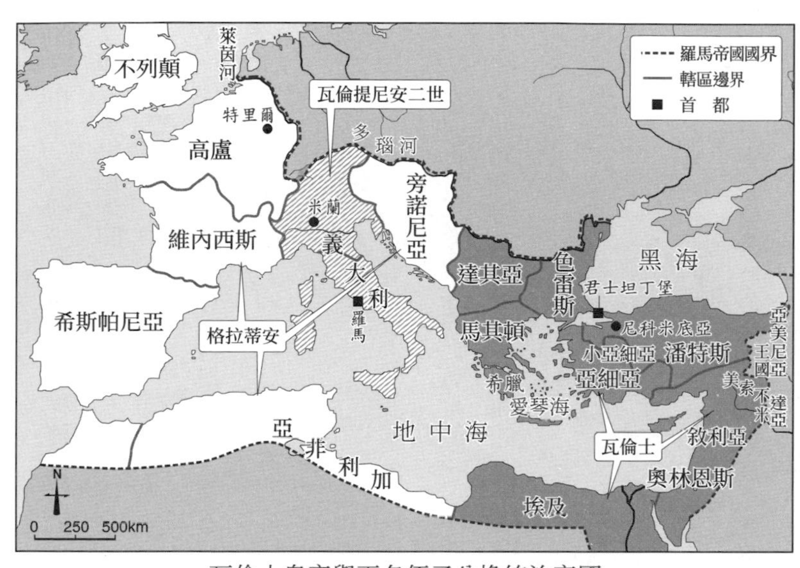

瓦倫士皇帝與兩名侄子分擔統治帝國

投降一條路可走，蠻族族長的態度卻十分跋扈。可能族長心中想，「眼前的羅馬皇帝根本與自己同樣是日耳曼人」也不一定。

似乎族長的想法也傳到了皇帝心中，使得瓦倫提尼安當時暴跳如雷。皇帝的臉氣得通紅，站著的兩腿開始發抖，就這樣倒了下去。這天晚上，瓦倫提尼安就在昏迷狀態下逝世，享年五十四歲。

皇位繼承不僅過程順利，如果考慮到這種情狀下經常發生的事態的話，甚至可說是光明正大得稀有。

四十七歲的瓦倫士皇帝，繼續統治帝國東方。

而在帝國西方，已經擁有「奧古斯都」稱號的格拉蒂安也理所當然地承繼皇位。同時十六歲的新任皇帝把「奧古斯都」稱號賜給只有四歲的異母弟弟瓦倫提尼安二世，還將義大利從自己統治的帝國西側區域中撥出，作為四歲新任皇帝的管轄區。當然在這種年齡下，皇帝必須有攝政人員協助。瓦倫提尼安二世前往米蘭設置根據地時，剛守寡不久的母親——狂熱的亞流派信徒尤絲緹娜也跟在身邊。

在這狀況下，帝國又過了兩年。國內沒有爭奪皇位的內亂，先帝瓦倫提尼安十年奮鬥的成果，使得北方蠻族也暫時偃旗息鼓。只不過在這平穩的兩年之中，日後禍害的徵兆已經在水面下悄悄行進。

匈族登場

一切事情起於匈族的動態。匈族起源於中亞草原，與以往羅馬帝國所知的任何北方蠻族都不同。從此後的百年之內，匈族的名字將頻繁出現在羅馬史上。而第一項記錄，出現在西元四世紀只剩下四分之一的這個時期。當時的人對於不僅羅馬人，連北方蠻族都感到畏懼的匈族留下了這樣一段記述：

「匈族是蠻族中的蠻族。他們不知道用火烹煮食物，也不知道加上別的東西烹調。他們把肉夾在騎馬時的兩腿之間熟成之後生吃。

他們體格矮但是結實，動作迅速俐落。他們的臉要說是人的臉不如說是平坦的肉塊，只有兩個會動的黑點讓人看得出來是兩隻眼睛。他們幾乎沒有鬍鬚。原因大概是他們還在母親懷裡吸奶的年紀時就習慣用短刀刮臉，用來適應受傷與流血。

他們好像祭拜神明似的祭拜插在地上的劍。不過可確定的是，他們儘管有人的外型，卻過著有如禽獸般的生活。匈族一定是多年來住在森林裡的惡鬼與從哥德族中被趕出去的巫婆交媾所生的。

作父親的惡鬼，教導作兒子的匈族如何攻擊哥德族。他們的作法是這樣的。

幾個匈族男子前往狩獵當地常見的山豬後，追上了一隻母山豬。這頭母山豬好似引誘男子們一般地漸漸後退。在追逐之中，男子們自然得知要在什麼地方渡過梅歐提奧德大沼澤（黑海北部的亞速海），就能在不溺水的狀況下衝擊對岸的哥德族。發現男子們已經知道這些地方之後，母山豬就不見了。這頭神祕的山豬，就是哥德族的敵人惡鬼。」

西元四世紀時，黑海西北部是哥德族的分支東哥德族的居住地。而上面這段文字，是由某個哥德人所留下的記載，簡直可說是蠻族中的蠻族評論。從這段文字中可以得知，匈族早在剛出現時，就受到蠻族畏懼。

東哥德族遭受匈族襲擊後往西南方逃逸。東哥德族在逃逸的過程中，自然不是以和平方式，而是帶著武器襲擊。這場遷徙與襲擊，使得住在多瑙河匯流入黑海地區的西哥德族失去了居住地。

西哥德族失去居住地之後，派遣使節晉見羅馬皇帝，請求將屬於羅馬的多瑙河南岸撥給他們居住。他們表示願意放棄武裝，而且適於軍務的男子願意進入羅馬軍中服役，其他男子與婦孺則留在獲賜的土地上耕作。

多瑙河下游這時由管理帝國東方的瓦倫士皇帝管轄。西哥德族的這項請願，對瓦倫士皇帝來說相當有魅力。

第一點，防衛多瑙河的羅馬軍能因此擴增兵力。

第二點，因蠻族襲擊及其他因素，國境附近區域人口日益稀疏。如今這一帶又可能成為豐饒的農地。

瓦倫士皇帝當時身在敘利亞的安提阿，當他為了這兩點動心之後，向色雷斯行政長官發出允許西哥德族遷居羅馬境內的公文。這群蠻族的遷徙地，就此定在多瑙河南岸的色雷斯行省內。

問題是，行政與政治畢竟是兩回事。在行政上辦不到的事情，有些時候要為了政治判斷而非辦到不可。因此在這種狀況下，應該不是由行政負責人，而是由政治負責人親自下判斷。也就是說，這是一種政治判斷。而推動實施時，必須由下政治判斷的人持續監視具體措施的執行狀況。瓦倫士皇帝以為只要下一道命令給色雷斯行政長官，事情就算結束了。問題是，大量遷徙勢必會引發某些意外狀況，往往這些狀況超出行政官能承擔的範圍。

西元三七六年深秋時分，西哥德族開始大舉往南渡過多瑙河遷居。多瑙河原本就是大河，到下游地帶河面更是寬闊。而據說當時蠻族乘坐的小船、木筏遮蔽了數公里寬的河面。小船、木筏互相碰撞，造成許多船隻沉沒。只不過，文明人與蠻族之間的差距之一，在於對人命的看法。對北方蠻族來說，少許犧牲還算不上犧牲。儘管渡河造成同胞的人命損失，使用小船與木筏渡河的行動，到第二天、第三天依舊沒有停歇。

當時哥德族遷徙的規模如何，如今已經不得而知。不過當他們向瓦倫士皇帝請願遷徙時，答應提供一萬名男子進入羅馬軍服役。而當遷徙結束時，人數卻膨脹到三萬人。蠻族向來以多產為特徵，在此姑且假設服役男子的部族總人數是役男的十倍。那麼當初計畫接收十萬人，如今卻有三十萬人遷入色雷斯地區。這是因為皇帝批准西哥德族遷入羅馬境內之後，其他沒獲得皇帝許可的哥德族也搭便車混了進來。仔細想想，這也是很自然的事情。以往只要接近多瑙河南岸就要遭到驅逐，如今卻獲得許可，那麼周邊部族自然會想要趁這個機會遷居。然而這使得色雷斯地區的收容體制整個崩潰。

局面發展成如此，這個允許北方蠻族合法大批進入羅馬帝國定居的現象，自然不會往好的方向發展。

首先，大舉遷徙的時間發生在深秋。秋季是收穫的季節，事前沒有播種，自然不能期待在此時收割。因此羅馬政府必需保障直到第二年春季播種、秋季收割為止的整整一年內，這些移民能夠衣食無缺。而且蠻族原本生活水準就比較差，必須保障的項目除了衣食以外，還延伸到各種生活必需品。不知為什麼，移民往往希求能與當地居民獲得相同的待遇，可能他們認為自己是不得已之下拋棄祖國的難民吧。這些人在匈族壓迫之下遷居，的確稱得上難民。只不過這些難民手中握有武器。

由於期待羅馬帝國提供的生活保障，遲遲未能達到預期的程度，移民原本答應的解除武裝也一直未能達到標準。男子看到妻小進入冬季之後面臨的困境依舊逐漸惡化，因而拒絕放下武器。有些研究人員認為，這個狀況要歸罪於當地行政官無能。不過筆者認為，真正的原因在於當發生移民人數超出預定人數時，對於意外事故的處置不夠充分。而這個狀況的責任，要歸咎瓦倫士皇帝在允許大批移民入境時，過於輕視事情的重要性。當接受大批移民時，政府必須要有相當規模的因應政策。然而色雷斯轄區內沒有能因應局面的組織，也沒有獲得因應時需要的特別經費。再加上仲介移民支援物資的商人惡性斂財，使得狀況更加惡化。當時分發的支援物資不但品質低劣，而且數量也比約定少許多。

移民的哥德族之間不滿的情緒日益高漲，最後他們終於決定重新拾起一度放棄的蠻族精神。所謂蠻族精神，就是認為與其吃苦耐勞天天設法謀生，不如搶奪他人物資求生來得輕鬆愉快的想法。回歸蠻族精神的現象，從襲擊周邊村落的行為起始。而這股掠奪的浪潮，從色雷斯往西衝擊達其亞，往南波及馬其頓。這已經不是敵人由北方往南入侵的現象，而是早已身處羅馬境內的敵人，往西往南四處掠奪施暴。當這股浪潮襲擊到色雷斯地區主要都市瑪爾齊亞諾堡，打倒前來迎擊的羅馬防衛部隊之後，氣勢變得更加兇猛。事情發展到這步田地，也就不容許羅馬皇帝袖手旁觀了。

哈德良堡大敗

西元三七八年春季到來後，瓦倫士皇帝才好不容易離開敘利亞的安提阿，在五月底進入羅馬帝國東方首都君士坦丁堡。以行軍速度來說稱不上迅速，大概是在行軍途中四處召集部隊吧。問題是，當羅馬軍朝色雷斯緩慢行軍時，哥德族也向留在多瑙河北岸的同族展開動員、增強戰力。

快攻的好處，在於即使己方準備不充分，但可以衝擊敵軍準備不夠充足的地方。瓦倫士皇帝為自己保留充分準備的時間，同時也讓敵軍有了準備的機會。

話說回來，在這種情況下一樣有致勝的方法，就是由東西兩方夾擊敵軍的戰略。既然向北渡過多瑙河逃亡不是容易的事情，那麼只要掌握好東西兩面，就可以發揮夾擊的效果。如果能夠實現這項戰略，那麼直到事態惡化為止袖手旁觀，以及緩慢行軍浪費寶貴時間的錯誤，都可以一筆勾消。要實現這項戰略，就需要統轄帝國西方的格拉蒂安皇帝協助。

瓦倫士皇帝的侄子格拉蒂安雖然只有十九歲，但在對付渡過萊茵河入侵高盧的蠻族時，卻是戰果豐碩。另外他個性溫良，不會忽視叔父的請求。所以問題就集中在叔父瓦倫士一個人身上了。

瓦倫士似乎不了解北方蠻族的情勢，而且連什麼叫做打仗都搞不清楚。這個人恐怕到了五十歲這年都還沒指揮過戰鬥，說不定在登基之前連參戰的經驗都沒有。對個人來說這是幸運，對最高司令官來說就是悲劇了。

在這種狀況下會首先抬頭的，往往是有害無益的虛榮心。色雷斯地區原本屬於他的管轄，因此他有義務解決在當地發生的問題。恐怕這個想法讓他不願向年輕侄子求助。

只不過，無論本人求援與否，瓦倫士皇帝的行動也會傳到格拉蒂安皇帝耳中。在東方召集退伍軍人重新編組大軍的消息，當然會傳入阿爾卑斯山以西。格拉蒂安盡速派遣使者，讓使者帶著書信趕往叔父跟前。信中表示，一旦戰勝亞列門諾族就會立刻馳援，在這之前請不要掀起戰端。緊接著這封信傳到瓦倫士身邊的，是比自己年輕三十歲的侄子戰勝蠻族的捷報。

就在拖延之下，哥德族也開始有了動作，從色雷斯地區開始南下。無論雙方願意與否，從東方行軍而來的羅馬軍，以及南下中的哥德軍，即將在哈德良堡近郊對峙。

瓦倫士皇帝召集將領與高官舉行作戰會議，詢問是要等待格拉蒂安皇帝與高盧軍人到達，還是要獨力先行開戰。眾人意見分成兩派，而皇帝的心意還未確定。當他正在為採用哪一個意見而猶豫時，又接收到兩項相反的情報。

偵察兵表示，附近的敵軍只有一萬人左右。

另一方面，哥德族的王侯派來一名自稱基督教徒的哥德人，表示哥德族希望和平解決事端，並提出相當的條件。

瓦倫士皇帝是個熱心的亞流教派信徒，在這時候再度感到猶豫。可能一方面他認為一萬名敵人不難對付，另一方面又為了哥德族提出條件表示願意全體改信基督教，因而沉醉在這個夢裡。只不過，與基督教徒使節的會談最後沒有任何成果。因為在會談過程中發現，送來這名基督教徒使節的王侯，並不代表整個哥德族，只是諸多部族裡頭的一個君主。但至少瓦倫士應該從這件事情中得知，哥德只是諸多部族的總稱，而哥德族並非在一個統一領袖下行動一致的民族。如果他能學到這個教訓，採用的戰術也就會跟著不同。然而瓦倫士卻決定不等待侄子到來就先行開戰。連如何作戰都未經討論，只是決定要開戰。

瓦倫士

西元三七八年八月九日，瓦倫士與麾下部隊一大早就離開哈德良堡（今日土耳其的艾迪魯內），往西北行進尋找從色雷斯南下的敵軍，在感到陽光逐漸炎熱的時候發現了敵人。哥德族也採用他們防禦時常用的陣式，圍著搬運車部署成圓陣等待羅馬軍。這只是哥德族的一個部落，先行的羅馬軍右翼部隊卻

巴爾幹、小亞細亞地方及其周邊

在中央與左翼部隊還沒到達戰場的狀況下直接展開攻擊。

北方蠻族日耳曼人，除了極少數由強力領袖統合的狀況以外，行動時不會聚集在一起。各個部族之間的獨立傾向強烈，絕大多數戰鬥是以部族做單位行動。因此，在面臨由許多部族匯聚成的哥德族時只有兩種方案。第一種是由四面八方施壓逼使他們聚集在一處之後一舉消滅；第二種則是分散派遣成大隊單位，將每個部族個別擊破。在歷史上稱為「哈德良堡之役」的這場戰鬥中，羅馬軍採用傳統方式，將部隊分成左翼、中央、右翼、騎兵等傳統會戰陣形；而敵方哥德軍則分散於四處個別展開攻擊。

光從雙方布陣，就可以想像最後的

結局。而且羅馬軍當時缺乏有效活用軍隊各個部門功能的戰術。雖說個別的將領與士卒勇猛作戰，在太陽還沒下山之前，戰鬥便已經有了結果。

羅馬軍折損了兩名高官與三十五名大隊長，以及相當於三分之二人數的大量官兵。

瓦倫士皇帝與少數臣子一同遭火燒死。他在受傷之後由旁人攙扶進入附近的小屋躲避，隨後追來的哥德兵不知道屋內的人是皇帝。士兵在屢次攻擊下無法擊破屋門，於忿恨之下連人帶房子一起點火燒光。瓦倫士皇帝享年五十歲，在位十四年。

哥德族習慣在出外作戰時帶著全數財產，因而事前認定羅馬人也是如此。當他們發現戰敗的羅馬軍官兵除了武裝以外沒有帶著任何值錢物品時大感失望。這天哥德族姑且先把陣亡羅馬官兵的頭盔、胸甲、標槍、刀劍搶來穿在身上，隨即準備攻擊他們心中認為羅馬軍用於儲存值錢物品的哈德良堡。

僥倖逃生的三分之一羅馬官兵率先在哈德良堡中擔綱防衛，對於野戰獲勝後恢復盜賊本性的蠻族來說，這群對手太難應付。畢竟蠻族的特質之一，包括不擅於長期作戰。哥德族放棄攻打哈德良堡之後，沿著羅馬大道往東南方行進，準備攻擊君士坦丁堡。然而這裡是帝國東方首都，而且還具備在防禦上無懈可擊的地勢，使得哥德族沒多久就放棄攻打這座大都市。只不過他們維持現有局勢，繼續盤據在多瑙河南岸的羅馬帝國中央地區。也就是說，羅馬帝國中央遭到大量北方蠻族盤據，被切割成東西兩塊地方。

「哈德良堡之役」慘敗，對於許多住在羅馬帝國境內的人們造成嚴重打擊。身為安提阿出身的希臘人，但不信仰基督教的阿米亞努斯·馬爾凱流斯，前半生在軍中度過，後半生則用於著作羅馬史。由他著作的涅爾瓦皇帝之後的羅馬帝國通史，就是以哈德良堡敗戰做結尾。彷彿意思是身為羅馬帝國國民，今後再也沒有關於羅馬帝國的歷史好寫了。而朱利亞努斯皇帝的哲學老師里巴尼烏斯在得知哈德良堡大敗的消息後，寫下了下列這段文字。

「請別說我軍的官兵膽小或意志不堅定、怠惰偷懶。而我也不想聽到蠻族是比我們優秀的戰士的說法。

我們只能承認，敵人在士氣、戰術、準備工作等方面，都與我們達到相同的水準。再加上比我們更重視名譽、期望榮耀，能忍受酷暑飢渴與嚴寒，無論遭標槍射擊或烈火燃燒都能繼續戰鬥。彷彿戰場上的死亡，要比逃出戰場的行為來得甜美。

敵人何時會超越我們？他們不知停止的攻勢，讓我覺得就好像日漸遭疏離排擠的古老諸神中，有人對我們感到憤怒，因而站在蠻族陣營中作戰一樣。」

「哈德良堡之役」並非羅馬人第一次慘敗在蠻族手裡。另外，因身為總司令的皇帝陣亡而敗戰收場的，這也不是第一回，而且和以往同樣不是身在敵境，戰場同樣位於國內。

百年前德丘斯皇帝同樣在哥德族手中吃了敗仗，這場令他本人與長子陣亡的戰鬥，戰場同樣位於巴爾幹地區。然而，以往羅馬人在遇到如此嚴重的敗戰之後，還能夠成功將敵人驅逐出境，復仇雪恥，在「哈德良堡之役」後就不一樣了。西元三七八年的「哈德良堡之役」，顯示出羅馬帝國的日耳曼化路線已經到了無法轉圜的地步。唯一的選項就是在暴力之下日耳曼化，或者在和平之中日耳曼化。因為如今已經不可能將敵人驅逐出境了。

皇帝狄奧多西

身為知識份子的話，還可以冷靜分析現狀，帶著放棄的心態觀看時代潮流。因為知識份子的影響力並沒有世人想像中來得巨大。以往羅馬帝國將個人的「言」、「行」視為一體，而到了帝國後期，「言」、「行」開始分離屬於不同的人物。因此「熱愛知識的人」對社會的影響力特別衰微。

然而統治者身居能影響別人命運的地位，就不能撒手不管。格拉蒂安皇帝得知哈德良堡大敗的消息之後，勢必要肩負職責設法挽救。

帝國東方的皇位因瓦倫士皇帝陣亡而虛懸。而原本由瓦倫士皇帝統治的領地西部巴爾幹地方，如今受到以哥德族為中心的北方蠻族盤據，讓羅馬皇帝無法出手，亦即陷入無政府狀態。這時應在政治與軍事雙方面站在最前線的皇帝，除了十九歲的格拉蒂安以外，只剩下剛滿七歲的瓦倫提尼安二世一個人。

格拉蒂安皇帝因而派遣密使前往西班牙，召集狄奧多西晉見。

狄奧多西這年三十一歲，對格拉蒂安皇帝來說並非素不相識。狄奧多西的父親在格拉蒂安皇帝的父親瓦倫提尼安之下服役，是個戰功輝煌的將軍。在瓦倫提尼安治國的十年之中，每當高盧、不列顛、北非等地發生問題，能夠臨危受命，並且在短期間內擊退敵軍解決問題的，非此人莫屬。當他升遷為「騎兵長官」(magister equitum)，在軍中地位僅次於身為總司令的皇帝時，甚至沒有人因此感到不滿。

然而，當他被派遣到北非地區時，儘管軍事方面成功，在政治上卻中了當地行政長官的計謀。行政長官控訴他通敵，而不巧的是遇上了瓦倫提尼安猝逝，剛滿十六歲的格拉蒂安緊急繼位的時期。年輕的新任皇帝沒有經過仔細調查，就將這名對帝國有功的沙場老將宣判死刑。而北非行政政府得令之後，隨即執行死刑。這是西元三七六年的事情了。

狄奧多西與父親一同出征累積了軍事經驗，但他在二十九歲那年失去了身為監護人的父親，以及以往靠實力獲得的地位。在失去一切之後，他只好回到生長的故鄉，位於西班牙北部的卡烏卡。光是父親的通敵罪名沒有牽連到做兒子的身上，就已經算是幸運的了。

過了兩年以後，他被在父親死刑宣告上簽名的人召見。當然格拉蒂安也沒有忘記兩年前發生的事情。光是格拉蒂安有膽量召見他，這件事情就已經很有趣了。而面對前來應召的三十一

瓦倫提尼安皇帝家譜

瓦倫士
皇帝，負責東方
364～378年（哈德良堡大敗時陣亡）

瓦倫提尼安
皇帝，負責西方
364～375年（病逝）

瑪莉亞・賽維拉（第一任妻子）

尤絲緹娜（續弦）

格拉蒂安
皇帝，負責西方
375～383年
（暗殺）

瓦倫提尼安二世
成為掛名皇帝後，
負責義大利地區
375～392年
（暗殺）

狄奧多西皇帝家譜

狄奧多西
皇帝
379～395年
（病逝）

愛莉亞（第一任妻子）

嘉拉（續弦）

霍諾里烏斯
西羅馬帝國皇帝
395～423年

阿卡狄奧斯
東羅馬帝國皇帝
395～406年

嘉拉・普拉齊達
嫁給哥德族長，
後來改嫁弗拉維斯・君士坦提烏斯

（數字為在位期間）

歲軍官，十九歲的皇帝說出的話更是有趣。

皇帝有沒有說出讓兩年前的事情付諸流水之類的話，如今不得而知。但他很率直的表示，他想任命狄奧多西為同等的皇帝，託付瓦倫士皇帝生前所統治的帝國東方。並且希望狄奧多西能協助重建在哈德良堡大敗後受到衝擊的帝國。狄奧多西這時已經有家室，而皇帝甚至沒有要求他與妻子愛莉亞離婚，迎娶自己的妹妹嘉拉。在愛莉亞逝世後，狄奧多西迎娶了嘉拉續弦，不過從他的第二個兒子霍諾里烏斯出生的年份來看，這至少是七年後的事情了。也就是說，在哈德良堡大敗的這一年，格拉蒂安皇帝在沒有任何條件的狀況下，把帝國東半部轉讓給失業軍官狄奧多西。而且轉讓的對象比自己年長十二歲，這是一般人難以做到的，充滿勇氣的俐落決斷。

狄奧多西在接受任命時，也沒提出任何條件。唯一的一項要求，就是希望能為了他含冤枉死的父親恢復名譽。格拉蒂安皇帝也一口答應，並隨即公諸於世。

羅馬帝國的皇帝登基時，並沒有加冕儀式或登基儀式。而且在這個時期裡，帝國還沒有完全成為基督教國家。因此統治權還不是由上天賜予，依舊維持由身為帝國居民共同體成員的公民委託皇帝行使政權的形式。所以皇帝治國的期間，同樣由「受託人」在「委託人」面前接受介紹的那天開始。

羅馬軍官兵身為公民權所有人，因此也是國家有權者。狄奧多西治國期間，就從他趕到

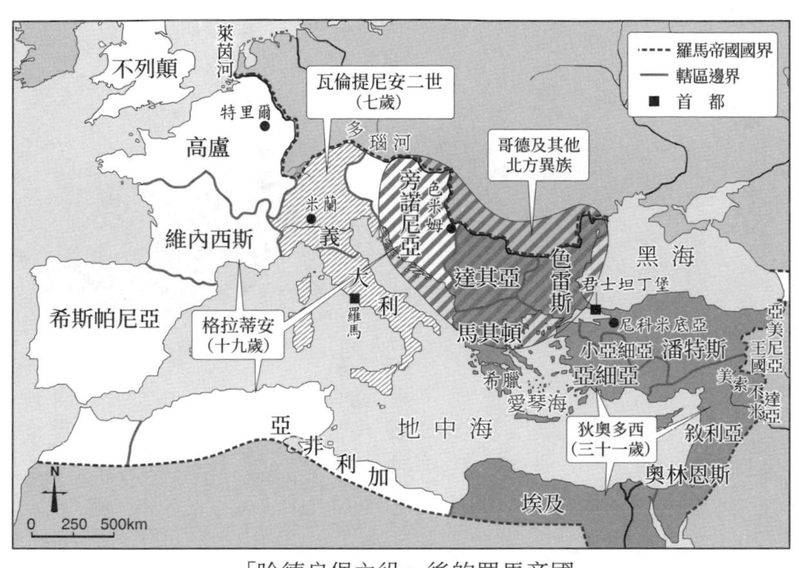

「哈德良堡之役」後的羅馬帝國

當時多瑙河防衛上最重要的據點色米姆，讓人介紹給羅馬軍官兵那天開始。這天是西元三七九年一月十九日，中歐特有的帶雨北風讓人覺得寒風刺骨。距離哈德良堡大敗到這天，已經五個月了。而在這天，繼君士坦丁大帝之後，另一名讓基督教會獻上「大帝」尊稱的羅馬皇帝又問世了。

狄奧多西是個死刑犯的兒子，因此沒有自己的親信舊部。他是個空降到羅馬軍官兵面前的「最高司令官」。而且雖然他出身於羅馬化歷史與帝政同等悠久的西班牙地區，要帶領的卻是一群剛入門的羅馬公民。好比說在他面前整隊供他閱兵的羅馬軍官兵，好一點的是歸化蠻族第三代，糟糕點的是剛歸化的蠻族。再加上這些官兵剛剛在哥德族手下慘敗撤退。光是要讓敗戰記憶猶新的官兵再度迎戰敵人，而且要對付剛打敗過自己的哥德族這點，就已經是萬分困難的大事。

狄奧多西這時年紀輕輕才三十出頭。此外，從格拉蒂安召見他之前的狀況來看，無論今後要做什麼，他都沒有什麼好失去的東西。再加上格拉蒂安向他保證，無論他今後要做什麼，都願意提供無底線的協助。這三項條件，使他成為果斷的人。也就是說，他在施展強權時心中沒有任何牽掛。

狄奧多西

狄奧多西在自己所管轄的帝國東方全區發布通告，召集現役軍人與退伍軍人的兒子入伍。子承父業的職業世襲法令已經推行許久，但是一直無法徹底普及。這次卻是以皇帝的名義強制執行，感覺有如徵兵制度。

另外，他的管轄地區還包括多瑙河南岸。這個地區在哈德良堡大敗時喪失許多人員，兵力陷入貧血狀態，也因此在當地的募兵對象分成兩種。

第一種對象，針對羅馬公民權所有人。以保證每年分發獎金為條件，募集沒有兵役經驗的人員。在這項呼籲之下，入伍的人員包括有廚師、麵包師傅乃至於商店店員。不過大多數應徵入伍的人員，還是因外族襲擊與國家重稅而無法耕作的農民，以及在主人喪失維持所需的經濟能力之後，恢復自由之身的奴隸。

第二種對象，針對北方蠻族日耳曼人。狄奧多西對他們也提供優渥的條件。只要能找到替代服役的人員，這些人隨時可以離開部隊，回到自己的部族度日。

在這些政策之下，總算湊足了兵力。然而服從軍紀的觀念不是一朝一夕可以培養的起來。這些人對最高司令官皇帝的忠誠心，以及對長官的服從心全都不可靠，也因此使得軍團內外事故頻傳。

狄奧多西認為，目前沒有時間靠訓練來解決這項問題，因此他採用了打破慣例的強硬措施。他命令在帝國東方募集的士兵移防西側，西方募集到的官兵移防到東側。

官兵最厭惡的，就是受命移防遠離家鄉。問題是這時他們已經宣誓效忠，一旦拒絕執行命令就要立即因反叛而處死。因此官兵在滿懷怨言的狀況下開始移防，當東西兩方部隊在小亞細亞交錯時，雙方還爆發過武力衝突。雖說這場衝突能在短時間內鎮壓住，但過程中已經有人喪生。

如果措施僅只如此，那狄奧多西不過是一名暴君而已，狄奧多西可不是無能暴君。但是率領一群心懷不滿的官兵，是很難打勝仗的。由於沒有留下記錄，因此我們只能想像。狄奧多西可能是以司令官手中最為單純，又最為正當的方法，壓制住官兵心中的不滿。那就是賞罰分明又公正，以及在戰爭中獲勝。由於事關個人生死，官兵對司令官的評價，要比外人所想像的還要嚴格。畢竟即使僥倖免於陣亡，但淪為俘虜時，無論對手是波斯人或日耳曼人，接下來就得當一輩子的奴隸，過著牲畜不如的日子。

西元三七九年時，狄奧多西與麾下部隊的活躍令人刮目相看。除了哥德族盤據的色雷斯與達其亞等多瑙河下游南岸地區以外，還率軍攻打哥德族戰敗逃入的伊利利亞地方。狄奧多西無視於超出管轄區域的狀況，一再追擊敗逃的敵軍。如果能維持這個戰況，說不定可以把哥德族完全趕回多瑙河北岸。

只不過，狄奧多西在這時焦急了。正好波斯王夏普爾歷經了七十年的輝煌治國生涯之後，在這一年逝世。後來波斯王國陷入了動盪時期，不過這是以後的事情了。狄奧多西擔心夏普爾過世後還有與夏普爾同等強力的君主繼位。如果情況真的如此發展，那麼波斯軍即有可能跨越幼發拉底河入侵羅馬境內。當遇到這種狀況時，他也就無法繼續把時間花在多瑙河畔。

承認蠻族遷居

狄奧多西這時下了一項決斷。他決定不把哥德族趕回多瑙河北岸，而在南岸賜予定居地。格拉蒂安皇帝也同意這項作法，因此這項政策以兩名皇帝的名義公布實施。

西哥德族獲得色雷斯地方北部，瀕臨多瑙河下游的地區。以現代來說，相當於保加利亞。與西哥德族會合，一同參加哈德良堡之役的東哥德族，獲得多瑙河中游旁諾尼亞行省東部地區。以現代來說，相當於塞爾維亞與蒙特內哥羅。

交換條件是，這兩個部族必須在獲得的土地上定居專注於農耕。同時羅馬帝國保障這些地區的食糧，直到當地能夠自給自足為止。

上列條件與瓦倫士皇帝當初與西哥德族締結的協定相同，不過接下來的條件就不一樣了。哥德族的居住地區，獲得明確的法定地位。在拉丁文中將其稱為"foedus"，意思是「同盟」。而且這些「同盟部族」獲得在居住區內部的完全自治權。

由於身為同盟而並非臣民，哥德族與羅馬帝國其他居民不同，沒有向帝國納稅的義務。可是當他們在羅馬軍中服兵役時，又能保障獲得與其他官兵同樣的糧餉。

羅馬皇帝與哥德族在這時締結的協定，在短期與長期方面都對羅馬帝國造成深遠的影響。短期來說，因為哥德族的男子大批進入羅馬軍中服役，羅馬軍蠻族化乃至日耳曼化的速度因而迅速增加。以往在羅馬軍中服役，代表從此與自己所屬的部族斬斷關係，從今以後卻不同了。既能夠繼續身為部族的一員，又能兼任羅馬軍的官兵，在各種層面享受特權。哥德族男子當然會想盡辦法擠進這麼有利的工作。

然而這樣一來，從羅馬皇帝的眼中看來，以軍方最高司令官角度來說值得慶幸，從帝國最高統治者角度來說，事情可麻煩了。

哥德族是日耳曼人的一個部族。從羅馬人的眼光來看，日耳曼人是蠻族。文明民族與蠻族的差異，並非前者穿著布衣住在石造房屋，後者披毛戴角住在木屋裡頭。就算穿著布衣住在石頭房子裡，希臘人對「蠻族」（希臘文：barbaros；拉丁文：barbarus）的定義是「不說希臘文的外國人，而羅馬人則不同了。羅馬人在衡量文明民族與蠻族的標準，不是看對方說不說拉丁文，而是看對方能否接受各種民族共同生存時的必須規則，亦即學習法律，成為法治國家的人民。換句話說，是看與共同居住的人發生問題時，是依照法律來解決，或者是憑藉武力。更具體來說，這項差異在於是日常吃苦耐勞求生，還是以搶奪外人物資維生。

哥德族如今穿著布衣居住在石頭屋子裡了，然而若利用這項標準衡量的話，依舊還是蠻族。哥德族的歷史不長。因此假使眼前有在農地耕作與服兵役兩項選擇的話，他們會毫不猶豫地選擇服兵役。因為掠奪與服兵役，同樣是手持武器的行為。

這樣一來，皇帝特別分發的田地上，剩下的都是不適合兵役的老弱婦孺。羅馬方面原本期待國界多瑙河附近人口流失的地區，能在這次的措施之下恢復農地的生產力，如今一切期望都要落空。

另外，羅馬方面原本估計只要農地收割後，羅馬境內的哥德族便能經濟獨立，不再需要由羅馬提供經濟援助，如今恐怕期望也要落空。亦即，當初約定時本來只打算保障糧食到收割季節為止，卻因此必須年年保證糧食不虞匱乏。由於缺乏詳盡史料，因此這方面並未有精密研究，只能仰賴推理。不過從這時期以後，協定文中經常會出現「保證視狀況提供額度」一詞，恐怕也就等於實質上的恆久性經濟援助。如果這項推論屬實，那麼羅馬帝國不但讓日耳曼人搬進帝國境內居住，還要負擔居住所需的費用。這狀況使得短期性的影響變成長期影響。

不過，在長期影響方面還有另外一項問題更加嚴重，而且這項問題無法靠金錢解決。

在元首政治時代，羅馬政府便熱心於與蠻族建立友好關係，因而形成羅馬帝國的外交基本方針，所以上列措施並非史無前例。然而這畢竟是與帝國「防線」外的蠻族打交道，而不是認同集體移民「防線」內側，與內側居民建立友好關係。換句話說，是與住在圍牆外的鄰居攀交情，而不是把鄰居拉到自家院子裡居住。何況在推動上述措施之後，圍牆外頭可沒有人去樓空，只是換了一批新鄰居。而且圍牆內側與外側的鄰居，還同樣是日耳曼人。後世的研究人員將這種現象稱為「和平下的蠻族化」。而當時的羅馬人對這個狀況的感覺可能是「多瑙河再也不是國界了」。實際上，沒落已久的「防線」(limes) 這項概念，在這個時期之後完全灰飛煙滅。

如果要問推動這些措施之後，住在帝國的其他人民生活是否能稍微安定輕鬆點的話，答案是完全否定的。儘管最近哥德族沒有展開襲擊，多瑙河對岸依舊有其他日耳曼人居住，這些人依舊不斷入侵襲擊羅馬領土。人民的生活還是老樣子，不管多勤奮工作，秋收時還是會讓襲擊的蠻族搶光，父母兄弟乃至幫忙種田的奴隸一樣要遭到綁架。

此外，不管皇帝換誰來當，國家的支出完全沒有減少。朱利亞努斯皇帝的裁員重整政策有如曇花一現。軍事、行政兩大國家機構痴肥的狀況，已經恢復成筆者在本書第一章所討論的君士坦提烏斯時代的模樣。

在蠻族掠奪與國家重稅夾擊之下，農民的生活日益困苦。他們選擇放棄獨立、接受保護，農民就此化為農奴。

各位讀者請不要忘記，古代的基礎產業是農業，農民形成羅馬社會的中堅階層。正因為如此，格拉古兄弟與朱利斯．凱撒生前才會執著於成立「農地法」。一旦「農地法」成立，就能確立農民的權利，進而讓羅馬社會保持健全的型態。因為一個沒有確立中堅階層的人類社會，不僅不健全，而且無法發揮功能。

意為「在自己的土地上耕作的人」的「自耕農」(agricultor) 一詞銷聲匿跡，成為意為「在別人的土地上耕作的人」的「農奴」(colonus)。前人在翻譯時不翻譯成農民或奴隸，而將其翻譯成農奴，真是絕妙好詞。以往進行農耕作業的是奴隸，如今卻是身為自由公民，但工作內容與法律地位與奴隸相同的農奴。地主在出售農地時連同農奴一併買賣的現象，已經普及到整個國家。

研究到這個時候，筆者開始認為，羅馬帝國滅亡或羅馬帝國崩潰的形容已經不恰當了。因為若要崩潰或滅亡，之前必須有個羅馬帝國存在。如果不存在，那就沒有崩潰或滅亡可言。話說回來，分解或解體的說法也讓筆者覺得格格不入。因為整體分解成個別物體之後，只是個體的規模變小，本質應該沒有變化。

於是筆者想，是不是該用「溶解」來形容。羅馬帝國是不是就這樣溶解了？

至少在宗教方面，羅馬帝國確實「溶解」了。因為羅馬人並非敗給基督教徒，而是羅馬人變成基督教徒了。

隨著敵視羅馬的波斯王逝世，以及將蠻族拉入國境內的措施，使得羅馬帝國東方、西方得以勉強維持小康局面。可能是因此獲得餘裕了吧，格拉蒂安皇帝開始恢復因朱利亞努斯皇帝登基而中斷的，親基督教反異教路線。格拉蒂安的父親瓦倫提尼安只是形式上的基督教徒，格拉蒂安可就不同了。而且在格拉蒂安之後，還跟隨著負責東方統治的狄奧多西皇帝。這兩名皇帝的共通之處，在於他們受到一名意志堅定人物的強烈影響。

恢復親基督教政策路線

每年米蘭的史卡拉劇場開演，都訂於十二月七日，因為這天是米蘭的守護聖人聖安布洛吉奧的紀念日。安布洛吉奧是義大利文拼音，在拉丁文原文中他名叫安布洛修斯(Ambrosius)。

義大利文有一句常用諺語叫做“Uomo di tutte le stagioni”，照字面翻譯的話就是「適合任何季節的男子」。這句話的意思是能夠適應任何時代與環境，而且能在其中創建豐功偉業的人物。每當聽到安布洛修斯的名字，筆者都會想到這個形容詞。

至於安布洛修斯的全名叫做什麼，後世的人已經無法得知。因為就算他是出身在首都羅馬的羅馬公民，一旦讓基督教會列為聖人以後，在他的個人名、家門名、家族名（姓）中，只有家族名會用來讓人稱呼。所以在西洋史上，這個人的名字從此就成了聖安布洛修斯。他出生於西元三三〇年，與朱利亞努斯皇帝同輩。

他出身於羅馬的世家，享有祖傳的元老院席位。父親在歷任各地方長官之後，升遷到「首都長官」（**parefectus urbi**）職位，是個終生擔任帝國高等官僚的人物。

在元首政治時期，「首都長官」這項職務相當於首都警察首長。而到了帝國後期，皇帝遠離首都之後，職務內容逐漸往皇帝代理人的方向發展。簡單來說，這是在首都羅馬中最有權威與權力的地位。安布洛修斯身為世家子弟的長子，在接受羅馬名門出身應有的“**artes liberales**”之後，也當然地走上與父親同樣的途徑。

在他四十三歲這年，命運轉機落到他的頭上。這一年他兼任義大利西北部里格里亞與艾米里亞兩個「州」的「長官」職位，米蘭屬於他管轄之下。而在米蘭，亞流派與敵對的三位一體派之間，爆發了伴隨武力的正面衝突。這類衝突在當時並不稀奇，然而由於在亞流派主教之下長年遭受冷落，因而主教過世時三位一體派發動的反擊十分激烈，整個米蘭市中心因此陷入一片動亂。

安布洛修斯身份有如州長，因此按職責應當前來介入調停。當安布洛修斯照公理行事開始收拾殘局時，讓三位一體派的信徒看上了。信徒一致認為以後只有這個頭腦清楚、辯才無礙，又具有執行能力的人，才能夠保障自己的權益。而且他們似乎害怕亞流派也來搶人手，因此迅速召開信徒大會，以拍手通過方式推選這位「州長」當主教。

安布洛修斯大感驚訝，一開始也推辭這項工作。他在推辭時表示，自己並非基督教徒，而且基督教會禁止俗人就任主教。不過三位一體派生怕亞流派再度搶到主教職位，讓自己以後又過著黯淡無光的日子，因此也不輕言放棄。他們表示如果不是基督教徒的話，那立即接受洗禮成為教徒就好了。

安布洛修斯當時四十多歲，對羅馬時代的男子來說正值黃金時期。當他獲得眾人擁戴時心中想些什麼，外人不得而知。比他晚一個世代的奧古斯丁，生前曾寫下為何自己到壯年時期才改信基督教，然而安布洛修斯卻沒有留下任何文字。奧古斯丁是解釋教義的權威人物，甚至讓人譽為教會之父，以現代的方式來形容的話，是個具學者氣質的宗教人士。而奧古斯丁則表示，他深受安布洛修斯的影響。然而無論怎麼看，安布洛修斯都是個政治人物型態的宗教人士。對於他而言，與其向人私下表達想法，不如直接以行動來對外展示意願更為恰當。

這時候意圖阻止基督教會擴大勢力的朱利亞努斯已經逝世十年，時代走向已經演變成讓人覺得反抗基督教會只是白費力氣。而且安布洛修斯身處高等官僚的世界，在親基督教的皇帝之下，身為基督教徒的優勢一天比一天確實。儘管身處於再度對異教徒不利的世間，安布洛修斯直到四十三歲還是沒改信基督教。而他在一接到擔任主教職位機會的同時，馬上就改信基督教。我們可以想像，他實在不能誠實說出改宗的動機。

總而言之，安布洛修斯接受了三位一體教派信徒的要求。不過基督教會規定，在擔任主教之前必須要歷經一些階段，而他又沒有足夠的時間慢慢升遷消化這些歷程。因此教會在讓他受洗之後，以飛快的速度讓他由執事一路攀升。據說前後不到一個星期，他已經戴上主教的帽子。西元三七四年十二月七日，安布洛修斯舉行了主教就職儀式。儘管義大利位於南國，北部的米蘭這時還在寒風吹襲的冬季。而史卡拉的歌劇季節開幕定為每年十二月七日，也是為了慶祝安布洛修斯主教就職。

從此以後，安布洛修斯大可軟硬兼施發揮個人影響力。不過他似乎認為發揮影響力之前，必須先站在旁人無可挑剔的立場上。在君士坦提烏斯皇帝的法令之下，神職人員已經有權持有私產。何況他出身首都羅馬的世家，又至少擔任了二十年的高等官僚。祖傳的遺產加上二十年的公務，想必為他累積了不少的資產。而安布洛修斯在當上主教之後，竟馬上公開表示要把私產全部捐給基督教會。

在當時，據說首都羅馬是最為富裕的教區，因為君士坦丁大帝生前特別在這異教首都賣力提振基督教會。除了興建聖彼得大教堂等諸多教堂捐贈給教會以外，還捐贈農地及不動產等多項資產，作為基督教社區各種活動的基礎財源。人一旦手上有了錢，難免就會想要使用。無論是凡人或是神職人員，在這方面都是一樣的。當時羅馬主教的生活以奢華聞名，據說羅馬首富曾經對某任羅馬主教這樣說：

「如果你們願意讓我當羅馬主教的話，明天我就改信基督教。」

安布洛修斯在距離羅馬不大遠的米蘭當上主教，而他竟然公開表示要放棄私產捐贈給教會，並且一毛也沒留下。米蘭的基督教徒自然不分亞流派或三位一體派，全數團結在安布洛修斯之下。

話說到這，想必讀者們會感到疑問，為何米蘭主教能對皇帝發揮強大的影響力？這個是很自然的疑問，因為當時的強力教區，以信徒人數來說，要以埃及的亞歷山大、敘利亞的安提阿、帝國東方首都君士坦丁堡居冠；而如果以財力來說，則是帝國西方首都羅馬教區為首。米蘭教區無論是人數或財力，都要排在上列大型教區之後。

這樣一來對上列疑問的回答就只剩下一個，亦即米蘭主教與上列大教區的主教不同，享有更多與皇帝接觸的機會。

埃及傳統來說屬於羅馬皇帝的私人領地，由皇帝代理人執行統治，因此皇帝少有前往埃及首府亞歷山大的機會。而且三位一體派的領導人阿塔那修斯掌握主教職位，使得亞歷山大的三位一體派勢力高漲。傾向亞流派的君士坦提烏斯、瓦倫士等皇帝自然不大樂意前往造訪。

至於敘利亞的安提阿，除非羅馬與波斯關係惡化，否則羅馬皇帝不會駐足在此。因為一旦與波斯之間發生戰爭，安提阿就要成為後勤基地。

君士坦丁堡身為帝國東方首都，照理說皇帝會把根據地設置在這裡。然而負責帝國東方的皇帝轄區，還包括多瑙河以南的巴爾幹地方。這一帶是最直接受北方蠻族威脅的地區。皇帝身為軍方最高司令官，以保障國民安全為首要職務，當然會時常停留在巴爾幹地方，沒有閒暇回到君士坦丁堡的皇宮享福。

羅馬如今只是名義上的帝國首都，多年來除了舉辦凱旋儀式以外，看不到皇帝的身影，然而羅馬軍也已經與勝利絕緣許久了。

話說回來，除去上列教區之後，不等於馬上輪到米蘭教區。擔任帝國西方統治的皇帝，身在特里爾的時間反而比較長。而負責統治帝國東方的皇帝，則往往長時間停留在色米姆。因為特里爾在萊茵河附近，而色米姆則瀕臨多瑙河，萊茵河與多瑙河又是帝國的兩大前線。

君士坦提烏斯皇帝生前待在米蘭的時間確實比較長。這名皇帝身為君士坦丁大帝的兒子，又是親基督教政策的繼承人，不過沒有史料表示他受到米蘭主教的影響。然而，當時的米蘭主教可不是安布洛修斯。

也就是說，米蘭沒有與皇帝發生密切關係的絕對性條件，而是安布洛修斯上任之後設法取得的。

如果觀察安布洛修斯當上米蘭主教之後的帝國動態，則大致上如下。

西元三七四年，安布洛修斯就任米蘭主教。

西元三七五年，瓦倫提尼安皇帝猝逝。

同年，格拉蒂安登基繼位，擔任帝國西方統治責任。帝國東方由瓦倫士皇帝繼續擔任。

西元三七八年，於哈德良堡慘敗在哥德族手下，瓦倫士皇帝陣亡。

西元三七九年，狄奧多西皇帝登基，接下瓦倫士皇帝陣亡後懸空的帝國東方皇帝。帝國西方由格拉蒂安繼續統管。

格拉蒂安皇帝的異母弟弟瓦倫提尼安二世負責統治義大利地區，然而因皇帝年幼而由母親擔任攝政。尤絲緹娜太后除了是個狂熱的亞流派信徒以外，沒有任何特色可言，因此年幼的皇帝幾乎不具備政治上的意義。

所以，安布洛修斯必須看緊的皇帝，只有西方的格拉蒂安，以及東方的狄奧多西兩人。如果以這兩人開始明顯排擠異教徒的西元三八〇年為基準的話，主要人物的年齡如下。

格拉蒂安皇帝──二十一歲。

瓦倫提尼安二世皇帝──九歲。

狄奧多西皇帝──三十三歲。

米蘭主教安布洛修斯——五十歲。

除此以外，還要加上下列條件。

格拉蒂安皇帝——這名青年皇帝身為歸化蠻族第三代，生長於羅馬皇帝應身為基督教徒的時代。不過在當時教徒往往成年後才接受洗禮，因此這名皇帝是否受洗不得而知。這名皇帝在幼年時已經對基督教有好感，在登基之後偏向三位一體派，據說就是受到安布洛修斯的影響。

狄奧多西皇帝——這人最初並非基督教徒。不過在登基的第一年與蠻族作戰時似乎過度賣力，在入冬之後就病倒了。這年冬天他在希臘的帖撒羅尼迦過冬，當他在生死邊緣徘徊時，帖撒羅尼迦主教前來訪問，為他舉行洗禮。

筆者是個不為真神教誨而醒悟的頑固份子，就算有人告訴我死後會下地獄，也會認為沒人去地獄視察過不能確定，因此懶得理會這類的傳教。然而對古代人來說，事情可不容易。希臘人相信死後有個陰暗寂寞的冥府，羅馬人相信死後會有兩名天使攙扶著靈魂升天。對於習慣這種想法的古代人來說，落入地獄受苦受難的觀念，是個新穎的想法。而正因為新奇，恐懼感也就更嚴重。狄奧多西儘管在戰場上是個勇猛的司令官，畢竟這時年紀還不到三十三歲。也許他對於地獄感到不安與恐懼，使得他接受主教巧妙的傳教勸導。

總而言之，狄奧多西接受洗禮，成為正式的基督教徒，亦即成為「羔羊」。因為主教的地位擁有相當資格，能對信徒傳遞訴說神明的教誨。如今狄奧多西成為要在「牧羊人」主教的引領下，乖乖行事的一頭羔羊。

此外，皇帝與主教的關係不同於一般信徒與主教的關係。在基督教之下的皇帝權威權力，不是因為受到人類委託行使，而是因為神認同才有資格行使的。而傳遞天意的資格，又掌握在主教手上。換句話說，只要主教有這個意願，大可以天意為號召把皇帝換下來。如果想避免發生這種狀況的話，就必須模仿君士坦丁大帝與其子君士坦提烏斯，把洗禮拖延到臨終之前舉行。

然而狄奧多西卻在不到三十三歲時就接受洗禮。可能真的上天保佑，也可能因為年輕體力充沛，當時罹患的重病沒多久就痊癒，使得他第二年能繼續在戰場上活躍。似乎狄奧多西本人認為，就是因為受洗之後獲得天神恩寵才痊癒的。

話說回來，儘管當時狀況如此有利，適合主教與兩位最高權位者建立親密關係，如果安布洛修斯光是坐在家中等待機會，那麼他對兩名皇帝發揮的影響力絕對不會如此巨大。安布洛修斯享有擔任高等官僚二十年的經驗，深知要抓住掌權者的哪些弱點，才能對他們發揮影響力。簡單來說，就是如何尋找掌權者最需要的東西。而在這方面，他也發揮了同輩主教眼中視為不可能的巧妙技巧。

在當時即使是主教，也多半是出身低微沒受過良好教育的粗俗人物。在諸多士教之中，安布洛修斯有如鶴立雞群。這並非憑藉他的容貌，而是靠著教養良好、頭腦清晰、精妙措詞發揮的說服力等條件。當時的皇帝除了朱利亞努斯以外，都是沒有書記官幫忙就連一份公文都寫不好的人物。

當時的皇帝極度需要優秀的外交官，以便在向同事皇帝派遣使節時、說服起兵造反的軍團長時、與蠻族族長談判交涉時，可以讓迎接的人感嘆說「不愧是羅馬皇帝派遣的特使」。一來如今安布洛修斯已經是凡人眼中視為中立的神職人員。再者對他本人來說，無論擔任使節或是書面交涉，都只是二十年官僚生涯的延續，根本是駕輕就熟。因此他首先以這種方式向皇帝賣人情。

另外，掌權者時常會遇到必須下決斷的場面。如果在下決斷之前，身邊能有並非臣子，又能夠商量討論的人物的話，那是最好不過了。安布洛修斯以神職人員脫離世俗利害關係為由當上顧問，並巧妙地勝任顧問工作。

從特里爾沿著摩澤爾河而下，就可到達萊茵河，因此當地長年來一直是萊茵河防線的後勤基地。安布洛修斯時常訪問在特里爾駐守的格拉蒂安皇帝；也時常前往多瑙河畔的色米姆基地訪問狄奧多西皇帝。這兩名皇帝中如果有人路過米蘭，安布洛修斯也會親自出面迎接。而只要皇帝開口請求，安布洛修斯也會接下外交使節的工作。這就是兩名皇帝與米蘭主教建立的關係。安布洛修斯與瓦倫提尼安二世皇帝的關係沒有這般密切的原因，在於這名少年皇帝受到信仰亞流派基督教的母親操控。對於打算排除亞流派的安布洛修斯來說，見面只是白費工夫。

如上所述，米蘭主教安布洛修斯就這樣一點一滴的，為基督教會的下一步躍進打下了基礎。

「異教」與「異端」

西元三八〇年到三九五年之間的十五年，是基督教取得勝利的最終階段。而這十五年，就以背後由安布洛修斯主導，表面以格拉蒂安與狄奧多西兩位皇帝出面，向「異教」與「異端」同時發出全面宣戰通告的事情開始。

相信「異教」已經不需要詳細說明，就是除了基督教以外的任何宗教。希臘、羅馬傳統宗教、敘利亞出身的太陽神、同樣起源自敘利亞的密特拉神、埃及傳來的諸神、迦太基出身的塔睨特女神等信仰自然會讓人視為「異教」。除了上述被分類為多神教的宗教以外，就連屬於一神教的猶太教，在基督教眼中看來也是「異教」。

相對地，「異端」則是除了信仰三位一體理論的天主教派以外，基督教會內部的所有宗派。一神教立足於讓人視為天意的教義，但幾乎可說有多少人解釋，教義就有多少種派別。召集主教舉行的公會議，目的就在於調整教義解釋，然而光是公會議結論還不足以解決紛爭，因為除了對於信仰的教義解釋以外，又牽涉到教區支配權這種世俗權力。

因教義解釋不同而產生的宗派數量眾多，光是目前已知的就超過數十個派系。在這其中勢力最龐大的，就是三位一體派與亞流派。

三位一體派在這個時期之後，開始改稱天主教派。這個教派的信徒認為父與子同等，並且與聖靈三位一體。西元三二五年君士坦丁大帝召開的「尼西亞公會議」之中，就是採用三位一體說法當結論。

相對地，亞流教派的名稱，來自創始人亞流。這一派的信徒認為，耶穌基督與神無限接近，但畢竟不同等。這個教派在尼西亞公會議時一敗塗地，亞流與其同志遭到驅逐，然而亞流教派並未因此衰微。畢竟瓦倫士、君士坦丁的兒子君士坦提烏斯等治理東方的皇帝，都是偏向亞流教派的人。

然而日後在西方嶄露頭角的米蘭主教安布洛修斯卻屬於三位一體派，而且現任皇帝格拉蒂安與狄奧多西兩人，在這個人的影響之下。那麼這三個人首先要排擠的「異端」，自然非亞流教派莫屬。

雖然這只是筆者的想像，不過安布洛修斯會加入三位一體派，並非他自行解釋教義之後，認為三位一體派正確、亞流派錯誤。這名退休高等官僚出身的主教，試圖以自己成為「牧羊人」後的基督教會來主導羅馬帝國走上基督教國家化的路線。因此他認為基督教會必須更加強大，而教會若要更加強大，就需要在統一的體系之下。這種想法與君士坦丁大帝在「尼西亞公會議」時展現的判斷極為接近。恐怕安布洛修斯不是以宗教家的角度，而是以政治家的角度做出這種判斷。畢竟從這個人的言行之中，無論如何分析，都看不出來有任何宗教狂熱。

基於上述原由，排擠「異端」的動作，就從亞流教派勢力深厚，但如今由信奉天主教派的狄奧多西皇帝治理的帝國東方開始引爆。至於爆炸的起火點，則是自從君士坦丁大帝登基後，半個世紀以來由亞流教派獨占的君士坦丁堡主教職位。

首先狄奧多西皇帝逼迫這名亞流教派的主教改信三位一體派。主教拒絕了，因此遭到流放。

問題是，順利地把亞流教派主教趕下臺之後，卻沒有適當的三位一體派神職人員接手。帝國東方多年來以亞流教派勢力居冠，因此三位一體派的神職人員數量不多。在這狀況下，實在難以找到適合擔任帝國東方首都主教的人選，因此他們找來一名元老院議員立即接受洗禮，和安布洛修斯上任時一樣地，令其迅速經歷基督教會內的各個階層，送上主教的寶座。

君士坦丁堡主教由亞流教派換成了三位一體派人員這件事情，代表天主教派在亞流教派始終占優勢的帝國東方地區打下一根強力的木樁。也因此在帝國東方，必須讓排擠「異端」的程序優先於排擠「異教」。

排斥「異端」

在西元三八〇年到三九五年這十五年之間，狄奧多西頒布了以排斥「異端」為唯一目的的十五道法令。而且研究人員表示，這還僅止於已知的部份，實際上法令數量可能遠超過十五道。由此可見狄奧多西皇帝的意志堅定，把「異端」視為妨礙基督教團結的罪魁禍首。

首先，他要求異端信徒改宗。當然，這時改宗的對象是正統天主教派。問題是他面對的是深信自己的解釋正確無誤的人。在強制之下改宗的人數不多，逼得狄奧多西必須一再頒布法令，處罰違令的人。

在法令中禁止的事項，包括下列各種。

訴說異端教誨。

聆聽異端演說。

聚集信徒集體聆聽異端學說。

提供信徒用於聆聽異端學說所需之場地。

得知異端集會後未逕行告發之司法人員。

此外，無論是「異端」或是「異教」，無論公開或私下，都不得舉行相關的彌撒與祭典。

違反法令者所有資產將遭沒收繳交國庫，而且這道法令在公布後嚴格執行。

違反法令的人受到的處罰不僅是財產充公，還包括流放刑在內。不過神職人員與一般信徒接受的罰則有所不同。

神職人員接受的處罰，以剝奪免稅等稅制優惠待遇，以及流放邊疆為主。至於一般信徒接受的處罰，則是以每人每次違反法令時上繳十利普黃金的罰鍰為主。然而無論神職人員或一般信徒，如果一再累犯的話，最後有可能遭判處死刑。這引起了身為基督教徒卻遭受基督教徒迫害，甚至因而殉教的現象。

令人聯想到中世紀的現象，還不只上述狀況。

法律規定，不對法令屈服的信徒，不得與其他人民往來。這種集團忽視的現象，也就是在中世紀發威的「破門令」，其起源就在這道法令。

另外一道措施，是設立專門搜尋「異端份子」提出告訴與審判的特別機構。這個機構在當時叫做「神聖公所」，正是在中世紀興風作浪的異端審判與女巫審判的肇始。與中世紀唯一不同的地方，就是法官還不是神職人員。

上列各項措施，就是在狄奧多西皇帝治理下，於帝國東方推動的「異端基督教徒」鎮壓迫害政策詳情。亞流教派在鎮壓之下，雖然沒有完全消失，但已經遭受致命打擊。亞流教派在基督教會之中，再也不是占據主要地位的勢力了。

另一方面，由格拉蒂安統治的帝國西方，原本基督教普及的速度就比較慢，因此勢力不如帝國東方強盛。再加上西方基督教會內部引發的教義論爭，一直以三位一體派占優勢，因此在帝國西方可以直接進行「異教」排斥工作。

而這項工作，就從格拉蒂安皇帝拒絕擔任「最高神祇官」(pontifex maximus) 這件事情開始。

排斥「異教」

羅馬人認為，羅馬人與其居民共同體羅馬，受到以最高神朱比特、其妻朱諾、智慧女神雅典娜三尊神明為首的諸神保佑。負責羅馬傳統信仰的祭司、神祇官的最高位階，就是「最高神祇官」。這項官職的設立時間，可以回溯到羅馬建國時期。在共和時期中，這項官職是歷經所有公職後的人員才能擔任的終身公職。在共和時期羅馬的官職為複數制度，連執政官都定為每年兩名，因此最高神祇官是僅有的特異官職。按往例，這項官職是由年高德劭、功成名就的老人擔任。當年朱利斯．凱撒在三十七歲時候選又當選，使得元老院為此感到訝異。只不過，會感到訝異代表沒發現這項職位的優點。凱撒認為，這項職務是唯一的終身職，而且沒有同事，同時又具備管理羅馬公民宗教意識的立場，對於推動政治有所助益。

開國皇帝奧古斯都全面繼承了凱撒的想法，因此在奧古斯都之後，羅馬皇帝兼任「最高神祇官」成為傳統。就連承認基督教合法的君士坦丁大帝，在擔任皇帝的同時也一樣兼任「最高神祇官」。而從大帝的兒子君士坦提烏斯到格拉蒂安為止的歷任親基督教皇帝，同時也繼續擔任異教神明祭典的最高負責人。因為從君士坦丁大帝之後的歷任親基督教皇帝，至少在表面上遵照「米蘭敕令」的說法，認同所有宗教的信仰自由。

格拉蒂安皇帝拒絕就任「最高神祇官」的行為，因此具有重大意義。

首先，個人所信仰的宗教，與作為眾人集合體的國家所信仰的宗教，在信仰多神教的古代是並存的。也就是說，在古代就好像每個人一定有宗教信仰一樣地，每個國家也一定有國家宗教存在。

身為古代國家元首的皇帝拒絕擔任掌管國家宗教的「最高神祇官」，也就代表這個宗教再也不是國家宗教。同時這也表明皇帝決心把其他宗教拿來取代現有國教。這件事情，使得社會朝向不認同宗教信仰自由的時代踏出了明確的、又具有決定性的第一步。

格拉蒂安還沒有宣布要把主張三位一體的天主教列為羅馬帝國國教。在這個時期，他只是表示羅馬傳統宗教再也不是羅馬國教而已。然而在格拉蒂安的決定之下，基督教成為羅馬國教只是時間早晚的問題。

格拉蒂安皇帝隨即著手消滅從羅馬建國開始維繫至此的女祭司制度。他表明從今以後，國庫再也不支付維持女祭司制度的經費。這些將未婚之身獻給諸神，因而獲得國民崇敬的女

格拉蒂安

祭司，也只好就此消失。而另外還有一件東西，也跟著女祭司一起消失。在羅馬廣場中央有一座小型圓形神殿中燃燒的「聖火」，歷經一千一百三十五年歲月之後終於熄滅了。

格拉蒂安皇帝對「異教」的宣戰通告還沒結束。他開始著手沒收維持「異教」神殿存續的經費來源。羅馬傳統宗教沒有專業的祭司階層，祭司與神祇官是由公民兼任，因此不像必須豢養專業神職人員階層的基督教那般消耗經費。然而供應基礎經費來源的果園、葡萄園，還是讓國家在瞬間全數沒收了。

事情發展到這個局面，接下來的方向也就很清楚了。所有神殿無論祭祀的是何方神聖，一律遭到國家封鎖，就連街頭巷尾的小神龕也無法倖免。在這個階段，以死刑禁絕的祭典還僅限於由國家、地方政體、各種行業職業公會主辦的官方祭典，並未波及個人私下舉辦的儀式。簡單來說，國家還允許個人在家中舉辦祭典，只不過這種日子也不長久了。

由格拉蒂安皇帝實施，以排擠「異教」為目的的最後一項政策，是撤除從共和時期起設置於元老院議場前方的「勝利女神像」。當初是君士坦提烏斯皇帝首先表示要撤除這尊女神像，然而政策沒有執行，就這樣過了三十年。

根據文獻記載，這尊女神像呈立姿。女神在一個大地球上伸展雙翅，左手拿著桂冠，右手拿著長槍。每當元老院舉行會議時，會在這尊代表羅馬獲勝的神像前焚香祈禱，議員在禮拜之後才展開會議，而且這項傳統維持至今起碼有五百年以上。格拉蒂安皇帝下令，將這尊神像撤除。而元老院議員向皇帝遞出請求撤回處分的書信，卻從未送到格拉蒂安皇帝手上。

西元三八三年，格拉蒂安皇帝停駐在巴黎時，遭到不列顛司令官馬庫希穆斯叛變攻擊，於逃走時遇害，得年二十四歲。

這件事變使得帝國西方的皇位懸空。有資格繼承格拉蒂安的瓦倫提尼安二世，這時才十二歲。三十六歲的狄奧多西皇帝實質上必須單獨統治帝國西方與東方。這也代表無論東方或西方，整個羅馬帝國都將依照安布洛修斯的計畫，繼續邁向成為基督教國家的目標。

西元三八三年，擔任西方統治工作的格拉蒂安皇帝遇害時，負責東方統治工作的狄奧多西皇帝三十六歲。當時十二歲的瓦倫提尼安二世形式上繼承格拉蒂安，成為統治帝國西方的皇帝。然而這名少年皇帝始終軟弱無力，最後讓人趕出義大利，前往希臘的帖撒羅尼迦向狄奧多西求助。而最後他在帖撒羅尼迦因為與臣子產生爭執遭到暗殺。據說皇帝在激烈口角之後進入寢室，第二天被人發現時已經是冰冷的屍體。瓦倫提尼安二世過世於西元三九二年，得年二十一歲。從他四歲掛名繼位起，便一直對他產生影響的皇太后尤絲緹娜已經在幾年前過世，臨終前還不斷哀嘆她熱心信仰的亞流教派遭受欺凌。

有些研究人員認為，狄奧多西一個人統治帝國西側與東側的時期，要從瓦倫提尼安二世遭暗殺的西元三九二年起算，到西元三九五年狄奧多西過世為止一共三年。不過筆者認為，實質上應該從西元三八三年格拉蒂安遇刺起算，到西元三九五年為止一共十二年。在不列顛舉兵造反的馬庫希穆斯將軍在格拉蒂安遇害之後，其勢力到五年後西元三八八年才遭到鎮壓，而馬庫希穆斯本人死亡後事情也告一段落。當時率軍前往鎮壓的是狄奧多西，並非瓦倫提尼安二世。狄奧多西尊重遇害的格拉蒂安之遺志，沒有奪走瓦倫提尼安二世的地位。一直到西元三九二年，這名沒有存在感的皇帝遇刺之後，他才將帝國西方皇帝的位置拿在手上。然而在這中間的九年，羅馬帝國實質上是由狄奧多西一個人主掌統治。同時這也代表格拉蒂安皇帝推動的羅馬帝國基督教國家政策，並未因本人逝世而中斷，而是直接由狄奧多西皇帝繼承。前文提到的撤除元老院議場前勝利女神像的問題，就是一個好例子。而這項問題，也使得在西元四世紀走上尾聲時，足以代表羅馬帝國的兩名知識份子正面衝突。其中一人站在異教方，另一人則站在基督教方。

論戰

昆托斯．奧理略．敘馬庫斯 (Quintus Aurelius Symmachus)，西元三四〇年生於首都羅馬。這個人的出身、教育以及公職經歷，都與年長十歲的安布洛修斯極為相似。只不過我們能得知這個人的全名，亦即個人名、家門名、家族名三個名字，代表這個人與安布洛修斯不同，在公職生涯途中沒有讓基督教會挖角。

在另一點上，他與安布洛修斯也不同。安布洛修斯在身為帝國高級官僚的父親值勤的特里爾出生，屬於首都羅馬的世家。而馨馬庫斯雖然在首都羅馬出生成長，但父親卻是高盧地區出身的羅馬帝國高級官僚。也就是說，他是羅馬人所說的「高盧裔羅馬人」。

不過在羅馬帝國中，這形容詞可不是歧視用語。同一個時代的羅馬人稱西元二世紀為「黃金世紀」(Saeculum Aureum)，後世則將其稱為「五賢君時代」。當時的五名皇帝之中，就有四名出身於行省。圖拉真、哈德良、馬庫斯．奧理略是「希斯帕尼亞裔羅馬人」，而安東尼奧．派阿斯則是「高盧裔羅馬人」。在羅馬帝國之中，出身行省算不上障礙。

敘馬庫斯的父親，與首都羅馬出身的羅馬公民——安布洛修斯的父親同樣地，在政治生涯最後都攀上了當時高級官僚的頂點「首都長官」。也就是說，敘馬庫斯與安布洛修斯同樣，在皇帝長期缺席的首都羅馬，於皇帝「代理人」之下成長。

也理所當然地，他所受的教育科目，遍及後世稱為“liberal arts”的各種領域。畢業後也一如當時受高等教育的領導階層青年應該走的途徑，選擇了服公職的生涯。在共和時期、元首政治時期，這種職業生涯被稱為「榮譽職涯」，帶有條件優渥者無條件回饋社會的工作之意味。然而到帝國後期已經整個走樣，西元四世紀時的榮譽職涯大致歷程如下所述。

從二十出頭時擔任「會計檢查官」起步，結束任期後成為「元老院議員」進入元老院。之後獲選為「法務官」分派到各地方值勤。經歷過義大利半島的「州長」勤務後，升階擔任有名無實的「執政官」。因為帝國的各個行省是由「總督」統治，然而成為總督之前必須擔任過「執政官」，享有「前執政官」頭銜。經過上列公職之後，最後攀升到的頂點是「首都長官」。

安布洛修斯在義大利半島擔任州長時就被基督教會挖角，因此「榮譽職涯」就此中斷。敘馬庫斯沒有被教會挖角，在四十四歲時攀上了「榮譽職涯」的終點「首都長官」職位。不過他在擔任「會計檢查官」時只有二十來歲，在滿三十歲取得元老院議員資格之前就讓皇帝看上。所以說若光看公職生涯，他的起步可說比安布洛修斯精彩亮麗。

敘馬庫斯二十多歲時被皇帝挖角擔任拉丁文稱為"comes tertii ordinis"的官職。"comes"原本意為「皇帝的朋友」，不過當時已經轉換為有如「內閣幕僚」的機構，因此這項官職相當於「內閣幕僚直屬祕書」。簡單來說，這項官職雖然地位不高但隨時與皇帝接觸，皇帝走到哪裡就要跟隨到哪裡。

當年是瓦倫提尼安皇帝任命青年時期的敘馬庫斯擔任祕書。而這名皇帝將帝國東方交給弟弟瓦倫士看管，自己在帝國西方與蠻族作戰了十年。敘馬庫斯在這名皇帝治國的最後六年待在皇帝跟前工作，因此以祕書官身份，親眼看到與蠻族作戰的戰場。只不過文官生涯與武將生涯完全分離至今已經八十年，走上文官生涯的敘馬庫斯一直以文官身份參戰，亦即他沒有率領部隊作戰的經驗。即使如此，敘馬庫斯與沒有看過對蠻族作戰戰場的安布洛修斯不同。他在年輕時親眼看過總稱為北方蠻族的日耳曼人起兵獲勝時、失敗投降時，乃至與羅馬人和平共存時的模樣。

與皇帝形影不離的生活，最後也在瓦倫提尼安皇帝的意向之下結束。西元三七三年，敘馬庫斯獲派擔任亞非利加行省總督，前往位於迦太基的總督官邸就任。當時北非地區遇到沙漠游民襲擾與居民叛亂等連串問題，最後必須等待狄奧多西的父親以軍事方式解決。不過在民政方面的事情，則全面委由敘馬庫斯總督處理。

三十多歲的敘馬庫斯在北非上任不久後，瓦倫提尼安皇帝猝逝。年輕有為的行政官敘馬庫斯後來不知道為什麼，在亞非利加行省總督卸任後沒有受到重用。目前已知他後來的職位，只有在有如長靴的義大利半島尖端，擔任盧卡尼亞．布魯提州的州長。除了行政職以外，他還就任宗教職務「神祇官長」。在格拉蒂安皇帝拒絕擔任「最高神祇官」之後，神祇官的威嚴日益低落。然而敘馬庫斯不僅沒有拋棄日益陷入逆境的異教徒大衣，反而堂堂正正地把這件衣服穿在身上。也當然後人要稱呼他是「異教羅馬古老榮耀的最後一把火」。

西元三八四年，四十四歲的敘馬庫斯獲派成為「首都長官」。由於這道命令出於皇帝本人，相信狄奧多西皇帝只是任命他為「代理人」，代替自己治理首都羅馬。不過「首都長官」同時具有順應首都百姓意願，在行政方面擔任最高負責人的意味。從敘馬庫斯日後的言行來推斷，他應該是想要以「首都長官」的第二種意義來盡職責。

首都長官敘馬庫斯與米蘭主教安布洛修斯之間的論戰過程，並非兩人一同晉見狄奧多西皇帝，直接在皇帝面前唇槍舌劍展開對決。而是敘馬庫斯向皇帝上書請願，希望能將格拉蒂安皇帝從元老院議場前撤走的勝利女神像，再度搬回原地恢復原狀。之後安布洛修斯向皇帝送上表示反對的書信，使得雙方展開論戰。米蘭主教表達反對意見時，能夠完全對首都長官的信件內容展開反駁，恐怕這是因為安布洛修斯主教透過某些管道，得知敘馬庫斯對皇帝寄出的信件內容。

總而言之，這場論戰是由出身家世、教育程度，以及前半生的經歷幾乎可說完全相同的兩人所進行。其中一人代表即將消逝的文明，另一人則站在日漸興隆的文明角度，以言論開闢了戰場。筆者用「戰場」而不用「法庭」來形容，是因為其中缺乏站在中立立場下判決的法官。雙方上書對象同樣為皇帝，然而皇帝身為基督教徒，與相當於檢察官的安布洛修斯關係親密。

筆者想在省略開頭的問候用語之後，把這兩人的信件全文介紹給讀者。雖然信件內容冗長，但是光介紹要點就沒意思了。筆者認為，唯有一一追蹤這兩個人憑藉什麼論點、什麼技巧來辯論，才能得知羅馬帝國末期的知性發展到什麼樣的狀況。

首都長官敘馬庫斯上書狄奧多西皇帝的信件內容如下：

「除了對光榮的強烈追求以外，還有什麼能對我們祖先所創建的法律，以及以法律奠基的祖國防衛發揮作用？只要您不違背我們父老理解的這件事情，相信光榮就會繼續與您同在。

我們（羅馬元老院）在此向您（皇帝）請願。宗教是使祖國長享光榮的要因之一，希望您能夠審慎考慮。

歷任皇帝在世時，也個別表明了他們的宗教意念。以往的皇帝如同故往的領導者一般，崇敬傳統諸神。近年的皇帝即便不崇敬，至少也不會排斥。即使您不願意依循早年的前例，尊重近年的前例應該也不會困難。

不尊重由勝利女神所體現的思想的人，只怕與蠻族無異。即使您本人不認同其神性，也希望您能考慮這尊女神像長年來受到眾人的敬意，開恩將神像歸還於民，使其能回到原本設置的地方。

皇帝地位安穩的原因，首推對敵作戰獲得勝利，相信這項事實今後還是不變。而想必您本人最期望的，也是勝利女神能對您微笑。每個人都有各自的理由，祈求勝利女神保佑。而如果有機會祈求獲得保佑的話，相信沒有人會拒絕。這樣一來，如此受到眾人期盼的事物，應當具有不受任何人妨礙排斥的權利。堅持撤除勝利女神像的狀況，極有可能被視為摧毀眾人希望的挑釁行為。而且女神像長年擔任元老院的象徵。無論您信奉與否，至少我們該對她長年成為我們祖先心靈支柱一事，抱持尊重的心態。

我們向您請願的，不僅取消撤除神像命令而已。而是希望讓我們恢復原有的狀況，能將幼年時父親教導給我們的事物，繼續傳授給我們的子女。對於期望終生行善的人來說，對傳統的愛是最偉大的事物。而且既然我們期望您的名譽能流傳千古，當面對傷害名譽的決斷時，我們就不能怠惰，必須高聲疾呼要求修正。

在勝利女神像缺席的議場上，我們要如何發誓忠於國法？要以何等權威，才能使偽裝忠誠的人感到畏懼？如果個人隨性揮灑個別的權威，那麼權威本身就將崩潰，世上將充斥虛偽的宣誓。勝利女神像挽救我們得以免除這種權威上的無政府狀態。

在首都以外的帝國各地，獻給這尊神明的祭壇前，人們互相確認共存，個人向國家宣誓效忠，統治者為其政策賦予權威。在祭壇前的宣誓，是對於帝國統合最為有益的事物。

缺乏象徵的元老院議場，遲早將成為虛偽與貪瀆的巢穴。集臣民敬意於一身的皇帝勢必不會期望發生這種現象。臣民對您的忠誠，必須要有所依據才能產生效力。

根據傳聞，最初想要撤除這尊神像的，是君士坦提烏斯皇帝。然而前例並非一定要遵循的對象。在君士坦提烏斯皇帝的業績之中，尚有許多值得依循的政策。您何不推敲推敲，稍作參考？

比方說他並未取消女祭司享有的福利。他尊重祭司的地位，視為羅馬諸多公職之中最高貴的職位。羅馬國家宗教相關祭典的所需經費，也未曾遭受拒絕。而當他訪問首都羅馬時，親自前往這座永恆之城的每一個角落、出席元老院會議、四處拜訪神殿、朗讀神殿正面牆上雕刻的神名、訪問朝拜民眾絡繹不絕的聖地並詢問由來、讚賞興建神殿聖地捐贈給群眾的古人。他個人的宗教信仰絕非祕密。然而就連他都認同為了帝國黎民，有必要留下這些帝國光榮的紀念碑。

任何人都有自己特有的生活習慣，有順應個人需求的信仰對象，各個都市也各有各的守護神，這就好像人自從出生時便具有個別的精神。因此每個民族都有個別的「靈」存在，左右民族的命運。而國家宗教的作用，在於統合個人精神、民族神靈，使其與至高的諸神相連繫。

此外，人的理性有其極限存在。除了回顧民族歷史以外，可有更好的方法彌補理性不足之處？若期望在將來建立繁榮，回顧以往的成就，也是最佳的方法。這些光榮的過去，都是我們祖先敬仰的諸神協助下，才能功成名就。

如今整個羅馬正在期盼您的深思熟慮。因此想向在皇帝中出類拔萃，身為國家之父的您請願。希望您尊重悠久的故往。

對於我個人來說，這代表我獲准舉行長年習慣的祭典，作為一個自由的人，毫無遺憾地結束一生。

羅馬傳統宗教有益於統合整個帝國。我們在信仰下奉獻的犧牲，使漢尼拔遠離羅馬城牆，將高盧人從卡匹杜里諾丘陵上趕走。我自幼在這教誨下成長，為何要在上了年紀後否認自己的過去？即使這些想法已經不合時宜，對於我這種人來說，改宗棄教的時機已過，而且這是最為傷害自尊心的行為。

我想向您請願，請求您讓長年成為我們精神食糧的羅馬諸神，維持現有的模樣。因為我認為，若從人類天性來看，眾人的精神食糧統合在一尊神明之下並不自然。我們全體生活在同一個星空下。我們每個人都受到同一個蒼天保護。同一個宇宙圍繞著我們每一個人。那麼在這其下生活的個人即使仰賴不同的支柱，又會造成多大的問題？我認為光憑一個管道，不足以解開如此龐大的生命祕密。

君士坦丁大帝在天上看到祭司的眼淚時，不知會做何感想。會不會認為這違反了他宣言的，認同一切宗教信仰的寬容精神，覺得受到侮辱？據說第一個提出撤除勝利女神像的人是君士坦提烏斯。若這傳言屬實，相信是他未經深思熟慮，接受不了解女神像對羅馬元老院之意義的親信建議。修正未經深思熟慮而決斷的政策，只是正當的行為，並不傷害先帝的名譽。因為若是能傾聽公民心聲，皇帝也就有責任修正前例措施，這也是我帝國的優良傳統。」

以上就是當時四十四歲，人稱「異教羅馬古老榮耀的最後一把火」的男子表達的意見。從後世的眼光看來，他反對撤除勝利女神像的言論，實在是不符時代潮流，而且與西元四世紀時的羅馬帝國現況有隔閡。當時羅馬距離勝利愈來愈遙遠，元老院也已經遠離國政許久了。要讓勝利女神像一如共和時期繼續站在元老院議場前，由元老院議員在神像前上香朝拜，然後討論著沒有實效的議題，實在是不合時宜落伍到底。

不過，難道說敘馬庫斯不知道這已經趕不上時代了嗎？其實他也知道。雖然他知道，但是還是願意超出職責義務，寫下這封請願書。因為如果他放任撤除勝利女神像的行為不顧的話，就有如在最後一道堤防潰堤時袖手旁觀。而一旦最後一道堤防潰堤，接下來決堤洪水便會大量湧入，把一切都沖到海裡。這就是他提筆的動機，而安布洛修斯也徹底看穿了他的意圖。

米蘭主教的上書，名義上以瓦倫提尼安二世皇帝為收件人。不過這名高級官僚出身的人，不可能弄不清楚國家實權掌握在誰的手中。因此這封書信表面上是送給當年十二歲的花瓶皇帝，實際上是寫給當時三十六歲的掌權者狄奧多西皇帝。實際上，十二歲的皇帝看都沒看過這封信，三十六歲的皇帝倒是確實閱讀過了。狄奧多西四年前受洗成為基督教徒，當據說身為引導基督教徒的牧羊人，有資格傳遞天意的主教寄信來時，他沒有辦法拒絕閱讀。當時五十四歲的米蘭主教安布洛修斯寫給皇帝的信件，是這樣開始的。

「聽聞聲名遠播的羅馬長官閣下，以永恆之城的請願為名義，向您含淚請願維繫古老宗教的存續，因而我也決意提筆。

首先我想問他，當年是什麼樣的神跡，才保障羅馬不受漢尼拔攻擊。是什麼樣的方法，把襲擊盤據的高盧人趕出卡匹杜里諾丘陵。

而且他列舉了他認為優良的宗教的有效性，但絕口不提其弱點。假使這些神明真的與漢尼拔戰鬥，那為何又會容忍他逼近首都羅馬的城牆？高盧人會放棄攻打卡匹杜里諾丘陵，是因為當他們準備攀登進攻時，天鵝發出叫聲讓羅馬人察覺攻勢。在這時候，他們的朱比特神又身在何處？難道是朱比特化身天鵝發出叫聲，藉此保護羅馬？

退步言之，假設他們長年信仰的諸神，真的曾經協助過羅馬軍團好了。然而漢尼拔同樣也信仰諸神之一。亦即諸神有平等守護羅馬與迦太基的義務。那麼為何結果是羅馬獲勝，迦太基落敗？

此外，他主張他受到民眾含淚請願，其根據也不充足。民眾早已使用與他不同的語言。民眾表示，為什麼每逢假日，都要將貴重的牲畜拿去花費在沒有效果的犧牲儀式？勝利不會隱藏在成為祭品的牲畜內臟裡，勝利是由作戰的官兵戰力帶來的。而這並非求神祈禱的結果，是憑藉堅韌意志獲得的。

將攻打卡匹杜里諾丘陵的高盧人摔下山坡的，將他們飄揚在卡匹杜里諾丘陵上的旗幟扯下來的，不是獻給諸神的祭典，而是當時羅馬人的勇氣。戰勝漢尼拔的原因，同樣不來自對神明的祈禱，而是當時的羅馬人大膽果斷，進攻了漢尼拔的故國。

還有，為何敘馬庫斯光把話題往羅馬以往的偉大牽扯？我可不認為自己想與尼祿皇帝信仰同樣的神明。

再加上蠻族入侵的問題，也並非一天兩天的事情。難道說以往苦於蠻族入侵的皇帝，就是因為藐視傳統的諸神，才因此受苦受難？其中一位瓦雷力亞努斯皇帝成為敵國波斯的俘虜，另一位迦利艾努斯皇帝讓帝國支離破碎。在這些不幸的日子裡，元老院議場前的勝利女神又做了些什麼？

我為自己祖先犯下的錯誤感到可恥。然而更可恥的是不願改變的心情。要從以往的恥辱中學習永不嫌遲，然而求知的勇氣卻有年齡限制。一旦年老之後，再也無法導正錯誤。而且他們進行的犧牲儀式，不過就是在祭壇上殺害牲畜噴灑鮮血。就好像唯有奉為祭品的牲畜，才能傳遞神的聲音。

探索世界祕密的工作，應該交給創造世界的唯一真神，不應該委由甚至對自己也一無所知的人類。

敘馬庫斯說，一條道路不足以探究世界的祕密。然而他眼中的祕密，對我們基督教徒來說，已經透過神明的聲音揭曉，再也不是祕密。他們力圖探究的事情，我們已經在神的睿智與真理下得到解析。他們異教徒與我們的想法，沒有任何共通之處。他們向皇帝祈求給與他們的神明和平，我們卻是向基督祈禱將和平賜予皇帝。這些人哪有資格責難拋卻陳年舊習的我們。

每一天，都並非一開始就能充分獲得陽光的恩惠。總要在太陽升起之後，光輝漸漸增加，才讓人們感到溫暖。在季節剛開始時，光禿禿的大地尚未播種。然而只要沉住心神耕作，遲早會獲得收穫。責難我們基督教徒的人，總有一天會感到後悔。破滅的日子一定會到來，因為太陽終將會驅逐黑暗。

對基督教會來說，收穫是由充滿喜悅的希望帶來的。這也是聖徒謳歌春天的時代之開端。而這項喜悅，遲早會傳播到全世界所有黎民身上。

對基督的信仰不能拯救無知的靈魂。原本相信法律代表真理的文明已逐漸崩潰，只有擁有勇氣修正過去錯誤的人，頭頂上才能綻放光明。」

筆者不是基督教徒，因此不對安布洛修斯主教的書信內容做評價。只不過，筆者有個感想。當初米蘭的基督教徒會挖角這名沒受洗過的高級官僚當領袖，的確是眼光獨到。而在事情剛發端缺陷還不明確的時候，強硬的論調確實是個有效的戰術。

至於這場「論戰」的結果，相信不用詳細說明。狄奥多西接受安布洛修斯的意見，勝利女神像再也沒有回到羅馬的元老院議場前。

女神像的行蹤，到今天都還無法確認。想必是在後來破壞神像雕像的風暴之中一同受難了。只不過，模仿地球雕塑的圓球巨大到連成年男子都無法懷抱，因此也不是那麼容易破壞。而且球形的物體結構堅固，說不定大圓球讓人拋棄在別的地方，到今天還發揮著完全不同的功用。

從「大競技場」遺蹟往臺伯河的途中，會經過希臘聖母堂。這座教堂與其他的教堂一樣，是在西元四世紀末由羅馬帝國公共建築轉換成基督教堂的建築物。一進入這座教堂，前方走廊牆上有個俗稱「真理之口」的雕刻。據說說謊的人把手伸入真理之口裡的話，手會被真理之口咬住，相信這個傳說的觀光客每天都在真理之口前方大排長龍。其實這是古羅馬石板路面上用來收集雨水，將雨水流入下水道用的水溝蓋，在這個大圓盤上雕塑的是河神的臉孔。而河神的嘴，在兩千年後變成了「真理之口」。元老院議場前的勝利女神站立用的大圓球，說不定也讓人忘記了來歷，讓人放在哪個廣場或教堂前，苟延殘喘地度過這些歲月。所以說在現代的羅馬尋找古代羅馬的影子，也是一種享受閒暇的好方法。

基督的勝利（對異教）

接下來要把話題拉回到西元三八四年。這年敘馬庫斯與安布洛修斯的論戰，最終結果一如敘馬庫斯擔憂的發生了。勝利女神像撤出元老院議場，對於異教羅馬來說，代表最後一道堤防潰堤。米蘭主教的言論，使得狄奧多西皇帝在某個角度來說違反了君士坦丁大帝的「米蘭敕令」。從另一個角度來說，則是更進一步朝向反異教、反異端的路上踏出決定性的一步。

首先，原本官方祭典已經遭到禁絕，而從今以後連私人的祭典都遭到禁止。原本羅馬人會聚集屬於同一家門的各分支，一同祭祀家門的守護神一邊緬懷祖先。然而從只認同唯一真神為信仰對象的基督教眼中看來，這也是崇敬異教的活動。此外，在羅馬人的家中，一定會將面朝

雕刻有花飾的浮雕（祭祀的場面）

中庭的某個地方視為祭祀家門守護神或祖先用的場地，有如日本的神棚。這種場地也被視為崇拜偶像，由國家下令強制拆除。如果違反法令，將遭處死刑。之後人們在龐貝城遺蹟裡挖掘出數量龐大的小型神像，但如果維蘇威火山不是在西元一世紀爆發，而是在西元四世紀末的話，挖掘出的遺物中只怕就沒有神像了。

在排斥異教的名義之下陸續頒布法令禁止的事項，還包括下列各種。

在祭壇前點燈、焚香；在牆面裝飾花飾；以及向神明或祖先奉酒。

羅馬人特別喜好花飾。而當時的花飾係由樹葉與花卉組合而成的花環，但沒有結成圓形，而是呈漫長的帶狀。在白色大理石或灰泥牆面上，花花綠綠的花飾會顯得十分美觀。羅馬人只要一逮到機會，馬上會將這種花飾放在各種地方。因此，雖然用途不限於祭典，但是每當舉辦祭典時一定會採用花飾。

打破這些禁令的人不至於判死刑，但是將科以高額罰鍰。而且罰鍰按規定必須要以不受到貨幣價格變動影響的黃金繳納。

基督教會因君士坦丁提出「米蘭敕令」公認基督教的存在，因此向他送上「大帝」的稱號。至於基督教會將「大帝」稱號送給狄奧多西的原因，則是因為他是首度將基督教以外的宗教總稱由「異教」改換成「邪教」的人物。「異教」充其量只是與自己信仰不同的宗教，然而「邪教」則是違法的有害宗教了。因此邪教代表違反國家制度與道德標準，應當受到排擠的宗教。

只不過，雖然羅馬人日益同化為基督教徒，畢竟他們還是尊重「法律」的民族。狄奧多西制定的反異教、反異端法令，讓半個世紀後由狄奧多西二世下令編纂的《狄奧多西法典》收錄記載，由此可知當時這些法令純粹以國法的角度執行。對於法律民族羅馬人來說，「非法」的概念要比「邪教」容易接受。因此在西元四世紀末以後，以往藉由文學與美術親近的希臘、羅馬諸神，一下子都成了「非法份子」(outlaw)了。亦即既然成為非法份子，國家大可以警力強力取締。

既然祭祀的神明成為非法份子，神殿的命運也就底定了。在狄奧多西的敕令下，所有神殿將一律轉用為教堂。內部的列柱部份將改以圍牆封閉，改建成封閉空間。由於改建程度僅限於以牆壁封起柱子間的空隙，因此以往意為會堂的"basilica"一詞得以存續，直接轉換成「教堂」

的意思。以往用於開庭審判的 "basilica"，如今成為向神祈禱的場地。

只不過，將神殿轉用成教堂的法令，產生了另一項問題。這項問題簡單來說，就是供需失調。

據說羅馬時代的諸神數量，在鼎盛時期曾多達三十萬尊。獻給諸神的神殿數量已經難以估計，若加上街頭巷尾的小神龕，數量更是多如牛毛。

相對地在需求方面，一來基督教是一神教，再者從基督教徒的數量來說，基督教還不像後世那般由全體國民信仰。神殿轉用為教堂之後，沒有足夠的信徒維持，極有可能形成空有建築物，裡頭沒有人影的現象。因此狄奧多西皇帝批准破壞不需要的神殿。畢竟既然要排除非法份子，破壞他們的住家也是很當然的事情。

早在半個世紀之前，國家便允許人民到神殿搬走建材。而狄奧多西的敕令，為這些實質上的破壞行為增添了宗教大義的名份。遍布整個羅馬帝國，以雄偉壯麗令人讚嘆的神殿，如今不是夷為平地，就是剩下殘破的遺蹟。遭到破壞的還不只獻給希臘、羅馬諸神的神殿。用於祭祀埃及或敘利亞神明的神殿，也與希臘人、羅馬人興建的神殿共存亡。

能夠僥倖存活的，只有轉用為基督教教堂的神殿，最好的例子就是羅馬的萬神殿。這座巨大的建築物是西元二世紀的羅馬建築傑作，由於是奉獻給天地諸神，因此命名為 "Pantheon"。而從西元四世紀末之後，也成為獻給一神的教堂了。

既然神殿的命運是如此，神像的命運自然也要比照辦理。在六十年前的君士坦丁大帝時代，希臘、羅馬諸神的神像雖然漸漸脫離信仰對象身份，至少藝術品價值還獲得肯定。

君士坦丁大帝建設了君士坦丁堡作為基督教的首都，因此在君士坦丁堡裡面只有教堂建築而沒有神殿。然而大帝在興建冠有自己名諱的首都時，心中始終以羅馬為參考，甚至將其稱為「新羅馬」。因此他期望君士坦丁堡也能與充斥神像與雕塑品的羅馬一樣，由「古代之美」點綴四處。從當時留下的記錄可以得知，他向整個帝國東方大量徵集雕像，幾乎塞滿整座城。古典希臘雕像傑作之一，由菲迪亞斯製作的雅典娜女神像，原本設置於雅典的帕德嫩神殿，據說就是在這道命令之下搬運到君士坦丁堡。亦即，即使不再視為神像，至少還認同其藝術價值。

然而到了狄奧多西的時代，一切都不同了。神像代表了當時基督教會嚴格禁止的偶像崇拜，是邪教的象徵物，也是「非法份子」的表徵。

而且當時的基督教會還禁止將裸體暴露在眾人面前，偏偏這些神像幾乎全是裸體像。由希臘人創始、羅馬人承繼的美學觀念認為，美觀的人類裸體是美的極致。因此這種至高的美，首先要奉獻給諸神。羅馬皇帝的雕像之中也有裸體像存在，不過是在當事人過世之後製作的。這是因為皇帝身故後獲得神格化，因此與諸神同樣地，獲得了以裸體表現的資格。

基於上列因素，希臘、羅馬雕像大多數是以全裸或半裸形式表現，滿街到處都是裸體。要將這些雕像全數排除，可是一件沒完沒了的工作。

削去神像的鼻子，還算是比較溫和的排除方式。多數神像的頭部、手腳被打斷、四肢與身體分家。連這些作業過程都嫌麻煩時，下手的人會採取將神像搬到山上往山下的岩石扔、從橋上往河裡推等大量處理的方式。畢竟羅馬人喜歡將雕像設置在任何場地。只要一個空間兩邊有柱子，上面有拱門，那麼下方就一定會有雕像。如果沒有雕像的話，代表這是行人通行用的地方，或者是拉上薄紗，在西風下乘涼享受用的場地。

再加上羅馬人有重視以往為國立功之人，為其紀念緬懷的習慣。對羅馬男子來說，能在公共場合設置自己的雕像，是最為光榮的事情，因此在這方面的需求也不少。結果不僅是首都，就連帝國的主要都市，也都充斥著大量的雕像。這種雕像也屬於安布洛修斯口中「應被修正的過去」。因此對於日益走上基督教國家路線的羅馬帝國來說，這也是應當破壞銷除的對象。一旦這種想法成立之後，就沒有藝術價值介入的餘地了。

羅馬以軍事力量征服希臘，將其列為行省。然而羅馬認同希臘的文化文明水準，甚至留下「羅馬征服了希臘，文化上卻反被希臘征服」(Graecia capta ferum victorem cepit) 這句名言。然而從西元前五世紀到西元三世紀為止累積的古典希臘傑作，由於希臘版圖與人口不足，實在無法滿足羅馬人的需求。

因此羅馬人除了模仿菲迪亞斯、普拉克西特列斯、留西波斯等天才名家作品之外，還盡可能地複製其他名氣稍差的古典希臘名作。話說回來，一流的藝術品並非人人都能仿造。如果想要最高級的仿造品，自然只有委託一流的藝術家出手。而即使到了希臘在經濟、政治都衰退的西元後，這個領域還是希臘人的專長領域。

羅馬時代的仿造品能夠優越得超越仿造的程度，是因為羅馬人對希臘文化的熱愛，以及羅馬人長年以來無論勝者、敗者，將事情委由擅長人員進行的寬容精神。多虧了這項精神，使得我們這些生在現代的後人，能在古典希臘傑作真跡製作兩千四、五百年後，還能欣賞把玩這些作品。即使這些作品的說明書上要加上「羅馬時代仿製品」，也是至今都還值得在全球美術館中展示的「仿製品」。

羅馬時代的仿造品品質據說以哈德良皇帝時期為顛峰。然而在兩百年後的西元四世紀末，羅馬人卻要破壞以往珍惜重視、花費大筆經費購買的傑作後丟到河裡。所謂的寬容，意為胸襟寬闊，能夠接受別人的想法。羅馬人心目中的德行之一「寬容」(tolerantia) 精神，如今也隨著藝術作品一起遭受破壞，讓人拋到河裡。

在羅馬特米尼車站附近，有一座俗稱「馬西莫浴場宮」(Palazzo Massimo alle Terme) 的國立古代羅馬美術館。其中展示的作品中，最美麗的據說是由普拉克西特列斯原作，於哈德良皇帝時期仿造的阿波羅雕像。然而這座雕像雖然美麗，全身上下卻布滿了以現代科技也無法去除的斑點。據說這座雕像是在西元一八九一年由臺伯河裡打撈上來的，之前在河裡的污泥中長眠了一千五百年。雕像全身上下的斑點，就是千年來染上的污泥。美術館中展示的其他雕像，多半是以復興古代為號召的文藝復興時期挖掘出的作品。雖說這些作品能提前結束長眠，但在地底下也至少待了千年以上。然而生在現代的我們特別前往美術館觀賞的，就是這些從長眠中甦醒的作品。至少在現代，這些雕像即使不讓人信仰崇敬，也還能成為欣賞的對象。而且即使抱持這種想法，也不用害怕在異教或異端審判法庭上遭人宣判死刑。

多年以來筆者一直有個疑問，就是在這些歷經千年長眠後讓人挖掘出的作品中，有些保存的狀況實在太完整。這個時候筆者總會想，其他雕像有的缺了手臂，有的少了一條腿，要留待後世的人為其彌補。為什麼能有毫無缺損、沒有斑點、四肢健全的雕像留存到現代？

在羅馬的卡匹杜里諾美術館中展示的「卡匹杜里諾的維納斯」立姿像就是個好例子。而且這座維納斯像並非唯一的特例。儘管在絕大多數雕像身上都能看到明顯的破壞痕跡，還是有少數的雕像保存完整，只要將各個部位組裝回去就能恢復原狀，讓人難以相信這是棄置千年後的樣子。

每當看到這種雕像時，筆者心中都會浮現一個假設。那就是活在西元四世紀末的某些人，把這些雕像藏在石棺裡頭，埋在地底深處。

作為非法份子的神像如今已經是邪教的象徵，民眾必須依照皇帝的命令將其廢棄。如果膽敢違抗命令的話，就會被政府抄家沒收資產並判處死刑。然而當事人心中又捨不得破壞這麼精妙的傑作、拋棄到河裡。於是只好在自己家中的院子裡挖個大洞，以布疋包裹住雕像，或者安

從臺伯河打撈出的阿波羅像

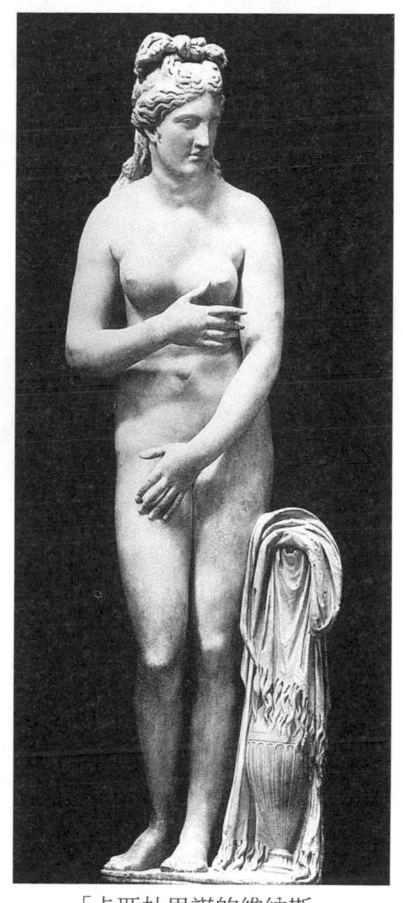

「卡匹杜里諾的維納斯」

置在羅馬上流家庭常見的裝飾用石棺裡，再把雕像放到洞裡掩埋起來，偽裝成地底下沒有任何東西。遙想這股宗教狂熱的風暴遲早有一天會過去，雕像有一天會流入懂得其價值的人手裡。

不過，要證明這項假設並不容易。雖說挖掘古代遺物的行為起源於文藝復興時期，但之後長年沒有進行嚴謹的學術挖掘工作，因此挖掘時的狀況並未留下記錄。要到二十世紀之後，挖掘過程才會留下綿密詳細的記錄。因此要證明這項假設，就必須留待將來，等有一天現代的考古學家幸運地挖掘到幾近完整狀態的雕像為止。在這之前，只有望著毫髮無傷，或者小有瑕疵的雕像、雕刻作品，一邊想像著這些作品是在什麼樣的狀況下，以幾乎完整、大理石紋路沒有受損的狀況，存活過上千年的時光。

基督教成為羅馬國教

西元三八八年，是敘馬庫斯與安布洛修斯以上書狄奧多西的形式展開論戰四年之後。對狄奧多西來說，這年是他花費五年時間後，鎮壓起兵造反、害死格拉蒂安皇帝的不列顛駐軍司令馬庫希穆斯的那年。直到這時期，他才真正將帝國東方與西方完全納入掌握。少年皇帝瓦倫提尼安二世雖然還在世，但是就連名義上的轄區不列顛與高盧發生叛亂都無法處置，要仰賴負責東方的狄奧多西前來支援。因此如今帝國東方與西方，無異已經在狄奧多西的掌握之下。

這年四十一歲的狄奧多西以鎮壓叛亂，處死首謀馬庫希穆斯的功績為由，首度造訪首都羅馬。不過這個人不像君士坦提烏斯皇帝那樣四處參觀羅馬的名勝古跡。他一到首都隨即趕往元老院議場，並且在聚集的議員面前，以疑問為型態，逼迫元老院議員做選擇。皇帝當時是這樣說的：

「諸位認為，羅馬人的宗教是朱比特適合，還是基督比較好？」

據說當天敘馬庫斯不在場。四年前上書之後，儘管他年僅四十四歲還不到退出公共生活的年紀，但毅然辭去所有公職退出了時代潮流。不過這天與他出身、教育、公職經歷相同的元老院議員已經全數到場。

當天討論的過程如何，如今不得而知。在元首政治時期，元老院會將討論的過程詳細記錄在《元老院議事錄》中公開，然而這項制度也已經廢除多年了。不管怎麼說，無論議員如何討論，他們也只有提出狄奧多西想要的答案。因此這天議員以壓倒性的多數投票給「基督」。

一千多年來讓羅馬人視為最高神的朱比特，如同活人一樣地被宣告有罪。而從今以後，基督將代替朱比特坐上羅馬人宗教信仰的寶座。同時，這也是以基督教成為羅馬國教的宣言。

這件事情，也代表異教的最後一座碉堡羅馬元老院淪陷在基督教的手裡。從建國起與羅馬人一同邁步的元老院，在歷經一千一百四十一年的歷史後，向基督教投降了。既然投降了，那麼戰敗者的命運就要委交到戰勝者的手中。結束投票的元老院議員大多數接受皇帝的要求，拋棄羅馬傳統諸神，成為基督教神明的信徒。

在這天的元老院會議中，出現一名犧牲者。這名人物受到議員尊敬，立場有如元老院議長。據說這名人物死於自殺。但是是在投票前死亡，或者在投票之後，則不得而知。如果是在投票前，則是以死抗議；若是在投票之後，則是不堪屈辱，但如今已經無法得知。

而從僅有一名議員自殺的現象，可以讓人引發另外一項疑問。那就是當基督教徒受逼迫要拋棄信仰時，會有許多人寧可拒絕，選擇殉教。而為什麼希臘、羅馬宗教不太會產生殉教者？有不少研究人員認為，主要原因在於異教徒信仰不堅定。不過筆者認為事情不是這樣的，問題不在信仰堅定與否，而是信仰的宗教性質不同。

關於宗教性質差異，簡單來說如下所述。

一神教深信自己信仰的宗教是正確的，別人也應該前來信仰。

相對地多神教則認為，自己不信仰的宗教，只要有別人去信仰，自己也該認同別人信仰的存在。

而至於殉教，一如字面所述，是為了自己信仰的宗教殉死的行為，抑或不惜為宗教一死的決心。

整理這些觀念之後可以得知，殉教是只有一神教徒才會產生的行為，對多神教徒來說是個難以接受的現象。到了二十一世紀的現在，最像一神教徒的一神教徒已經不是基督教徒，而是伊斯蘭教徒。光是看雙方陣營的自殺爆炸恐怖活動次數，就能理解到當年希臘、羅馬宗教信徒為何沒有人殉教。因為如果逼迫希臘人或羅馬人放棄他們信仰的神明，他們能做的頂多只有脫身而出遠離時代潮流。

西元十九世紀時，有一位史學家名叫布克哈特。這人生前發表過關於希臘時代、君士坦丁大帝時期的羅馬、西歐文藝復興等主題的許多歷史著作。他針對希臘、羅馬時代的宗教性質曾表示過下列意見。

「如果從君士坦丁到狄奧多西等歷任皇帝沒有建立僅認同基督教，將其他宗教打為邪教的法律的話，希臘、羅馬宗教可能會維繫到現代。」

提到布克哈特之後筆者又想起來，因基督教獲勝而產生的「犧牲者」，除美術以外還包括文藝在內。在這時期以後，包括首都羅馬二十八座公共圖書館在內，全國各地無數的圖書館都陸續被封鎖。羅馬時期的公共圖書館藏書方式，反映了雙語帝國的現狀，將藏書分成希臘文與拉丁文分別收藏公開。問題是這些書籍的內容幾乎全在描述異教的世界。隨著圖書館封閉之後，藏書也漸漸失散，古代的智慧遺產就此失傳。這些散失的書籍，同樣要等到文藝復興時期才讓人重新尋回。

西元三九三年，這年在異教與基督教的抗爭歷史上，除了羅馬元老院宣告朱比特神有罪以外，還公布了另一項象徵性的法律。那就是全面廢除奧林匹克運動會。廢除的原因，係因為這項每隔四年於希臘的奧林匹亞舉辦的運動會，名目是獻給天帝宙斯（拉丁文為朱比特）。古代的「奧運」特質，在於平常爭鬥不休的希臘城邦可以共聚一堂，無論勝者或敗者都能在奧林匹亞較量體育。據說第一次舉辦的年份，可以回溯到西元前七七六年。而這項重大競賽，也在歷經一千一百六十九年之後落幕。因此西洋史上將西元三九三年視為「希臘、羅馬文明正式結束的一年」。

順帶一提，現代奧運排斥戰爭中國家與戰敗國選手，因此筆者不認同他們是古代奧林匹克運動會的繼承者。

基督的勝利（對皇帝）

一切發展都如同米蘭主教安布洛修斯預期。在受洗後成為基督教徒的狄奧多西皇帝，就好像一頭順從的羔羊，在牧羊人安布洛修斯的意思之下，以唯有皇帝才能辦到的立法程序，將羅馬帝國推上基督教國家的目標。

然而，安布洛修斯還不滿意。因為將神明與皇帝的關係公示在基督教徒面前的問題還沒解決。換句話說，他必須確立基督教會對皇帝的優勢。而為了達成這項目標，安布洛修斯不惜超越米蘭教區的權限範圍。

西元三九二年，花瓶皇帝瓦倫提尼安二世於二十一歲時遭刺殺之後，狄奧多西名副其實成為唯一的羅馬帝國皇帝。可能在他心中也潛藏著想要當一個對帝國黎民公正無私的皇帝的想法。而這種想法以某一件事情為契機展露了出來。

在帝國東方的敘利亞東北部，天主教派信徒得知狄奧多西熱心排斥異端之後得寸進尺，襲擊摧毀了猶太教的會堂。狄奧多西向當地行政官員下令，必須嚴格懲罰犯人，並且令當地主教以教區費用重建猶太教會堂，捐贈給猶太教徒。

米蘭主教得知這件事情以後，立即向皇帝送上書面嚴重抗議。信中表示以基督教會資產興建異教相關設施，是對基督教的冒瀆，也是侮辱全體基督教會。

不過狄奧多西深信自己的裁決公正無私，無視這項抗議。而不久後他因公事必須前往米蘭時，米蘭主教可沒有放過機會。

確認狄奧多西坐在貴賓席位上以後，安布洛修斯主教開始向坐滿教堂的信徒大肆抨擊猶太教。並極力主張因耶穌犧牲而獲得的救贖，對象不包括猶太教徒。理由是猶太教徒盲目，不能理解耶穌傳述的真理。同時他以堅定的語氣向狄奧多西強調，無論任何人都不能忘記天神賜予的恩惠。這裡的「不能忘記天神賜予的恩惠」，可以改寫成「你以為是誰讓你坐在皇位上的」。

狄奧多西只好撤回懲誡襲擊猶太教會堂的犯人，以及由基督教會出資重建猶太教會堂的命令。而且在表示撤回命令的公告之中，還追加表示這是在接納米蘭主教忠告後做的決斷。這等於宣告，從今以後羅馬帝國法律對非基督教徒的保障將有其限制。換句話說，非基督教徒的羅馬公民，從此以後無法期待獲得與基督教徒公民相同的帝國法律保障。原本羅馬法無論宗教信仰保障全體公民，如今也成為過去了。

主教對皇帝的威力，日後又藉由其他機會展示。在希臘的帖撒羅尼迦發生的事情又給了安布洛修斯機會。

事情的開端，起於匯集民眾喜好於一身的戰車賽駕駛因某件小事入獄。大批賽車迷湧向警局，要求釋放他們心中的偶像。然而群眾遭到拒絕後怒氣失控，演變成暴動殺害帖撒羅尼迦長官與多位行政官員的命案。

狄奧多西接獲報告之後，判定這是群眾暴動，因此下令出動軍隊武力解決。暴動雖然成功鎮壓，但過程中有許多居民犧牲。

安布洛修斯這時又向皇帝送上書面抗議。信中表示軍方鎮壓是超越限度的殘酷行為，因此造成許多無辜民眾犧牲，下令鎮壓的皇帝應該為此負責。接著他表示，皇帝為了清償罪孽，有必要公開表示贖罪的意思。在贖罪完畢之前，禁止接近天神的祭壇。亦即，如果不公開贖罪，狄奧多西就進入不了神明居住的教堂。

狄奧多西皇帝在收信之後抵抗了八個月。不過八個月以後，皇帝終於表示願意和解。公開認罪請求教會原諒的行為，在基督教會中自有一套「公開懺悔」的過程。必須歷經一連串程序之後才能獲得原諒，重新拜領聖體。一般信徒完成這套程序所需的期間相當長久，過程中要表達懺悔的行為種類繁多。亦即，贖罪並非容易的事情。然而一旦身為皇帝，這部份可以獲得相當程度的省略。

狄奧多西

羅馬帝國皇帝狄奧多西把代表皇位的任何事物，比方說衣服上刺繡的皇帝徽章、頭上戴的皇冠、裝飾滿寶石的長劍等通通脫下，以一身樸素的衣服站在教堂前祈求原諒。過了一會以後，面前的大門才敞開，主教從教堂裡走了出來。主教這時穿著一級禮服，頭上戴著點綴滿寶石的主教冠，身上披著繡滿金線銀線的豪華披風。主教走向下跪求饒的罪人，問他是否決心悔悟。而罪人以謙虛的口吻表示懺悔的意思。等到結束這段過程之後，罪人才能再度進入神明的房屋。其後則前往祭壇之前，由主教賜予一份小小的麵包，亦即重新拜領聖體。

羅馬帝國皇帝與米蘭主教上演的這齣戲碼，就在教堂裡裡外外的群眾面前展開。若說要向現世群眾展現神明的威風，只怕找不到更好的舞臺了。

這個場面，讓人聯想到代表中世紀的一個事件「卡諾莎的屈辱」。西元一〇七七年，神聖羅馬帝國皇帝亨利四世被迫前往義大利中部的卡諾莎，向教宗額我略七世請求原諒。當時皇帝在大雪中站了三天三夜，因而史學家將其稱為「卡諾莎的屈辱」，而原來前奏已經在七百年前的這時候開演了。

正因為有陷入這種局面的危險，因此君士坦丁大帝與其子君士坦提烏斯才會將洗禮延期到臨終前。然而狄奧多西在病危意志薄弱時，被前來硬性推銷的帖撒羅尼迦主教說動，三十出頭就洗禮成為基督教徒。一旦成為教徒，就連皇帝也只不過是一頭「羔羊」。而「羔羊」無論如何絕對無法戰勝「牧羊人」。

米蘭主教安布洛修斯想必正確無比地掌握了基督教與世間權力的關係。既然皇帝能爬上其地位行使權力，全仰賴神明認同，那麼只要主教負責將天神旨意傳遞給人類，就連皇帝都無法違逆主教。這就是雙方關係的真相。對這個四十多歲時受洗禮，由高等官僚轉職成為主教的人來說算是眼光獨到了。或者正因為他有這種職業經歷，因此才有辦法洞悉其中的真正關係。

狄奧多西於西元三九五年因病逝世。皇帝逝世時才四十八歲，以當時的標準來說也算不上得享天年。而比皇帝年長十七歲的安布洛修斯，則向皇帝送上了一篇頗有感情的祭文。儘管祭文中大肆稱頌狄奧多西對基督教會有多大貢獻，筆者在閱讀時，總忍不住要微微苦笑。因為這篇祭文，正是當自己在背後牽絲引線操弄的玩偶死後，在表面上毫無痕跡地，將一切功績推給死者大肆讚揚的最佳祭文範例。狄奧多西皇帝過世後由安布洛修斯送上的祭文，同時也是絕佳的「身份證明書」。既然西元四世紀末基督教會首席掌權者米蘭主教出面保障，基督教會也就願意將原本只獻給君士坦丁皇帝的「大帝」稱號再度奉上。

在狄奧多西皇帝逝世兩年後，米蘭主教安布洛修斯以六十七歲的高壽逝世。逝世時在他二十多年來作為根據地的米蘭，受到大批滿眼淚水的信徒圍繞。自從他四十四歲受基督教會挖角成為主教以來，享有當時任何主教都無法享受的二十三年長期政權，並在逝世前親手掌握了整個基督教會。而且這名功力卓越的實務家，在二十三年任期中不光是對皇帝發揮影響力而已。日後基督教會有許多成為基礎的規定，也是在他手中奠定的。

只不過，雖說奠定了教會諸般規範，並不代表以往沒有範例而要等他親手創造。他只是將以前就存在的許多規定重新整理統合之後，建構成一個完整架構。不過實際上，基督教會在這個人手中也變換成一個新的組織。若要列舉他做的改革措施，則如下所述。

一、確立對異端，或者對程度尚未到異端但是思想不同的人的論戰與鬥爭方法。

換句話說，這有如言論武裝用的使用手冊。無論古今中外，使用手冊適用於萬人的事實倒是沒有改變。當他在攻擊某個懷疑聖母瑪利亞是否為處女的司鐸時，這本手冊確實發揮了極大的威力，證明其實效性。

二、確立以增進神職人員階層倫理為目的的方法論。

三、確立將修道士與隱士編制入教會組織的制度。

四、確立以民眾為對象的宗教教育方法論。

五、重新編組教會所舉辦的各項儀式，亦即教會儀典制度。

六、重新組織針對失業民眾與孤兒，由教會組織推動的慈善事業。

七、確立殉教者信仰的理論層面。

除此之外，最具獨創性，而且有助於基督教普及的，就是安布洛修斯所創立的聖人信仰。

人類在遇到需要依靠時，會尋求宗教協助。不過想要尋求幫助的理由，常常會是讓人覺得對唯一真神難以開口的生活瑣事。以往連夫妻吵架都會有專職的守護神，只要向守護神祈求就好。然而在一神教當道的現在，掌管夫妻吵架的女神維芮普拉卡已經成為非法份子。可是這種事情又難以向唯一真神與其子耶穌基督祈禱。難道沒有能夠更輕鬆開口求助的神明嗎？

安布洛修斯為了眾人這個單純健全的願望，想出了一套因應措施。

基督教只認同一位神明。因此既然不能讓以往的諸神復活，基督教會有必要找到新的守護者。儘管教會認同遭壓迫時代中的殉教者信仰，由於羅馬皇帝對基督教的鎮壓政策並不連貫，而且不徹底。唯一的例外是戴克里先皇帝的鎮壓政策，但是也僅持續了三、四年。因此即便湊合所有殉教者，也無法滿足民眾的期望。

因此，安布洛修斯想到的方法是盡量生產聖人。不過升格為聖人需要教會核准，認定基準也當然是適合成為基督教徒模範與否。

由於這些人是在一神教世界中成為崇人崇敬的對象，因此名稱不像多神教時代那樣稱為「守護神」，而是「守護聖人」。不過至少安布洛修斯達到目的，完成要保住一神教體系，又同時滿足民眾期望的目標。

隨著時代演進，聖人的數量也陸續增加。到了近代以後，連老婆被拐跑的男人都有了守護聖人。聖人的人數陸續不斷增加，最後產生將一年中的每天都列為聖人紀念日還不夠分配的現象。於是教會將分配不到日子的聖人聚集起來，制定一個獻給所有聖人的紀念日。這天是十一月一日，我們亞洲人將其翻譯為「萬聖節」。

在穩固基督教會的存續基礎之後，想必安布洛修斯能夠安然逝世。而這名創設聖人體系的一流實務家，在死後也很快地成為自創體系的一部份。教會認為他對基督教有無數的貢獻，因此將其列入聖人之中。所以在西洋史上，他的名號就成了「聖安布洛修斯」。

敘馬庫斯紀念碑

據說因為與這名聖人展開論戰而在史上留名的敘馬庫斯，在對手安布洛修斯過世五年後才結束人生。從他退出公職的時期起算，已經是十四年以後了。

他在生前得知元老院宣判最高神朱比特有罪，也知道基督教成為羅馬國教的事情。此外，在傳言之下，想必他也知道羅馬皇帝向主教屈膝下跪的事情。同時，他也親眼看到狄奧多西病逝之後，羅馬帝國分裂成東羅馬與西羅馬的現象。

儘管最後一敗塗地，然而這個人身為羅馬文明的最後一名旗手，只可惜後世的人無法得知他如何看待這股時代潮流。一來他本人沒有留下任何文字，再者即使當時只能將信仰潛藏在心中，已經沒有人會在意終身身為異教徒的男子心中想些什麼了。

敘馬庫斯留下了一座石碑。這座石碑是在羅馬七座山丘之一卻里歐丘挖掘出來的。研究人員表示，可能他的住宅原本位於卻里歐丘。這座石碑是敘馬庫斯過世後，他的兒子為了紀念生父而建的。畢竟他長年遠離公共生活，又曾向皇帝送上異教色彩如此濃厚的書信，的確不可能將紀念碑豎立在公共場所。

這座石碑如今遷移到卡匹杜里諾丘陵上。在一分為二的「卡匹杜里諾美術館」之間，由羅馬市政廳所銜接。市政廳下方則是以羅馬時代的「古文書庫」改裝的畫廊，用於展示大量的古代石碑。只不過除了對羅馬史十分有興趣的人以外，一般人不大可能知道敘馬庫斯的名字。因此敘馬庫斯的紀念碑只是放在由能夠瞭望羅馬廣場的高臺往下坡走的階梯下方一角。光是撫摸冰冷的石碑，就能讓人覺得好似從現代立刻回到古代。靜靜佇立的敘馬庫斯石碑更是具備這等力量，尤其是在深秋之際，米蘭的史卡拉劇場即將開演的季節裡。

東西分裂

狄奧多西皇帝於西元三九五年逝世以後，帝國分割成兩份由兩位兒子繼承。當時十八歲的長子阿卡狄奧斯繼承東羅馬帝國，只有十歲的次子霍諾里烏斯則繼承西羅馬帝國。

這一次羅馬帝國是決定性的遭到分割。以往的皇帝儘管分別統治不同地區，但畢竟只是分擔職責，羅馬帝國還是統一國家。因此筆者在書中必須不斷強調「帝國東方皇帝」或者「負責帝國西方統治」等等字眼。不過在西元三九五年之後狀況就不同了，只要直接寫「東羅馬皇帝」、「西羅馬皇帝」就可以。東羅馬帝國與西羅馬帝國雖然沒有變成兩個毫不相關的國家，但已經失去以往的銜接性，成為兩個獨立的國家。而就在東西分裂的狀況之下，羅馬帝國進入西元五世紀，也是帝國的最後一個世紀。同時這也是皇帝的女兒出嫁蠻族族長的世紀。

狄奧多西在位十周年紀念銀盤　自從狄奧多西之後，羅馬皇帝的塑像也像聖人一樣在頭部後方以光環表示。

大事年表

西元	羅馬帝國 帝國東方（中東、小亞細亞、埃及、巴爾幹、多瑙河流域）	羅馬帝國 帝國西方（義大利、萊茵河流域、高盧、不列顛、西班牙、北非）	世界其他地方
三二四	七月三日，君士坦丁軍於土耳其艾迪魯內戰勝利齊鈕斯軍 君士坦丁軍於拜占庭再度戰勝利齊鈕斯軍。利齊鈕斯投降，退出正帝職位，隱居於帖撒羅尼迦。君士坦丁成為唯一的正帝 君士坦丁將帝國首都遷至拜占庭，開工建設新首都		（日本）古墳時代
三二五	利齊鈕斯以企圖與蠻族共謀造反的罪名遭處死 君士坦丁於小亞細亞尼西亞召集基督教主教舉行公會議，訂定以三位一體為正統，亞流教派為異端的條例		
三二六		君士坦丁長子庫里斯普斯，以與繼母亂倫私通罪行遭逮捕，於伊斯特里亞半島波拉城被處死。皇后法烏斯塔遭暗殺	

三三〇	五月十一日，舉辦新首都君士坦丁堡落成慶典	安布洛修斯於特里爾出生	（中國）慕容皝自立為燕王（前燕）
三三五	君士坦丁將「凱撒」稱號賜予侄子達爾曼提斯與漢尼拔良努斯		
三三七	五月二十二日，君士坦丁於前往波斯戰役途中，病逝尼科米底亞 君士坦丁堡皇宮內發生殘殺案件。君士坦丁繼母弟及其子嗣遇害。繼母弟之一朱利斯·君士坦提烏斯之子加盧斯、朱利亞努斯倖免 九月，君士坦丁嫡子三人於旁諾尼亞會談。君士坦丁二世、君士坦提烏斯、君士坦斯個別就任「奧古斯都」，由元老院追認		
三四〇		君士坦丁二世與君士坦斯為北非所屬權對立。君士坦丁二世率軍前往旁諾尼亞，途中遭君士坦斯部將阻攔，會戰後逝世	（中國）東晉首度實施土斷法（三四一） （朝鮮）高句麗遭前燕攻擊，丸都城淪陷（三四二）
三四六	君士坦提烏斯將基督教免稅範圍擴及教會相關人員		
三五〇		君士坦斯部將馬格嫩提烏斯舉兵擁立馬爾凱流斯稱帝。君士坦斯於逃亡希斯帕尼亞途中遭刺殺。不久後，馬格嫩提烏斯自行稱帝	（日本）約此時，於奈良盆地興建茶臼山古墳、梅絲里山土墳、景行陵古墳等大型前方後圓墳

三五一	君士坦提烏斯與波斯締結休戰協議，率軍西征 伊利利亞地方司令維特里亞諾受麾下部隊擁立稱帝 君士坦提烏斯於賽爾蒂迦（今保加利亞之索菲亞）與維特里亞諾會談。維特里亞諾表示恭順，將麾下部隊併入君士坦提烏斯旗下 三月，君士坦提烏斯立堂弟加盧斯為「凱撒」，委託治理東方 九月二十八日，君士坦提烏斯與麾下部隊於多瑙河畔穆爾薩平原與馬格嫩提烏斯部隊展開會戰。馬格嫩提烏斯戰敗逃入義大利。君士坦提烏斯收復西班牙與北非		（日本）古墳時代
三五三		八月十一日，馬格嫩提烏斯於里昂自裁。君士坦提烏斯屠殺馬格嫩提烏斯派	
三五四		十二月，君士坦提烏斯於米蘭召回加盧斯。加盧斯於前往米蘭途中被轉送往波拉，以意圖行刺君士坦提烏斯罪名處死	
三五五	五月，朱利亞努斯於雅典展開學術生活	二月，君士坦提烏斯於米蘭召見加盧斯之弟朱利亞努斯 君士坦提烏斯平定高盧騎兵團長錫爾瓦努斯叛亂。錫爾瓦努斯遭處死刑 十一月，君士坦提烏斯再度召見朱利亞努斯，立為「凱撒」。朱利亞努斯與君士坦提烏斯之妹海倫娜成婚 朱利亞努斯前往高盧，至維也努就任	

三五六	君士坦提烏斯於多瑙河流域擊退薩爾馬提亞、夸荻等日耳曼部族（～三五七）	朱利亞努斯北上高盧，準備擊退渡過萊茵河入侵之蠻族	（日本）古墳時代
三五七		春，朱利亞努斯於數量上占優勢的敵軍亞列門諾族根據地史特拉斯堡會戰獲勝，俘獲亞列門諾族長克諾鐸曼 四月二十八日，君士坦提烏斯為舉辦凱旋儀式入羅馬城	
三五八		朱利亞努斯於萊茵河中下游擊敗法蘭克族（～三五九）	
三五九	波斯軍攻擊美索不達米亞地區亞米達城。亞米達堅守後淪陷		
三六〇	君士坦提烏斯命朱利亞努斯派遣軍團至東方。朱利亞努斯遣軍團兵反對後拒絕執行命令	二月，朱利亞努斯受麾下軍團推舉為「奧古斯都」，朱利亞努斯接受推舉	
三六一	君士坦提烏斯離開安提阿，向西行軍征討朱利亞努斯 朱利亞努斯向東行軍，將多瑙河防衛軍收入麾下 十一月三日，君士坦提烏斯病逝。指名朱利亞努斯為繼承人 十二月十一日，朱利亞努斯入君士坦丁堡。廢除基督教優惠政策，力圖復興希臘、羅馬宗教		
三六二	朱利亞努斯為準備波斯戰役離開君士坦丁堡向東行軍		

三六三	朱利亞努斯入安提阿，執筆、發行*Misopogon* 三月五日，朱利亞努斯離開安提阿前往美索不達米亞 朱利亞努斯二度與波斯軍決戰。獲勝，但因補給困難撤軍 六月二十六日，朱利亞努斯於行軍途中遭波斯軍襲擊負傷，於當夜逝世 將領與高官會議，選定皇帝衛隊隊長約維安為皇帝 約維安與波斯議和，將美索不達米亞北部割讓波斯 秋，約維安入安提阿，取消朱利亞努斯推行之政策		
三六四	約維安於前往君士坦丁堡途中逝世。日耳曼民族出身將領瓦倫提尼安獲選為皇帝 瓦倫提尼安任命其弟瓦倫士為共同皇帝		（日本）倭國斯摩宿彌至卓淳國，遣使百濟國（三六六）
三六七	瓦倫提尼安將「奧古斯都」稱號賜予長子格拉蒂安		
三七三		瓦倫提尼安任命敘馬庫斯為亞非利加總督	（朝鮮）高句麗初定律令
三七四		十二月七日，安布洛修斯獲選為米蘭主教	
三七五	十一月十七日，瓦倫提尼安於接見蠻族代表途中猝逝。其後帝國東方由瓦倫士，西方由格拉蒂安統治。格拉蒂安賜「奧古斯都」稱號予二弟瓦倫提尼安二世，委託統治義大利地區		（印度）約此時期，旃陀羅．笈多二世即位，笈多王朝迎向鼎盛時期

三七六	瓦倫士同意西哥德族移居多瑙河南岸	格拉蒂安以私通外敵嫌疑處死狄奧多西之父	
三七七	對移居後之生活不滿，西哥德族暴動		
三七八	瓦倫士為鎮壓西哥德族離開安提阿 八月九日，瓦倫士於哈德良堡與哥德族會戰大敗，瓦倫士遭殺害 西方正帝格拉蒂安召見狄奧多西任命其擔任東方正帝		
三七九	狄奧多西平定哥德族叛亂，重新締結多瑙河南岸定居協議 波斯王夏普爾二世病逝 冬，狄奧多西於重病下接受基督教洗禮		
三八〇	格拉蒂安與狄奧多西正式開始排擠基督教以外之異教		（日本）古墳時代
三八三	狄奧多西此年起實質統治全帝國疆域	格拉蒂安遭發動叛亂之不列顛司令馬庫希穆斯攻擊殺害	
三八四		敘馬庫斯獲派擔任羅馬首都長官 敘馬庫斯與安布洛修斯針對羅馬元老院議場前勝利女神像問題，以書面方式於狄奧多西面前展開論戰	
三八八		狄奧多西鎮壓馬庫希穆斯叛亂，前往羅馬 狄奧多西向元老院提議廢除希臘、羅馬宗教，元老院投票通過	

年			
三九〇	四月，安布洛修斯要求狄奧多西為軍方鎮壓帖撒羅尼迦暴動時發生之屠殺事件公開謝罪。完成贖罪前禁止進入教堂	十二月，狄奧多西於米蘭教堂前向安布洛修斯公開謝罪	
三九二	瓦倫提尼安二世逃出義大利請求狄奧多西庇護，於帖撒羅尼迦遭親信刺殺		
三九三	奧林匹克運動會遭廢除		
三九五	狄奧多西病逝。長子阿卡狄奧斯統治東方，次子霍諾里烏斯統治西方。此後東西分裂形勢底定		（日本、朝鮮）百濟、倭國聯合進攻新羅，新羅向高句麗求援（三九九）
三九七		安布洛修斯病逝	
四〇二		敘馬庫斯病逝	（日本、朝鮮）高句麗派遣援軍至新羅擊退倭國（四〇〇）

參考文獻

原文史料

◎當代人證言

Ambrosius　安布洛修斯：米蘭主教

De obitu Theodosii〈狄奧多西皇帝祭文〉及 *Epistulae*《書簡集》

收錄於 *Patrologia Latina* vol. XVI

Ammianus Marcellinus　阿米亞努斯・馬爾凱流斯：安提阿出身的羅馬人。於結束兵役後著手敘述歷史。與朱利亞努斯同時代的穩健異教徒

Rerum Gestarum (*Res Gestae*) *96–378*　西元九十六年至三七八年的羅馬史。但現存僅有記載三五三至三七八年之第十一卷 (Berlin, 1910; Bologna, 1974)

Aurelius Victor　奧理略・威克託爾：北非出身的羅馬元老院議員，西元 389 年就任首都長官

Liber de Caesaribus　由奧古斯都至君士坦丁為止的皇帝傳記 (Leipzig, 1970)

Epitome de Caesaribus　作者不詳。可能是四世紀末著作 (Leipzig, 1970)

Eunapius　艾納派阿斯：史學家

Historiae Fragmenta　目前僅留斷簡殘篇。其中引用朱利亞努斯摯友御醫奧利巴修斯回憶錄

（失傳），因而具有歷史價值。收錄於 *Historicorum Graecorum* vol. IV (Paris, 1885) 與 *The Fragmentary Classicising Historians of the Later Roman Empire I & II* (Liverpool, 1983)

Vitae Sophistarum《智者傳》

Eusebius　優西比烏斯：敘利亞凱撒利亞主教。由亞流教派跳槽三位一體教派

Historia Ecclesiastica　由基督逝世到四世紀為止的教會史 (Berlin, 1909)。日文譯本為《教會史1～3》：秦剛平譯，山本書店出版，一九八六～一九八八

Vita Costantini (Napoli, 1985) 日文譯本為《君士坦丁之生涯》：秦剛平譯，西洋古典叢書，京都大學學術出版會出版，二〇〇四

Eutropius　奧脫洛派阿斯：史學家

Breviarium ad Urbe condita　為基督教亞流教派信徒所寫，從建國至西元四世紀為止的羅馬簡史 (Stuttgart, 1985)

Philostorgius　翡洛史多爾鶩斯：亞流教派主教

Historia Ecclesiastica《教會史》。後因遭到鎮壓而僅存殘篇。收錄於 *Die Griechischen Christlichen Schriftsteller* (Berlin, 1972)

Gregorius　葛利果：納吉安左斯出身的主教。與朱利亞努斯同輩。朱利亞努斯於雅典求學時的同窗

Oratio IV & V　攻擊毀謗朱利亞努斯皇帝的文章。收錄於 *Sources Chrétiennes* (Paris, 1983)

Libanius 里巴尼烏斯：安提阿出身的哲學家。朱利亞努斯的親信與支持者

Oratio XII、*XIII*、*XV~XVIII*、*XXIV* 等文以朱利亞努斯為收件人 (Cambridge, Mass., 1967)

Mamertinus 瑪昧爾提斯：西元三六二年執政官

〈獲選為執政官時慣例向皇帝獻上的謝詞〉 由於以朱利亞努斯為對象，因此有歷史價值。收錄於 *Panegyrici Latini* (Oxford, 1964)

Areriusu Symmachus 奧理略・敘馬庫斯：異教最後一名旗手。因與米蘭主教安布洛修斯論戰而留名

Relationes (Berlin, 1880)

Claudius Claudianus 克勞狄斯・克勞狄亞努斯：埃及亞歷山大出身的拉丁詩人

現存作品全為西元三九五年以後的作品。在異教非法化之後，依舊保持個人靈魂自由的實例。但係以外表偽裝成基督教徒，內心是異教徒的形式。與第XV冊的主角之一史提里克關係深切，與這名將領同生共死

Hieronymus 耶柔米：生於北義大利（西元三四七年左右），死於伯利恆（西元四二〇年）。以在中東沙漠地區創建修道院及翻譯《聖經》拉丁文譯本聞名。另外，也是羅馬上流社會婦女嚮往的人物

Epistilae 一百五十四封書信 (Wien, 1918)

與冷酷的安布洛修斯相較，耶柔米較能刺激文藝復興時期以後的畫家創作意願，因此留下許

多肖像畫。曾著手耶柔米肖像的畫家包括皮耶羅・德拉・弗朗切斯卡、羅倫佐・洛托、李奥納多・達・文西、基蘭達奥、提香、卡拉瓦喬等人。肖像皆以洞穴中的半裸體姿態為主

為基督教徒著作的聖人傳記（西元三、四、五世紀各一人）

Pontii 著作 *Vita Cypriani* 《居普良傳》(Milano, 1975)

Paulini 著作 *Vita Ambrosii* 《安布洛修斯傳》(Milano, 1975)

Possisii 著作 *Vita Augustini* 《奥古斯丁傳》(Milano, 1975)

Iulianus　朱利亞努斯皇帝

《著作選集》　由 Jacques Fontaine 解說。收錄有〈給哲學家德米斯提烏的信件〉、〈諸神之母〉、〈太陽神〉、*Misopogon* 等 (Milano, 1990)

《政治、哲學相關著作集》(Genova, 1988)

《書簡集》(Napoli, 1991)

Themistius　德米斯提烏：由君士坦丁皇帝時代至狄奥多西皇帝時代為止最有名的哲學家。屬於受當權者中意的學者類型

《皇帝讚辭集》(Torino, 1995)

Socrate　蘇格拉底：君士坦丁堡出身的基督教學者

《基督教會史（三〇六～四三九年）》(Berlin, 1960)

◎法律、行政相關原史料

Codex Theodosianus　狄奧多西二世於西元四三八年發行。現有Mommsen, Th. & Meyer, P. M. 編輯版 (Berlin, 1905) 與 Krueger, P. 編輯版 (Berlin, 1923)；英譯本有 *The Theodosian Code and Novels and The Sirmondian Constitutions* (Princeton, 1952)

Imp. Caesaris Flavii Claudii Juliani Epistulae Leges Poematia Fragmenta Varia (Paris-Oxford, 1922)

Corpus Iuris civilis　Mommsen, Krueger, Schoell 編輯 (Berlin, 1922)

Fontes iuris anteiustiniani　Riccobono 等編輯 (Firenze, 1900)

Notitia Dignitatum　Seeck, O. 編輯 (Berlin, 1876)

Regesten der Kaiser und Papste　Seeck, O. (Stuttgart, 1919)

◎碑文史料

Corpus Inscriptionum Latinarum (Berlin, 1863)

Inscriptiones Graecae (Berlin, 1873)

Inscriptiones christianae urbis Romae (Roma, 1861)

Sylloge inscriptionum graecarum (Leipzig, 1924)

Orientis graeci inscriptiones selectae (Leipzig, 1905)

Inscriptiones latinae selectae (Berlin, 1916)

Inscriptiones christianae latinae (Berlin, 1922)

Epigraphica (Milano, 1939)

◎莎草紙史料

Manuale di Papirologia　Calderini, A. (Milano, 1938)

◎地理史料

Grande atlante geografico, storico, fisico, politico, economico　Baratta, M. 等編輯 (Novara, 1939)

Barrington Atlas of the Greek and Roman World (Princeton University Press, 2002)

Tabula Peutingeriana (Bologna, 1978)

◎貨幣史料

Description historique des monnaies frappées sous l'Empire Romain　Cohen, H. (Paris, 1892)

Catalogue of the Imperial Byzantine Coins in the British Museum　Wroth, W. (London, 1908)

I medaglioni romani　Gnecchi, F. (Milano, 1912)

Roman Coinage　Crawford, M. H. (London, 1974～)

Roma e la moneta　義大利中央銀行發行 (Roma, 1993)

◎後世研究

Andreotti, R., *Il regno dell'imperatore Giuliano*, Bologna, 1946.

Bidez, J., *La Vie de L'Empereur Julien*, Paris, 1930.

Bouffaritigue, J., *L'Empereur Julien et la culture de son temps*, Paris, 1992.

Bowder, D. (ed.), *Who Was Who in the Roman World*, Oxford, 1980.

Bowersock, G. W., *Julian the Apostate*, Cambridge (Mass.), 1978.

Braun, R. & Richer, J. (eds.), *L'Empereur Julien vol. I: De l'histoire à la légende (331–1715)*, Paris, 1978.

Browning, R., *The Emperor Julian*, London, 1975.

Burckhardt, J., *L'età di Costantino (1853)*, Firenze, 1957（義大利文）.

Demandt, A., *Die Spätantike. Römische Geschichte von Diocletian bis Justinian 284–565*, München, 1989.

Dodds, E. R., *The Greeks and the Irrational*, Oxford, 1950.

Dodgeon, M. H. & Lieu, N. C., *The Roman Eastern Frontier and the Persian Wars (226–363)*, London-New York, 1991.

Étienne, R., "Flavius Sallustius et Secundus Salutius," *Revue des études anciennes* 65, 1963.

Fraschetti, A., *La conversione. Da Roma pagana a Roma cristiana*, Roma-Bari, 1999.

Geffcken, J., *Kaiser Julianus*, Leipzig, 1914.

Giardina, A. (ed.), *Società romana e impero tardoantico*, Roma-Bari, 1986.

Gibbon, E., *Declino e caduta dell'impero romano*, Milano, 1992（義大利文）.

Jones, A. H. M., *Constantine and the Conversion of Europe*, London, 1964; *The Cities of the Eastern*

Roman Provinces, Oxford, 1971; *The Later Roman Empire 284–602*, Oxford, 1984.

Lane Fox, R., *Pagans and Christians*, London, 1986.

Liebeschuetz, J. W. H. G., *Antiochia. City and Imperial Administration in the Later Roman Empire*, Oxford, 1972.

Lieu, N. C., *The Emperor Julian. Panegyric and Polemic*, Liverpool, 1982.

MacMullen, R., *Paganism in the Roman Empire*, New Haven-London, 1981.

Marrou, H. I., *Histoire de l'education dans l'antiquité*, Paris, 1965.

Matthews, J. E., *The Roman Empire of Ammianus*, London, 1989.

Mazzarino, S., *Aspetti sociali del IV secolo. Ricerche di storia tardo-romano*, Roma, 1951; *L'impero romano* (3 vols.), Roma-Bari, 1984.

Momigliano, A. (ed.), *Il conflitto fra paganesimo e cristianesimo nel IV secolo*, Torino, 1971.

Monteserrat, D., *From Constantine to Julian*, London, 1996.

Murdoch, A., *The Last Pagan*, Stroud, 2003.

Paribeni, R., "Da Diocleziano alla caduta dell'Impero d'occidente," *Storia di Roma* 8, Bologna, 1941.

Piganiol, A., *L'Empire Chrétien*, Paris, 1972.

Pighi, G. B., *Studia Ammianea*, Milano, 1935; *Nuovi Studi Ammianei*, Milano, 1936; *I discorsi nelle storie di Ammiano Marcellino*, Milano, 1936.

Rochefort, G. & Lacombrade, C., *L'Empereur Julian*, Paris, 1963.

Smith, R., *Julian's Gods. Religion and Philosophy in the Thought and Action of Julian the Apostate*, London-New York, 1995.

Stallknecht, B., *Untersuchungen zur römischen Aussenpolitik in der Spätantike (306–395)*, Bonn, 1969.

Stein, E., *Histoire du Bas-Empire*, Paris, 1949.

Tantillo, I., *La prima orazionedi Giuliano a Costanzo*, Roma, 1997; *L'imperatore Giuliano*, Bari, 2001.

著者多人, *Cambridge Ancient History XII: The Imperial Crisis and Recovery A.D. 193–324; Cambridge Ancient History XIII: The Late Empire A.D. 337–425; Cambridge Mediaeval History: The Christian Roman Empire and the Foundation of the Teutonic Kingdoms.*

圖片出處

- 皇帝君士坦丁提烏斯　卡匹杜里諾美術館（羅馬／義大利）　© Archivo Iconografico, S.A./CORBIS
- 君士坦丁　卡匹杜里諾美術館（羅馬／義大利）　© Araido de Luca/CORBIS
- 君士坦丁大帝家譜（主要人物）（君士坦丁）個人收藏　© Akg-images
  （其他）大英博物館（倫敦／英國）　© The Trustee of the British Museum
- 君士坦丁二世　卡匹杜里諾美術館（羅馬／義大利）　© Archivio Fotografico dei Musei Capitolini
- 君士坦提烏斯　卡匹杜里諾美術館（羅馬／義大利）　© Archivio Fotografico dei Musei Capitolini
- 君士坦斯　大都會美術館（紐約／美國）　© The Metropolitan Museum of Art, Rogers Fund, 1967 (67.107) Photograph, all rights reserved, The Metropolitan Museum of Art
- 君士坦丁二世　大英博物館（倫敦／英國）　© The Trustee of the British Museum

- 君士坦斯　大英博物館（倫敦／美國）　© The Trustee of the British Museum
- 夏普爾二世　大英博物館（倫敦／美國）　© The Trustee of the British Museum
- 魯哥多奴姆復原模型　古羅馬文明博物館（里昂／法國）　© Christian THIOC-Musée gallo-romain de Lyon Fourvière
- 身穿軍裝的羅馬皇帝　Cesare Vevellio, "Habiti antichi et moderni"（古今服裝）, 1860
- 君士坦提烏斯　卡匹杜里諾美術館（羅馬／義大利）　© Archivio Fotografico dei Musei Capitolini
- 攀越阿爾卑斯山的羅馬大道（由瓦蘭斯至特里諾）沿線各種設備　製圖：峰村勝子
- 柏拉圖　卡匹杜里諾美術館（羅馬／義大利）　© Gianni Dagli Orti/CORBIS
- 朱利亞努斯　大英博物館（倫敦／英國）　© The Trustee of the British Museum
- 皇帝朱利亞努斯　羅浮宮美術館（巴黎／法國）　© Ancient Art & Architecture Collection
- 朱利亞努斯（在色米姆發行的金幣）　大英博物館（倫敦／英國）　© The Trustee of the British Museum
- 朱利亞努斯　羅浮宮美術館（巴黎／法國）　© Hirmer Fotoarchiv
- "Tabula Peutingeriana" 地圖中描繪的安提阿　維也納國立圖書館（維也納／奧地利）　© Akg-images
- 阿波羅神與黛芙妮（貝尼尼作品，西元十七世紀）　波格賽美術館（羅馬／義大利）

© Archivi Alinari, Firenze

- 蓄鬍的朱利亞努斯　羅浮宮美術館（巴黎／法國）　© Photo RMN/Herve Lewandowski/distributed by Sekai Bunka Photo
- 銀鷲軍旗　羅馬文明博物館（羅馬／義大利）　© Scala, Firenze
- 描繪有夏普爾二世的銀盤　大英博物館（倫敦／英國）　© The Trustee of the British Museum
- 「叛教者」朱利亞努斯　羅浮宮美術館（巴黎／法國）　© Hirmer Fotoarchiv
- 主教安布洛修斯　聖安布洛吉奧教堂（米蘭／義大利）　© Scala, Firenze
- 瓦倫提尼安　大英博物館（倫敦／英國）　© The Trustee of the British Museum
- 瓦倫士　大英博物館（倫敦／英國）　© The Trustee of the British Museum
- 瓦倫提尼安皇帝家譜、狄奧多西皇帝家譜（五張皆是）大英博物館（倫敦／英國）　© The Trustee of the British Museum
- 狄奧多西　大英博物館（倫敦／英國）　© The Trustee of the British Museum
- 格拉蒂安　大英博物館（倫敦／英國）　© The Trustee of the British Museum
- 雕刻有花飾的浮雕（祭祀的場面）　梵諦岡美術館（梵諦岡）　© Archivi Alinari, Firenze
- 從臺伯河打撈出的阿波羅像　羅馬國立美術館馬西莫浴場宮（羅馬／義大利）　© Archivi Alinari, Firenze
- 「卡匹杜里諾的維納斯」　卡匹杜里諾美術館（羅馬／義大利）　© Archivi Alinari, Firenze

・狄奧多西　皇家聖費爾南多美術學院（馬德里／西班牙）　© Akg-images
・敘馬庫斯紀念碑　卡匹杜里諾美術館（羅馬／義大利）　© Archivio Fotografico dei Musei Capitolini
・狄奧多西在位十周年紀念銀盤　皇家聖費爾南多美術學院（馬德里／西班牙）　© Bridgeman Art Library

地圖製作：綜合精圖研究所

【塩野七生代表作──羅馬人的故事】

從崛起、壯大到轉折、衰敗，看羅馬千年的輝煌與落寞

羅馬人的故事系列 Vol.1

戰火打造的輝煌

羅馬人的故事I──羅馬不是一天造成的
羅馬人的故事II──漢尼拔戰記
羅馬人的故事III──勝者的迷思
羅馬人的故事IV──凱撒時代（盧比孔之前）
羅馬人的故事V──凱撒時代（盧比孔之後）

羅馬人的故事系列 Vol.2

帝國的榮光與暗影

羅馬人的故事VI──羅馬和平
羅馬人的故事VII──惡名昭彰的皇帝
羅馬人的故事VIII──危機與克服
羅馬人的故事IX──賢君的世紀
羅馬人的故事X──條條大道通羅馬

羅馬人的故事系列 Vol.3

偉大羅馬之死

羅馬人的故事XI——結局的開始

羅馬人的故事XII——迷途帝國

羅馬人的故事XIII——最後一搏

羅馬人的故事XIV——基督的勝利

羅馬人的故事XV——羅馬世界的終曲

羅馬人的故事I——羅馬不是一天造成的

羅馬的起源可以追溯到扎馬戰役前五百年，羅馬人歷經整整五百多年漫長的蟄伏歲月，因此才會有句話說：「羅馬不是一天造成的」。這五百年間羅馬遭遇哪些挑戰？羅馬人又是如何逐步累積實力，將國家帶往璀璨光明的未來？

羅馬人的故事 II
漢尼拔
戰記
RES
GESTAE
POPULI
ROMANI
塩野七生 著

羅馬人的故事II——漢尼拔戰記

西元前二一八年，漢尼拔從西班牙率領群眾翻越阿爾卑斯山，進攻義大利本土，直到羅馬名將西比奧打敗漢尼拔才落幕，這場戰爭歷時十六年之久。為什麼知識優越的希臘人、軍事力量強大的迦太基人最後會敗給羅馬人？什麼才是決定戰爭勝、敗的因素？

羅馬人的故事III——勝者的迷思

經過六天六夜激戰，迦太基城淪陷了！這個曾經風光一時的城市被消毀殆盡，羅馬名將小西比奧一想到敵人的命運不覺潸然淚下。勝者如何在勝利的欣喜中，思慮更遠大的未來？大國如何崛起？改變的是制度、心態，還有什麼呢？

羅馬人的故事IV——凱撒時代（盧比孔之前）

西元前一〇〇年七月十二日，「羅馬唯一的創造天才」——朱利斯・凱撒誕生！少年凱撒歷經鬥爭、殺戮、混亂與腐敗，因此致力於樹立羅馬的「新秩序」，他如何巧妙地逆轉國家、政局與社會重重的危機，將個人推向顛峰，創造羅馬歷史的光輝？

羅馬人的故事V——凱撒時代（盧比孔之後）

西元前四十五年，大權在握的凱撒開始進行羅馬帝政化改革，卻在隔年遭醉心共和體制派刺殺，羅馬頓時又陷入混亂狀態！年僅十八歲的屋大維成為凱撒指定的第一繼承人，他能否穩住凱撒留下的偉業？凱撒雖死，但他的精神又為後世留下哪些影響？

羅馬人的故事VI——羅馬和平

西元前二十九年，羅馬終於脫離戰亂狀態，屋大維運用卓越的政治手腕，於西元前二十七年宣佈回歸共和政體，並受贈「奧古斯都」尊稱，締造「羅馬和平」的時代。屋大維這位「非天才人物」，是如何完成連天才凱撒都無法達到的目標？

羅馬人的故事VII——惡名昭彰的皇帝

隨著西元十四年臺伯留繼任，奧古斯都締造的「羅馬和平」畫下句點，羅馬帝國在短短五十四年間，皇帝幾番更迭。是英雄創造的時代已遠？或是暴君當道的世紀來臨？這幾位皇帝究竟是帝國覆亡的推手？抑或是帝國變貌的一頁？

羅馬人的故事VIII——危機與克服

西元六十九年，羅馬接連由軍人掌權，內部動盪不安。所幸此時出現新的轉機：維斯帕先、提圖斯父子花費十多年，一步步將帝國導回正軌。後繼的圖密善勵精圖治，卻集權一身，威脅元老院的共和傳統，此舉是確立帝政的權威，還是另一場危機的引爆？

羅馬人的故事IX——賢君的世紀

走過動盪紛亂的「繼承者危機」，西元二世紀時總算迎來了當時代羅馬人口中的「黃金時代」。雖然圖拉真、哈德良和安東尼奧·派阿斯彼此個性差異頗大，卻能展現各自優秀的領導者特質。且看他們身為當仁不讓的「第一公民」，如何發揮己長、各擅勝場，聯手打造出「罕見的幸福年代」！

羅馬人的故事X——條條大道通羅馬

羅馬種種質、量兼具的建設，被史家讚為羅馬文明偉大的紀念碑。羅馬人為何如此致力於公共建設？為什麼已有踩踏形成的道路，還要鋪設大道？為什麼立國於臺伯河旁、不必擔憂用水問題，還要建設水道？眾多建設的目的，竟只是「為了讓人的生活過得像人」？

羅馬人的故事XI——結局的開始

告別賢君的世紀，羅馬帝國的光環褪色了嗎？「哲學家皇帝」馬庫斯·奧理略，實現了柏拉圖的理想。然而高尚的品德和絕佳的能力卻無法力挽狂瀾，夕陽的餘暉漸籠罩帝國。奧理略過世後，羅馬面臨重大轉捩點，等在道路盡頭的是更寬廣的前程，還是帝國的終點？

羅馬人的故事XII——迷途帝國

從西元二一一年到二八四年，被稱為「三世紀危機」。這時只要有軍隊，人人都可能成為羅馬的主人。在社會動亂、人心惶惶的氣氛之下，基督教成為一盞明燈，提供人們心靈的撫慰。面對逐漸衰頹的羅馬帝國，基督教是否能成為一劑強心針？或是加速羅馬的瓦解？

羅馬人的故事XIII——最後一搏

在羅馬帝國之中，凡事都大規模且多元化，就連走上了衰退的時代，這項特質也依舊沒變。進入帝政時代後期的羅馬帝國，已漸漸轉移為絕對君主政體。羅馬人為什麼要做出這樣的轉變？這個改變又引來什麼樣的結果？

羅馬人的故事XIV——基督的勝利

君士坦丁大帝逝後，東方波斯的威脅與蠻族的不時南侵已成為常態。然而，羅馬更厲害的對手來自內部：急速壯大的基督教。君士坦提烏斯追尋父親的腳步，一面提振基督教會的地位，一面排擠羅馬傳統宗教。羅馬的結局，竟是基督的勝利？

國家圖書館出版品預行編目資料

羅馬人的故事XIV：基督的勝利／塩野七生著;鄭維欣譯.——修訂二版一刷.——臺北市：三民，2024
面； 公分.——(羅馬人的故事系列)

ISBN 978-957-14-7541-7 （平裝）
1.歷史 2. 羅馬帝國

740.222 111015355

羅馬人的故事

羅馬人的故事 XIV——基督的勝利

著作人	塩野七生
譯者	鄭維欣
發行人	劉振強
出版者	三民書局股份有限公司
地址	臺北市復興北路 386 號 (復北門市) 臺北市重慶南路一段 61 號 (重南門市)
電話	(02)25006600
網址	三民網路書店 https://www.sanmin.com.tw
出版日期	初版一刷 2007 年 8 月 初版四刷 2018 年 4 月 修訂二版一刷 2024 年 1 月
書籍編號	S740560
ISBN	978-957-14-7541-7

Rôma-jin no Monogatari 14. Kirisuto no Shôri

三民書局

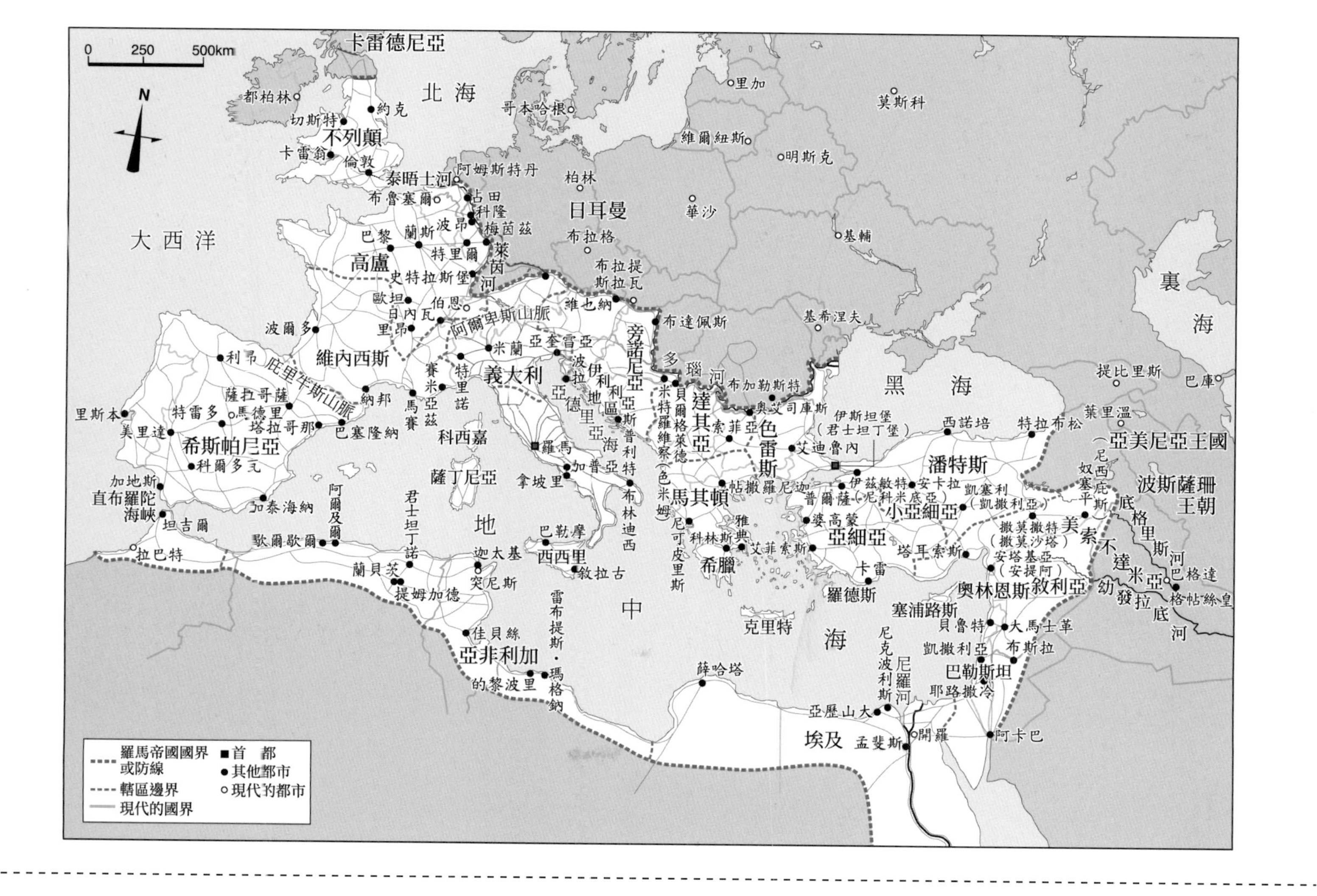
0 250 500km
N
卡雷德尼亞
北海
大西洋
不列顛
都柏林
約克
切斯特
卡雷翁
倫敦
泰晤士河
阿姆斯特丹
布魯塞爾
古田
科隆
梅茵茲
萊茵河
波昂
巴黎
蘭斯
特里爾
高盧
史特拉斯堡
歐坦
伯恩
日內瓦
里昂
阿爾卑斯山脈
波爾多
維內西斯
利昂
庇里牛斯山脈
納邦
馬賽
賽米亞茲
特里諾
米蘭
亞奎雷亞
義大利
科西嘉
薩丁尼亞
羅馬
加普亞
拿坡里
布林迪西
西西里
巴勒摩
敘拉古
里斯本
美里達
薩拉哥薩
馬德里
塔拉哥那
特雷多
希斯帕尼亞
科爾多瓦
巴塞隆納
加地斯
直布羅陀海峽
坦吉爾
拉巴特
歌爾歌爾
阿爾及爾
君士坦丁諾
蘭貝茨
提姆加德
迦太基
突尼斯
地
中
海
亞非利加
佳貝絲
雷布提斯·瑪格納
的黎波里
薛哈塔
哥本哈根
柏林
日耳曼
布拉格
布拉提斯拉瓦
維也納
布達佩斯
多瑙河
華沙
維爾紐斯
明斯克
里加
莫斯科
基輔
基希涅夫
潘諾尼亞
波拉
伊利利區
亞德里亞海
米特羅維察
貝爾格萊德
達其亞
布加勒斯特
奧艾司庫斯
索菲亞
色雷斯
伊斯坦堡（君士坦丁堡）
艾迪魯內
帖撒羅尼迦
馬其頓
尼可皮里斯
科林斯
雅典
希臘
艾菲索斯
婆高蒙
亞細亞
卡雷
羅德斯
克里特
黑海
西諾培
特拉布松
潘特斯
伊茲敏特
安卡拉
普爾薩（尼科米底亞）
凱塞利（凱撒利亞）
小亞細亞
塔耳索斯
撒莫撒特（撒莫沙塔）
安塔基亞（安提阿）
美索不達米亞
奧林恩斯敘利亞
塞浦路斯
貝魯特
大馬士革
凱撒利亞
布斯拉
巴勒斯坦
耶路撒冷
阿卡巴
亞歷山大
尼克波利斯
尼羅河
開羅
孟斐斯
埃及
提比里斯
巴庫
葉里溫
亞美尼亞王國
尼西庇斯
奴塞平斯
底格里斯河
巴格達
格帖絲皇
幼發拉底河
波斯薩珊王朝
裏海
羅馬帝國國界或防線
轄區邊界
現代的國界
首都
其他都市
現代的都市

君士丁大帝家譜(主要人物)

海倫娜
(酒館的女兒)

君士坦提・克洛魯斯
副帝293年～正帝305～306年
(病逝)

堤歐鐸拉
(公主)

米內維納

君士坦丁
(大帝)
皇帝307～337年(病逝)

法烏斯塔
(326年謀殺)

庫里斯普斯
副帝317～326年
(死刑)

弗拉維斯・
達爾曼提斯
(337年,謀殺〔屠殺〕)

女性

嘉拉

朱利斯・
君士坦提烏斯
(337年,謀殺〔屠殺〕)

帕希利納

君士坦提亞

利齊鈕斯
君士坦丁最後的
競爭對手
(325年,謀殺)

君士坦丁二世
副帝317年～正帝337～340年
(他殺)

艾瑟比亞

君士坦提烏斯
副帝324年～正帝337～361年
(病逝)

法烏斯提納

君士坦斯
副帝333年～正帝337～350年
(他殺)

達爾曼堤斯
副帝335～337年
(謀殺〔整肅〕)

漢尼拔良努斯
副帝335～337年
(謀殺〔整肅〕)

君士坦提娜

加盧斯
副帝351～354年
(死刑)

朱利亞努斯
(叛教者)
副帝355年～正帝361～363年
(陣亡或謀殺)

海倫娜

粗體為男性
明體為女性
□為主要皇帝